全员心理关爱丛书

U0738185

谁之错

四句话点透心理学

李不言 / 主编

中国科学技术出版社
·北京·

图书在版编目（CIP）数据

谁之错：四句话点透心理学 / 李不言主编 . —北京：中国科学技术出版社，2022.6
（全员心理关爱丛书）
ISBN 978-7-5046-9585-7

I.①谁… Ⅱ.①李… Ⅲ.①心理学 Ⅳ.① B84

中国版本图书馆 CIP 数据核字 (2022) 第 072397 号

策划编辑	符晓静　王晓平
责任编辑	符晓静
封面设计	红杉林文化
正文设计	中文天地
责任校对	邓雪梅
责任印制	徐　飞

出　　版	中国科学技术出版社
发　　行	中国科学技术出版社有限公司发行部
地　　址	北京市海淀区中关村南大街 16 号
邮　　编	100081
发行电话	010-62173865
传　　真	010-62173081
网　　址	http://www.cspbooks.com.cn

开　　本	710mm×1000mm　1/16
字　　数	290 千字
印　　张	18.25
版　　次	2022 年 6 月第 1 版
印　　次	2022 年 6 月第 1 次印刷
印　　刷	北京荣泰印刷有限公司
书　　号	ISBN 978-7-5046-9585-7 / B·93
定　　价	78.00 元

愿世上每一位在风雨中漂泊的灵魂

都能找到回家的路……

建议心理助人工作应秉持"五不一唯"原则

五不：
　　不主观
　　不妄断
　　不操控
　　不探秘
　　不神道

一唯：
　　唯物主义

　　　　　　　　　　　　——李不言

序

培养自我超越精神

我和李不言同志的初次相识应该是在 2018 年，此后我们一直在学术方面有着非常愉快而顺畅的交流。不言同志给我的感觉真的是恰如其名，话不多，要求更不多，只是默默地为心理学在中国的推广普及做着自己该做的事情，不会去计较自己的名利得失。因此，我对不言的品行是非常肯定和赞赏的。也正是因为这一点，他才受到了业内同仁、学生的信任和尊重。

实践和创新是心理学发展的灵魂和第一动力。不言同志具有教育心理学专业背景，有丰富的教书育人一线工作经验，后因工作需要一度从事弱势群体帮扶及行政管理工作。这些经历使他对心理学的重要性有了深刻的理解。近 20 年来，他积极致力于心理学教研和心理健康知识普惠大众等一系列科普工作，为心理学在国内的推广做出了实质性贡献，同时也积累了大量宝贵的实践经验。

2019 年年初，北京一家知名心理服务机构特邀我为他们主办的一个员工心理援助计划（employee assistance programs，EAP）专场活动进行题为《国家健康战略与职业生涯发展》的演讲。在这次演讲的最后，我重点提到了培养自我超越精神的 4 个途径：一是融合知觉与理性，二是看清自己与周围世界是一体的，三是同理心即共情力，四是对整体的使命感。

非常巧合的是，这次专场活动的主办方也邀请了李不言老师进行家庭、组织、人格系统自和谐心理咨询工作坊方面的交流，正好给了我一个现场感受系统咨询独特魅力的机会。不言特意把我关于培养自我超越精神的 4 个途径，作为他的开场引言。说实话，当时，我真的被李不言老师驾驭全场的功力震撼到了，也发自肺腑地为他的现场效果感到高兴。虽然我听过不少人讲授系统心理学理论和实操课程，但是能像李不言老师这样，既有深厚的理论功底铺垫，又有丰富的案例实践支撑，把系统咨询讲到并做到如此高度的人，的确是非常难得。

今天很高兴见到凝结着不言同志十几年丰厚理论研究和实践沉淀的书稿即将出版，感谢中国科学技术出版社的慧眼识珠和辛苦付出。我非常同意和赞赏本书的观点：心理学的故乡在中国，心理学的未来也必将在中国。以系统主义为导向的中国文化更切中生命的真谛，为心理学的研究应用点亮了一道耀眼的光。很显然，本书对提升我国心理学工作者的文化自信和理论自信具有重要的作用，是心理学在国内发展进程中一件极有意义的事情。

本书以个体主义到系统主义心理学的演进为主线，将迄今为止的主要心理学流派尽收眼底，逻辑严谨、结构清晰、行文流畅、论据翔实、内容完整。本书通过大量隐喻、图示及真实案例的呈现，使抽象的心理学理论变得通俗易懂、生动有趣，使人一旦开卷，欲罢不能，是一本不可多得的心理学研究和科普书籍。本书适合所有想通过心理学认知自己、了解他人、全面提升生活和生命品质的人士阅读，尤其适合广大心理学工作者和组织管理人员等研究阅读，也可作为各类教育教学机构心理学教学辅导材料、心理学研发人员参考资料等，还可用于各种心理学考试的参考用书，值得我郑重向大家推荐。

中国心理学会首任监事长

亚洲组织与员工促进协会主席

中国科学院大学社会与组织行为研究中心主任

时勘

2022 年 5 月 8 日

目　录
CONTENTS

心理学发展至今，尽管其理论流派和技术方法林林总总、名堂各异，但我们可以按照其创立时间和主要理论观点，大致将它们划分为"四大势力"：

第一势力——精神分析学派把人看作动物；

第二势力——认知行为主义学派把人看作机器；

第三势力——人本主义学派把人看作人；

第四势力——后现代主义学派把人看作世界。

第一章

精神分析学派：
这不是你的错

曾获 1998 年奥斯卡最佳影片提名的美国电影《心灵捕手》，讲述了一个名叫威尔的清洁工，在心理学家的帮助下，逆袭成为天才数学家的故事。

麻省理工学院的清洁工威尔，不经意间解开了一道连大学生都难以解开的数学难题，使教授蓝波发现了他在数学方面的惊人天赋。威尔是个问题少年，成天四处闲逛，打架滋事。蓝波请了很多心理学专家为威尔做辅导，但威尔十分抗拒，令专家们束手无策。最后，蓝波求助了他的大学好友、资深精神分析师西恩，才最终使威尔打开心扉，恢复了对人性的信任和希望，并鼓起勇气找回了爱情，完成了自我的升华。

影片的拐点是在西恩的治疗室里，西恩拿着威尔的卷宗——那上面记载着他的种种问题和受虐经历，对威尔一遍又一遍地说："这不是你的错！"

威尔："我知道。"

西恩：“这不是你的错！”

威尔惊讶甚至有些厌烦：“你不要戏弄我！”

西恩：“这不是你的错！”

威尔愤怒道：“你别骗我了！我不是你！”

西恩：“看着我，孩子！这不是你的错……这不是你的错！”

终于，威尔的防线彻底崩溃了，他扑在西恩的身上，紧紧地抱着西恩，像孩子一样痛苦地哭泣……

精神分析学（psychoanalysis），又被称为动力心理学（dynamic psychology），是现代西方心理学的主要流派之一，创始人是奥地利精神病理学家、心理学家弗洛伊德[①]。

任何一种理论学说的产生，都离不开特定的历史背景，都会打上深深的时代烙印。因此，对各种心理学理论派别，只有熟谙其特定的诞生背景，做到知其然，更知其所以然，才能准确无误地理解其真正的内涵，从而正确地学以致用。抛开其时代背景对任何理论妄加褒贬都是毫无意义的。

精神分析理论诞生于19世纪末20世纪初，正是西方自由竞争的资本主义向垄断资本主义过渡的时期，社会各阶层矛盾冲突极端尖锐，而人类也进入了以"纯洁社会风气"为神圣目标的全面禁欲时期——维多利亚时代。当时的社会禁忌，尤其是性方面的禁忌森严，人的性需求备受压抑。禁欲主义和道德伪善给人们的心理造成了极大的冲突和创伤，神经症、精神病的发病率不断提高（兴趣阅读1-1）。

---

① 西格蒙德·弗洛伊德（Sigmund-Freud，1856—1939），犹太人，奥地利精神病医生及精神分析学家，精神分析学派的创始人。虽然弗洛伊德出生在一个贫穷的犹太家庭，但是他求知欲强，且学习成绩优异。从维也纳大学毕业后，他和大家闺秀柏纳斯结婚，共养育了3子3女。为了揭示自己发现的人类心理世界，他不惜公开自己的隐私生活。他为人类开辟了一条探究潜意识的心理治疗之路。《泰晤士报》曾评选弗洛伊德和爱因斯坦为20世纪最具科学悟性的人物，还将弗洛伊德排在人类历史上最具贡献人物的第七位。

📖 **兴趣阅读 1-1**

维多利亚时代的性禁锢与弗洛伊德"力比多"理论的提出

19 世纪中叶至 20 世纪初，欧洲受英国维多利亚女王时代严厉的性禁锢影响极深：不准谈论性；不准从事与性有关的科学研究和艺术创作；对女性的贞洁要求非常苛刻，妇女受到严重的歧视；即使感情完全破裂的夫妻也不准离婚；手淫被认为是亵渎神灵的罪恶；等等。人们普遍受到沉重的性压抑。

福柯① 对这一时期"虚伪的纯洁"是这样描述的：

长期以来，我们一直忍受着维多利亚时代的生活规范，至今仍然如此。这位一本正经的女王还出现在我们性经验的徽章上，矜持、缄默和虚伪。

对于性，人们一般都保持缄默，唯独有生育能力的合法夫妻才是立法者。他们是大家的榜样，强调规范和了解真相，并且在遵守保密原则的同时，享有发言权。上自社会，下自每家每户，性只存在于父母的卧室里。它既实用，又丰富。除此之外，其余的人对性都不甚了解。

一切没有被纳入生育和繁衍的性活动都是毫无立足之地的，也是不能说出来的。对此，大家要拒绝、否认和默不作声。它不仅不存在，而且也不应该存在，一旦它在言行中稍有表现，大家就要根除它。

据德国风俗史研究专家爱德华·傅克斯记叙，当时在夫妻之间虽不必强制执行"禁裸"原则，但奉行者则被全社会尊为恪守高尚道德的典范——

有那么一个女人，她在维多利亚时代结了婚，并且生了好几个孩子。但当她 70 岁时，却对哈费劳克·爱丽丝说，她一生从未见过男人的裸体。据说，连感情最深挚的爱侣勃朗宁夫妇也未曾见过彼此的全裸的身体。

在这样一种极为特殊的社会文化环境下，弗洛伊德提出"力比多（libido）理论"，认为被压抑的欲望绝大部分是属于性的，性的扰乱是精

---

① 米歇尔·福柯（Michel Foucault，1926—1984），法国哲学家和"思想系统的历史学家"。

神病的根本原因，并将"力比多"（性本能）作为人的一切心理活动和行为的动力源泉。

在拉科尔所著《孤独的性：手淫文化史》一书记载的一件事情，足以证明弗洛伊德当时的所思所为——

维多利亚女王的医生詹姆斯·帕格特（Sir James Paget）曾在1879年著书指出，手淫行为的危害其实是"性疑病症"的一种形式。他表示，手淫是罪恶深重的行为，"肮脏、不洁、道德败坏且人神共弃"。弗洛伊德及其同行曾经激烈地讨论过手淫行为是否会妨害性高潮体验，以及是否会对身体造成伤害的问题。

"饮食男女，人之大欲存焉①。"性作为一种生命的原始动力，越是禁锢，就越会泛滥成灾。"性犹湍水也，决诸东方则东流，决诸西方则西流②。"在这种特殊的社会文化环境下，弗洛伊德提出"力比多（libido）理论"，并将性本能作为人的一切心理活动和行为的动力源泉，也就顺理成章、不足为奇了。

达尔文③的生物进化论和赫尔姆霍茨④的能量守恒定律⑤等，对弗洛伊德精神分析理论的提出也产生了重要的影响。

---

① 出自《礼记·礼运篇》。

② 出自《孟子·告子章句上》。

③ 查尔斯·罗伯特·达尔文（Charles Robert Darwin，1809—1882），英国生物学家，进化论的奠基人。他提出了生物进化论学说，从而摧毁了各种唯心的神造论和物种不变论。除了生物学，他的理论对人类学、心理学、哲学的发展都有不容忽视的影响。

④ 赫尔曼·冯·赫尔姆霍茨（Hermann von Helmholtz，1821—1894），德国物理学家、生理学家兼心理学家，能量守恒定律的发现人之一，被后人誉为达尔文之后最伟大的科学家。在心理学方面，赫尔姆霍茨承认客观世界的存在，承认感觉是由客观事物引起的，并能正确地反映这些事物的属性。但是他认为客观事物千变万化，我们感觉到的仅仅是事物的现象，是外物的符号或象征，不能认识外物的真正性质。

⑤ 能量守恒定律：孤立系统的总能量保持不变。能量既不会凭空产生，也不会凭空消失。它只会从一种形式转化为另一种形式，或者从一个物体转移到其他物体，而能量的总量保持不变。能量守恒定律是自然界普遍的基本定律之一。

　　精神分析对心理学的最大贡献是把人从神坛上拉下来——人既不受神的主宰，也不受个人理性的主宰——可这一拉有些用力过猛、矫枉过正，把人直接拉回到动物的行列，过分强调性本能的影响。这也是至今很多人无法接受精神分析观点的主要原因。真理和谬误通常只有一步之遥。事实上，即便是在弗洛伊德时代，性的影响是否真的如其所说的无处不在，也是值得商榷的。其中，更多的或许源于精神分析师的自我信念以及由此给患者带来的暗示影响（兴趣阅读 1-2）。"如果你身上唯一的工具是一把锤子，那么你会把所有的问题都看成钉子。"（马克·吐温）这就像很多新手心理咨询师反映的，自己刚刚学到了一门什么流派的心理咨询技术，马上就会遇到最适合这一技术的求助者，其实是同一个道理。

　　瑕不掩瑜。精神分析理论是第一个完整的心理咨询和心理治疗理论体系。其后许多新的咨询流派大都是在对其继承、发展或者批判的基础上建立起来的。时至今日，精神分析的许多观点依然闪烁着璀璨的智慧之光，并在实践中不断得以修正和发展。

📖 兴趣阅读 1-2

弗洛伊德的失望

　　即便是在弗洛伊德时代，性的影响是否真如其所说的那样无处不在，也是值得商榷的。在弗洛伊德首次提出"精神分析"这一术语后的第一年，他遭遇了一次很大的打击，一段时间"闷闷不乐"，非常失望。

　　弗洛伊德认为，精神创伤是实际存在的，但关键是造成创伤的内容。他发现，患者诉说的大部分创伤经验都与性有关，有的人还诉说曾经受到父亲或母亲的性诱惑或性骚扰。但是，在那些患者的父母中，有弗洛伊德熟悉的人，弗洛伊德对所听到的性诱惑或性骚扰持怀疑态度，因为那种家庭不可能发生此类事情。

1897 年，弗洛伊德 41 岁，那是弗洛伊德首次提出"精神分析"这一术语后的第一年，他遇到了一位 42 岁的女患者。该患者有严重的失眠症，和别的女患者一样，其病症与父亲的性诱惑有关。可是，这位妇人与别人的情况略有不同，即她每次所讲的内容都不一样。弗洛伊德经过思考才恍然大悟，原来这些故事都是编造出来的。她所诉说的"性骚扰"不是事实，而是幻想的产物。

弗洛伊德为此受到了很大的打击，因为他过去所发表的"诱惑说"里的证据大都不是真的，而是患者的幻想和虚构！

当弗洛伊德察觉到患者的回忆只不过是一种幻想之后，非常失望，而且有一种上当受骗的感觉。

第一节　精神分析的基本理论

一、心理分域论

弗洛伊德把人的心理活动分为三个层次：意识、前意识、潜意识。

意识是心理活动的表层。意识是在觉醒状态下的觉知，觉知就是觉察。意识既包括对外界事物的觉知，也包括对自身内部状态的觉知。它既涉及觉知时刻的各种直接经验，如知觉、思维、情感和欲望；也包括对这些内容和自身行为的评价。

前意识是介于意识和潜意识之间的部分，功能是从事警戒任务，不允许潜意识领域中的本能冲动随便进入意识领域。

潜意识是人心理活动的深层结构。它们通常是被社会的风俗习惯、道德、法律所禁止的内容，包括个人原始的冲动和与本能有关的欲望等。

弗洛伊德打破了理性主义的传统，肯定了非理性因素在行为中的作用，首创了潜意识心理学体系。弗洛伊德认为，潜意识心理历程在正常及变态心理机能中均有重要的位置和意义。它决定了个体行为的真正原因和动机，也决定了神经症或其他精神障碍患者的症状。

潜意识具有六大特征：①无时间观念。弗洛伊德认为："潜意识体系的各种过程没有时间的顺序，也不随时间流逝而改变，可以说跟时间没有什么关系。"②无视现实条件。潜意识按照快乐原则，顽强地设法满足不合理性的本能愿望。③心理现实取代实际现实。潜意识无法区分哪个是真实事件，哪个是心理构建。所以在潜意识里，实际现实常常会被心理现实所替换。④无矛盾性和对立性。潜意识中的无矛盾性是以"对立认同"的形态存在的，大和小、高和低、强和弱、善和恶、爱和恨、美和丑均同等看待、互不矛盾，有时甚至还会相互颠倒。⑤无否定性。在潜意识里不存在"否定""反对""不"之类的概念，只有进入前意识和意识时，才会出现否定因素。⑥形象即语言。潜意识不会使用语言，只能以事物的具体形象来表达自己的愿望。比如，饥饿的婴儿只会想到"乳头"或者"奶瓶"的形象，而不会想到"饥饿"这个词语。

二、人格结构论

弗洛伊德将人格结构分为本我（id）、自我（ego）、超我（superego）三个部分。

本我，又可以称作儿童式自我，是人格中最原始的、与生俱来的部分，由先天的本能和欲望所组成。本我奉行的是快乐原则，要求毫无掩饰和约束地满足直接的肉体快感，以满足基本的生物需求。

自我，又可以称作现实自我，介于本我与超我之间，是人格结构中发挥意识调节技能的部分。自我按照现实原则活动。自我感知外界刺激，了解周围环境，储存从外界获得的经验，从而具备了应对现实的功能。

超我，又可以称作道德自我或者父母式自我，是人格结构中道德和准则的代表。超我遵循道德原则。从个体发育看，超我在很大程度上依赖于父母的影响。

在正常情况下，人格结构的三个部分处于相对平衡的状态，但当本我的冲动和欲求强烈，超我给予严厉打压，而自我又没有足够能量进行仲裁、调节时，人就会启用各种不成熟的、神经症性的，甚至是精神病性的防御机制，个体就会出现神经症或精神病性的症状。弗洛伊德同时认为，潜意识里的东西一旦回到意识层，相应的症状就会立即消失。

所谓健康的自我，就是既能适应现实环境要求，又能够找到一条满足本能欲望的合理途径，从而实现心理的平衡。因此，自我越健康，人的心理空间的自由度越宽广。

三、心理发展论

本我中的潜意识冲动和性欲，在个体发展的不同阶段，总要通过身体的不同部位或区域获得满足和快感，由此构成了人格发展的不同阶段。

1. 口欲期（0~1岁）

婴儿通过口腔的味觉来感受世界和看待世界。其快乐来源为唇、口、手指或牙齿。伴随出现的还有"抓住本能"，如抓住母亲身体的某一部位（通常是乳房）。

"口欲期人格"（oral personality）是指过度固着于口欲期或在口欲期欲望受到抑制，即使已经过了口欲期，但人格仍滞留于口欲期。主要表现为依赖性强、多以自我为中心、付出少、索取多。在生活习惯上的特征是贪恋杯中之物、好吸烟、贪食过食、耽于幻想或床笫等。

2. 肛欲期（1~3岁）

肛欲期的快乐来源为忍受和排泄粪便，肌紧张的控制。通过排便，孩子可以表达自己对环境的积极服从，而憋着时则表达自己的不服从。因此，大便在某种意义上变成了孩子与父母或成年人保持关系的某种工具，孩子感受到他能在一定程度上影响周围的人和环境。这个时期，孩子学会了走路，能用简单的词语交流，开始学会观察环境、探索环境、适应环境，自主性、独立性及自尊感开始萌芽，与此同时还会产生羞耻心和嫌恶感。

精神分析理论认为，父母在孩子大小便方面训练失当，会使孩子的性格发展至两个极端：一个是发展成过分追求完美和秩序，唯唯诺诺、被动性服从、洁癖等"肛期人格"即"强迫人格"；另一个是发展成固执、违拗、厚颜无耻的叛逆型性格。

3. 俄狄浦斯情结期（Oedipus complex，又称性蕾期或生殖器期，3~5岁）

俄狄浦斯情结期的快乐来源为生殖部位的刺激和幻想，恋母或者恋父（兴趣阅读1-3）。

4. 潜伏期（5~12 岁）

这时期的孩子对性几乎不关心，而是将兴趣转向外部世界，去学习各种知识和技能，以便应对环境的需要。因此，这个时期也被称为"社会化期"。

5. 生殖期（12 岁以后）

这个时期的孩子放弃异性父母，性欲逐渐转向其他异性。这为成年人的异性交往做好了准备。

6. 成年期

弗洛伊德将心理发展叙述到生殖期为止。此后，艾里克森和内米罗弗等精神分析学家又发表了成人期心理发展的研究成果，认为成人期有三种生活方式——①因循守旧式：表现为贪恋权位名利；②创造式：在任何生活境况下都会不断地寻找生活的趣味和意义；③平凡式：隐藏自己的性欲望或攻击性，希望安安稳稳地生活。

📖 兴趣阅读 1-3

弗洛伊德与俄狄浦斯情结

弗洛伊德小时候喜欢看《旧约全书》中的插图，因为那些插图能满足他对性的好奇心。7 岁以后，在弗洛伊德的脑子里会经常浮现出一个场景。这个场景曾经在他的梦里多次出现：7 岁的一天晚上，他无意中闯入父母的卧室，听到从黑暗中发出的私语，并看到父母正在做着奇怪的动作，年幼的他惶然不知所措。父母觉察到有人进入卧室后，突然停止了动作。当父亲回头看他时，年幼的弗洛伊德突然撒起尿来，至于是站着尿的，还是在妈妈怀里尿的已无从可知了。当时，父亲带着无可奈何的表情说："这小子真没出息。"后来，弗洛伊德的母亲把他带到床上，安抚他，陪他入睡。

弗洛伊德 2 岁以后便懂得不随地小便，可是为什么 7 岁的时候却突然随地撒起尿来了呢？弗洛伊德突然悟到了一个事实：自己嫉妒父亲，想要阻碍父母的性交。幼年的他能做到的最有效的方法就是撒尿和哭闹，借此将父亲从母亲那里赶走，并占据父亲的位置。在弗洛伊德内心里，他一直盼着父亲早些死去，从而达到独占母亲的愿望。

弗洛伊德长大成人后，常做一个关于火车站的梦：在火车站旁边，一只眼睛失明的男子露出生殖器撒尿，弗洛伊德拿着便器在一旁接取那个人的尿。弗洛伊德认为，这个梦是对父亲轻视自己的报复。因为当年父亲看见 7 岁的弗洛伊德撒尿后说过"这小子真没出息"，父亲的左眼当时患有白内障。弗洛伊德在梦中说过："父亲，您现在瞎了，生活上还要我照料，是不是没出息？"可见，弗洛伊德虽然爱他父亲，但在潜意识里却恋着母亲、嫉妒父亲。

通过对自体分析，弗洛伊德得出了如下的结论：由于潜意识里有弑父娶母的欲望，使他产生了深深的负罪感和恐惧感。嫉妒父亲，希望父亲早死，并占有母亲的心理，让他想起了索福克勒斯的悲剧《俄狄浦斯王》。男孩要接近母亲，可又害怕父亲而心存恐惧，内心处于一种矛盾状态。弗洛伊德把这种矛盾心理称为"俄狄浦斯情结"。

俄狄浦斯（Oedipus，有时拼为 Oidipous 或 Odypus）是希腊神话中底比斯的国王，是国王拉伊俄斯和王后伊俄卡斯忒的儿子。他在不知情的情况下，杀死了自己的父亲并娶了自己的母亲。

拉伊俄斯年轻时曾经劫走国王珀罗普斯的儿子克律西波斯，因此遭到诅咒——他的儿子俄狄浦斯出生时，神谕表示他会被儿子杀死。为了逃避命运，拉伊俄斯刺穿了新生儿的脚踝[①]，并将他丢弃在野外等死。然而，奉命执行的牧人心生怜悯，偷偷将婴儿转送给替科林斯王国工作的牧人。科林斯国的牧人再将婴儿送给国王波吕波斯，国王把他当作亲生儿子般抚养长大。

一天，俄狄浦斯去德尔斐神殿里请求太阳神阿波罗神谕，得知自己将来会"弑父娶母"。俄狄浦斯一直是把科林斯国王波吕波斯当作生身父亲的，为避免神谕成真，俄狄浦斯便离开科林斯，并发誓永不再回去。俄

---

① Oidipous 在希腊文的意思为"肿胀的脚"。

狄浦斯流浪到底比斯附近时，在三岔路口与一辆马车发生冲突，受到马车上的人的推挤和攻击，便失手杀了全部的人，其中就有他的亲生父亲——底比斯国王拉伊俄斯。

当时的底比斯城被人面狮身兽斯芬克斯所困：斯芬克斯会抓住每个路过的人，如果对方无法解答他出的谜语，便会被他撕裂吞食。这个谜语是："什么动物早晨用四条腿走路，中午用两条腿走路，晚上用三条腿走路？"谜底是"人"。

底比斯城为了脱困，便宣布能解开谜题者，可获得王位并娶国王的遗孀伊俄卡斯忒为妻。俄狄浦斯解开了斯芬克斯的谜题，解救了底比斯，于是继承了王位，并在不知情的情况下娶了自己的亲生母亲为妻，生了两男（埃忒俄克洛斯、波吕涅克斯）和两女（安提戈涅、伊斯墨涅）。

后来，在俄狄浦斯治理下的底比斯不断遭受灾祸与瘟疫之苦，于是俄狄浦斯请托克瑞翁前往德尔菲神殿向阿波罗请示神谕，问道为何会降下灾祸。最后在先知提瑞西阿斯的揭示下，俄狄浦斯透过伊俄卡斯忒和前王拉伊俄斯的牧人所提供的线索，如侦探般地追问才发现，他真正的身份是拉伊俄斯的儿子，最终也应验了他弑父娶母的不幸命运。

隐约知晓真相的伊俄卡斯忒震惊不已，又无法阻止俄狄浦斯对身份的追查，便走回宫殿的房间里上吊自杀了。俄狄浦斯得知这一消息后，前往房间抱起伊俄卡斯忒的尸体痛哭，并拿起伊俄卡斯忒胸口上的胸针，刺瞎了自己的双眼，给予自己比死还要痛苦的惩罚。

俄狄浦斯情结又称"恋母情结"，是精神分析学的术语，由精神分析学的创始人弗洛伊德提出。儿童在性发展的对象选择时期，开始向外界寻求性对象。对于幼儿，这个对象首先是双亲，男孩以母亲为选择对象，而女孩则常以父亲为选择对象。在此情形之下，男孩早就对他的母亲发生了一种特殊的柔情，视母亲为自己的所有物，而把父亲看成是与其竞争的敌人，并想取代父亲的地位。同理，女孩也会以为是母亲干扰了自己对父亲的柔情，侵占了自己应占的地位，因此同样也有"恋父情结"。

恋父情结，又叫厄勒克特拉情结（Electra complex），来源于古希腊的一个传说——公主厄勒克特拉的母亲与其恋人共同谋杀父亲，公主决心替父报仇，便怂恿自己的兄弟杀死了母亲。弗洛伊德以此来命名恋父情结，指女孩恋父仇母的复合情绪，是女孩性心理发展第三阶段的特点。在这一阶段，女孩对父亲异常深情，而视母亲为多余，并总是希望自己能取代母亲的位置而独占父亲。这一情结的作用类似于男孩的俄狄浦斯情结。本来厄勒克特拉情结是代指恋父情结，不过后来人们大多统一用俄狄浦斯情结来描述恋母和恋父两种心理。

弗洛伊德在精神病患者身上发现，对父母一方的强烈妒忌反应能够产生足够的破坏力。这种破坏力能产生恐惧，并因此对人格的形成和人际关系产生永久性的困扰和影响。由于时常在精神病患者身上观察到这样的现象，因此弗洛伊德假定这是一种普遍现象。他认为，"俄狄浦斯情结是人在成长过程中都要经历的，是神经症的核心原因。"他还试图在此基础上来解释文化与社会的起源。

弗洛伊德的这一普遍性结论从一开始就遭到多方质疑，几乎所有的人类学家都不能认同他的观点，因为没有任何证据来支持它。也有个别学者（如盖扎·罗海姆）认为，紧张心理产生于恋母情结家庭状况。但是有学者研究认为，这种情况在母系社会是不会发生的。可是人类学家玛格丽特·米德（Margaret Mead）① 确认了在原始民族里也存在着俄狄浦斯情结。

四、客体关系论和自体心理学

在精神分析理论中，客体指的是对个体心理发展影响最为重要的人，通

---

① 玛格丽特·米德（Margaret Mead，1901—1978），美国女人类学家，美国现代人类学成形过程中最重要的学者之一，也是 20 世纪最著名的人类学家之一。在学术上，她主要研究关于青春期、性和社会化的问题，与他人一起创建了文化与人格学派，试图将文化人类学与精神病学、心理学联系起来。

常首先是父母或祖父、祖母辈的养育者，其次是兄弟姐妹。精神分析理论认为，一个人在他成年后是否具有与他人建立信任和友好关系的能力，取决于他早年生活经历中的客体关系。客体关系的内化是大部分幼儿型和幼稚状态的人际关系的成因，这些心理问题如不修正，就会固着下来，给日后人际关系的处理带来麻烦。例如，一个将施虐者与受虐者关系内化的孩子，长大后也会不由自主地重蹈加害者和被害者的关系覆辙。

在客体关系理论之后，科胡特①创立了自体心理学。所谓的自体（self）是所有心理结构中占最高地位的执行器官。自体作为一种心理结构，能够进行主观感觉和判断并决定是否行动。科胡特认为保持自尊心和自体统一比性和攻击的欲望重要。具有鲜明、稳定、统一的自体的人就是健康的人。

五、心理动力论

心理动力理论是精神分析的核心内容。可令很多研究者困惑不解的是，弗洛伊德一生对心理动力的解释前后各异，甚至自相矛盾。其实如果结合弗洛伊德当时的生存背景，还是可以理解的。弗洛伊德早期认为，心理发展的动力，一是性本能，另一是营养本能。第一次世界大战结束之后，弗洛伊德更加关注人的攻击行为，将人类本能的内驱力和心理能量扩展为性驱力——指向生命和成长的"力比多（Libido）"和攻击驱力——指向破坏、毁灭和死亡的攻击能量。在弗洛伊德晚年，他则进一步关注生本能和死本能——他认为，人类不仅有延续种族或维持个体的生存本能，还有希望死去和希望死后回到初始状态的本能，存在着回到"无"的状态、涅槃状态的本能。60多岁时弗洛伊德被诊断为上颌骨癌，遭受了16年的病痛折磨，最后他请求实施了安乐死。

六、心理适应论

弗洛伊德认为，人的本能得以实现，必须经由不懈的努力和形式不同的

---

① 海因茨·科胡特（Heinz Kohut，1913—1981），德裔美国人，芝加哥精神分析家。

应对方式。人类的基本应对方式有两种：自我防御和变相宣泄。

1. 自我防御

精神分析理论认为，本能欲望和超我的要求以及它们和自我之间的冲突，是所有神经症的根源。防御机制就是自我为了处理冲突所做的努力。自我根据情况自动地运作，启动了必要的防御机制，而且往往一次启动一个以上的防御机制（兴趣阅读1-4）。

📖 **兴趣阅读 1-4**

常见自我防御机制二十种

弗洛伊德生前曾断断续续地提出了一些防御机制，包括压抑、否认、投射、退化、隔离、抵消、转化、合理化、补偿、升华、幽默、反向形成等各种形式。安娜·弗洛伊德[①]（1936）系统总结和扩展了其父对自我防御机制的研究，论述了压抑、否认、禁欲、投射、利他、转移、自我约束、反向、反转、升华、心力内投、对攻击者的认同、隔离、抵消、退行等15种防御机制形式，并指出人类最重要的防御机制是压抑。

范伦特（G. E. Vaillant，1992）认为，防御机制是弗洛伊德对人类心理学最具创造性的贡献，"当精神病学进入21世纪时，弗洛伊德学说的许多部分可能会被抛弃，但关于防御机制的阐述却不会"。

国际精神分析学会给防御机制所下的定义是：自我对于本我冲动的对抗作用就是防御机制。

在DSM-III-R以及《美国精神病学综合教科书》（第三版）中，分别列举了18种和30种防御机制。

防御机制的种类很多，在术语、定义等方面也存在着一定的分歧。

---

① 安娜·弗洛伊德（Anna Freud，1895—1982），西格蒙德·弗洛伊德最小的女儿，著名的儿童精神分析学家。她进一步继承和发展了其父后期的自我心理学思想，对自我心理学的建立做出了重要的贡献。她系统总结和扩展了其父对自我防御机制的研究。

现实生活中较为常见的防御机制主要有：

（1）**压抑**。也叫潜抑，是指把那些不能被意识所接受的冲动、观念或回忆、情感等压抑到潜意识中去。这是一种不自觉的主动遗忘和抑制，是最古老和最危险的防御机制之一，也是使用其他防御措施的先决条件。

例如，一位中年妇女的独生女在某一年的 10 月份死于车祸，经过一段时间以后，她把这段不堪忍受的情绪压抑到潜意识里——"遗忘"了。这些潜意识不知不觉地影响着她的情绪，在每年的 10 月份她都会自发地出现抑郁情绪，自己不知道为什么，药物治疗也无效。

（2）**否认**。有意或无意地拒绝承认那些不愉快的现实，似乎事情根本就没有发生，以此减少心灵上的痛苦。

所谓"眼不见心不烦"。这是一种最原始的、鸵鸟似的防御机制。

如有的人听到亲人突然死亡的消息，短期内否认有此事以减免突如其来的精神打击。

（3）**退行**。当人受到挫折无法应付时，即放弃已经学会的成熟态度和行为模式，使用较幼稚的方式来满足自己的欲望，甚至退行到困难较少、阻力较弱、较安全的境地——儿童时期，无意中恢复儿童期对别人的依赖，害怕再担负成人的责任。

如某些性变态患者，遇到性的挫折无法满足时，就用幼年满足性欲的方式来表达非常态的满足，例如在异性面前暴露自己的生殖器等。

由钟友斌先生创立、被称为"中国式精神分析"的认识－领悟疗法，针对某些类型的性变态（如露阴癖、窥阴症、摩擦症、异装症）以及强迫症、恐怖症等，通过解释、分析、互相讨论，使患者认识到病态行为的幼稚性，领悟到这是儿童时期留下的痕迹；现在到了成年以后，则不应该、也没必要再延续幼年那种满足欲望的心理和行为模式。最后，随着求助者情感和行为的改变，症状也就自然消失。

（4）**幻想**。指一个人遇到现实困难时，因为无力处理这些实际问题，就利用幻想的方法，任意想象应如何处理心理上的困难，以达到内心的满足。

幻想和人们平常所说的"白日梦"是一回事。

例如"灰姑娘"型幻想——一名在现实社会里备受欺凌的少女，坚信有一天可以遇到英俊王子式的人物，帮助她脱离困境。

（5）**置换**。又称转移，指对某一对象的情感，因某种原因（发生危险或不合社会习惯）无法向其直接表现时，就转移到其他较安全或易被大家所接受的对象身上，使自己的情感得到宣泄，心理得到平衡。

"迁怒"就是这个机制。

比如，一服务员因家中一大堆烦恼问题既无法解决又不便向家人发泄，只好迁怒于顾客，服务态度极差。

恐怖症患者所害怕的对象在正常人看来都是不值得恐怖的，原因是患者在潜意识中把真正害怕的对象置换成不值得害怕的对象。

（6）**合理化与理智化**。个人遭受挫折或无法达到所追求的目标，以及行为表现不符合社会规范时，给自己找一些有利的理由来解释。虽然这理由常常是不正确的，在第三者看来是不客观或不合逻辑的，但本人却坚持用这些理由去说服自己，用一种能为自己所接受的理由来替代真实的理由，以避免精神上的苦恼。

例如，吃不到葡萄就说葡萄是酸的。

阿Q的"精神胜利法"也属此类。

与合理化有相似之处的是理智化，即过分使用抽象思维，或者以普遍化和概括化的形式处理个人情感上的苦恼或心理冲突，以掩盖个人在生活中所感受到的不快。在莎士比亚名著《哈姆雷特》中，丹麦王子哈姆雷特的父王突然暴亡，母后忘了夫妻情深，又迫不及待地改嫁给小叔——投入了人品卑下、被王子极端鄙视的克劳迪斯的怀抱。这接连而来的事件给予了年轻的王子难以忍受的精神打击——

"生存还是毁灭？这是一个值得考虑的问题……"

很多青春期的孩子，当面临老师的误解、同学的排斥、家长的冷漠等现实问题难以化解时，常常会陷入"这个世界是正义的还是邪恶的？""人心是善的还是恶的？"等一些概括化、普遍化的抽象问题中去。

（7）**投射**。也叫外射，一般是指个人不自觉地将自己的过失或不喜欢、不接纳的自身性格、态度、意念等，投射到别人身上或外部世界去，从而坚信和断言别人是这样的，以免除自责的痛苦。广义的投射还指在某种环境下（如投射测验中）个体按照自己的心情、动机、欲望等去觉知情境。

投射的目的是让我们利用别人做"替罪羊"，从而把自己不好的一面伪装起来。

"以小人之心度君子之腹"就属于这种作用。

阿Q之所以会坚信，"凡尼姑，一定与和尚私通；一个女人在外面走，一定想引诱野男人；一男一女在那里讲话，一定要有勾当了"，也是出于这个原因，于是，"为惩治他们起见，所以他往往怒目而视，或者大声说几句'诛心'话，或者在冷僻处，便从后面掷一块小石头"。

一个人性张力过大，做梦时都梦见另一个人与异性在发生性行为，这是自我为了逃避超我的责难，又要满足自我的需要，将自己的欲望投射到别人的身上，从而得到一种解脱。

当我们与朋友在外面一块儿吃饭而不愿付账时，我们会感觉自己显得过于小气，为了让自己内心感到好受些，就把吝啬的恶名加在一同吃饭的其他人身上。

所以，当我们感到排斥某个人的时候，实质上是在排斥自己身上的某些东西。

（8）**摄入**。或称内射、心力内投，与投射作用相反，是把外部对象或自己所赏识的某些人物的特点摄入自己的行为和信仰中去的一种防御机制。

如常言所说"近朱者赤，近墨者黑"。

由于摄入作用，有时候人们把爱和恨的对象象征地变成了自我的组成部分。如当人们失去所喜爱的人时，常会模仿所失去人的特点，让所喜爱之人的举动或爱好在自己身上出现，以慰藉内心因丧失所产生的痛苦。相反，对外界社会和他人的不满，在极端情况下甚至可能会变成恨自己而自杀。

（9）**认同。**主要分为投射性认同和对攻击者认同两大类。

1）投射性认同。投射性认同是一个人诱导他人以一种限定的方式做出反应的人际行为模式。这与投射有所不同。投射本质上是一种心理活动，如认为他人是愤怒的或者脾气不好的，而不管他人实际上有无这种感受和行为，也不需要与他人面对面互动便可产生；而投射性认同实际上涉及对他人行为和情感的操控。

投射性认同源自投射者将自己的内在世界置于人际关系领域。在投射性认同中，接收者被迫对投射者的投射性幻想做出反应，在不知不觉中以一种与投射者释放出来的感受相一致的方式来思考、感受和行动。

这足以解释，为什么有的女人会接二连三地遭受家暴的伤害。

2）对攻击者认同。这实质是一种心力内投的防御机制，即认同、模仿和学习自己所恐惧的人或对象的行为，从而在心理上感到自己就是那个令人恐惧的人或对象，以此来消除自己的恐惧心理。

就像小孩子明明是害怕鬼的，却偏偏会买一个恶鬼的面具戴在头上。

值得研究的是，对攻击者认同现象在中国人中相对普遍。就如鲁迅所说："奴才做了主人，是决不肯废去'老爷'的称呼的，他的摆架子，恐怕比他的主人还十足，还可笑。"

人们信奉"棍棒之下出孝子""千年媳妇熬成婆"也属此种机制。很多人的逆来顺受乃至"受虐癖""受虐狂"现象，亦属此类。

（10）**反向。**内心里有一种欲望、信念或冲动，如果承认则会引起对自我价值、能力及安全感等方面的损害，于是选择表现出与其相反的欲望、意向或行为。

"此地无银三百两"说的就是这一机制。

有些恐人症的患者内心是渴望接触异性的，但却偏偏表现出对异性的恐惧。

有人对伺机报复的对象内心憎恨，而表面却非常温和，过分热情。可见如果一个人的某些行为显得过分或刻意的话，表明他潜意识中可能有刚好相反的欲望。

中国有句特别智慧的老话，叫作"斗米养恩，担米养仇"——一些人会"恩将仇报"，故意去伤害那些曾经帮助过自己的人，说的就是这种心理机制。

（11）**代偿**。也叫补偿，是指个体利用某种方法来弥补其生理或心理上的缺陷，从而掩盖自己的自卑感和不安全感。

所谓"失之东隅，收之桑榆"就是这种作用。

例如，盲人的触觉、听觉相对敏锐。又如，一个一向淘气的 10 岁男孩，由于同时突然失去了母亲和妹妹，他的父亲就把全部爱和希望给予了他，使他感到自己应该懂事了，不能再淘气了，于是一下变为好学生。

过分的补偿则会导致心理变态。

（12）**仿同**。把一个他所钦佩或崇拜的人的特点当作是自己的特点，用以弥补自身的不足。

仿同有两种，一种是近似模仿。例如，在不知不觉中，男孩模仿父亲，女孩模仿母亲。另一种是利用别人的长处，满足自己的愿望、欲望。例如，一个不漂亮的女孩子喜欢和一个漂亮的女孩子做朋友，她可以因为别人夸奖她的女友而感到自豪。常见的"伟人（英雄）崇拜"也属此类。

（13）**隔离**。将一些不快的事实或情感分隔于意识之外，以免引起精神上的不愉快。

如把亲人去世说成"仙逝""归天"等。

最常被隔离的，乃是整个事情中与事实相关的感觉部分。在心理咨询中，注意发现患者使用隔离作用的现象，可帮助找到其心理症结。因为患者在潜意识中所要掩饰的，正是心理咨询可能针对的问题。

（14）**抵消**。一旦发生了一些令人无法接受的事情，人们常常以某种象征性或魔幻般的姿态或仪式来抵消由此造成的心理不安。

例如，按我国民间习惯，过农历年时不要打破东西，万一小孩打破了碗，老人则赶快说"岁岁平安"；如果无意中说了不吉利的话，则赶紧啐口水等。

再如强迫症患者固定的仪式动作常是用来抵消潜意识中的乱伦感情和其他痛苦体验。

（15）**禁欲**。青春期表现出来的一种心理特点。青春初期的青少年常常对出现的性冲动感到不安，为了使自己不至于因此而做出越轨行为，他们便通过放弃一切欲望和快乐来保护自己。

（16）**躯体化**。指把精神上的痛苦、焦虑转化为躯体症状表现出来，从而避开了心理的焦虑和痛苦。

如歇斯底里患者的内心焦虑或心理冲突往往以躯体化的症状表现出来，如瘫痪、失声、抽搐、晕厥、痉挛性斜颈等，患者自己对此完全不知觉，转化的动机完全是潜意识的，是其意识不能承认的。

（17）**分裂**。将对自己及他人的表征和态度分裂成"全好"和"全坏"两个完全相反的情况。

就像儿歌里唱的"好爸爸坏爸爸"。这是儿童式的、原始形态的防御。

边缘人格状态多使用这一机制。

（18）**升华**。把被压抑的不符合社会规范的原始冲动或欲望，用符合社会要求的、建设性的、高尚的行为方式表达出来。

如用舞蹈、绘画、文学等形式来替代性本能冲动的发泄。

再如，一位具有嫉妒心的人，因理智不允许他表现出嫉妒，于是他发奋学习，最终超过了别人。

这种防御机制对于个人和社会均能产生积极的意义。

（19）**幽默**。一种积极的精神防御机制形式，是较高级的适应方法之一。当一个人遇到挫折时，常可以用幽默来化解困境，维持自己的心理平稳。

大哲学家苏格拉底不幸有位脾气暴躁的夫人。一次他在跟一群学生谈论学术问题时，先是听到叫骂声，随后夫人拎一桶水过来，泼得他全身湿透。在场的学生都很尴尬，可是苏格拉底只是一笑："我早知道，打雷之后，一定会下雨。"

（20）**利他**。有人认为利他主义也是一种投射作用。人们通过采取某种行动，一方面满足了自己的需要，一方面又帮助了别人。

在某些极端情况下，人们可能会不惜放弃自己的需要来满足别人的愿望。

　　在以上常见的防御机制中，很显然，升华、幽默、利他属于成熟的防御机制，于人于己都有益。而否认、退行、分裂、反向、置换、认同等，则属于不成熟的防御机制，应该注意觉察和避免。其余如压抑、投射、隔离、禁欲、仿同、摄入、代偿、合理化等属于中性的防御机制，适时适度使用可以起到缓解焦虑、减轻痛苦的作用，但过度或习惯性使用则会影响心理健康，造成心理、行为等方面的问题或障碍。

2. 变相宣泄

　　本我为了躲避、绕过自我的监督和约束，有时候不惜改变存在或者表达的方式，变相达到满足自己需要的目的。常见的方式有：口误、笔误、梦等。

七、分析心理学的创立

　　分析心理学是由瑞士心理学家卡尔·荣格①在弗洛伊德精神分析理论的基础上，根据自己亲身体验和对临床患者大量观察以及对各民族宗教神话的广泛研究，在 20 世纪早期提出的一套颇具说服力、同时也存有争议的人类心灵深层结构理论。这一理论勾画出了人类心灵的原始面貌，为沟通过去与现代、东方与西方架起了一道心理学的桥梁。尤其是荣格提出的"集体潜意识"理论（兴趣阅读 1-5），为理解人类的心理和行为提供了独特的视角。

　　荣格和弗洛伊德的观点主要有三点分歧。

　　一是对"力比多"概念的解释。弗洛伊德认为"力比多"是性能量，早年"力比多"冲动受到伤害会引起终生的后果。荣格认为"力比多"是一种广泛的生命能量，在生命的不同阶段有不同的表现形式。后来，荣格用心理

---

① 卡尔·古斯塔夫·荣格（Carl Gustav Jung，1875—1961），瑞士心理学家、精神病学家，分析心理学创立者，早期精神分析运动的一位巨匠。1907 年开始与西格蒙德·弗洛伊德合作，发展及推广精神分析学说长达 6 年之久，之后与弗洛伊德因理念不和，分道扬镳，创立了荣格人格分析心理学理论，他的理论和思想至今仍对心理学研究有深远影响。曾任国际心理分析学会会长、国际心理治疗协会主席等，创立了荣格心理学学院。

能量取代了"力比多"。

二是荣格反对弗洛伊德关于人格由童年早期经验所决定的看法。荣格认为，人格在后半生能由未来的希望引导而塑造和改变。

三是对人性本身看法上的原则分歧。荣格更强调精神的先定倾向，反对弗洛伊德的自然主义立场，认为人的精神有崇高的抱负，不限于弗洛伊德在人的本性中所发现的那些所谓黑暗和罪恶。

📖 兴趣阅读 1-5

荣格的梦与集体潜意识理论的提出

1909 年，荣格和弗洛伊德双双应邀赴位于马萨诸塞州伍斯特的克拉克大学做演讲。船要航行 7 个星期。旅途漫长而无聊，他们就每天都在甲板上相会，彼此分析对方的梦。

一天荣格做了这样一个梦：他梦见自己在一栋老房子的顶层，房子里家具陈设气派，那里是一个沙龙，墙上挂着精美的油画。他惊叹这竟然是自己的房子，不由得想：还真不赖！但是随后他就想起，他对下面一层是什么样子还一无所知，于是他就下楼去看。在下面所有的东西都要陈旧得多。家具是中世纪的，一切都显得相当阴暗。他想着：现在我真的必须探索一下整栋房子了。走进一个套间，他无意中发现一扇厚重的门，打开门，看到有一楼梯通向地下室，顺梯而下，便又来到一个看上去极其古老的、美丽的圆顶房间，从那墙壁的砖石，他辨认出是属于罗马时代的。他的好奇心更加强烈起来，仔细审视地面，在一块石板上看到一个环。他拉住环将石板抬起，再次看到一个狭窄的石阶梯向下通向深处。他又顺着往下走，进入一个低矮的石洞，地上积着厚厚的尘土，尘土中四散着骨头和破碎的陶器，好像是原始文化的遗迹。接着他发现了两个人类的头骨，显然都非常古老，并且已经有些碎裂了。正在端详之际，梦醒了……

弗洛伊德释梦理论认为，梦是愿望的达成。弗洛伊德根据荣格梦中出现的两个头骨，分析这个梦表明荣格盼望两个人死去。

荣格为了讨好弗洛伊德，当时便说头骨像自己的妻子和一位亲戚。

事后荣格觉得这完全不着边际。在他看来，这些头骨和死亡愿望毫无关系。他对自己的梦给出了另一个解释："我很清楚老房子代表着一种精神的意象，就是说，代表着我当时的意识状况以及到那时为止的无意识附属物。沙龙代表意识，它虽然古色古香，却有人居住的气息。下面一层代表潜意识的第一个层次。我越往下走，那景象就变得越怪异和越黑暗。在洞穴中，我发现了原始文化的遗迹。那就是在我自身之中的原始人的世界——一个几乎无法为意识所达到或照亮的世界。人的原始心理邻接着动物的灵魂的生命，正像史前时代的洞穴在人占有之前常常居住着动物一样。"

这个梦为荣格提供的启示是，它指出了文化史的基础——意识的不断积累的历史，这就是集体潜意识。他们属于我们人类的祖先，是祖先帮助塑造了我们大家共同的精神遗产。那座房子是精神的一个意象。顶层的房间代表他的意识人格；下面一层代表潜意识的第一层次，他后来称之为个体潜意识；而他所到达的那个最底层是集体潜意识，在那里他发现了自己心灵深处的原始人的世界。

荣格给集体潜意识所下的定义是："集体潜意识是人类心理的一部分，它可以依据下述事实而同个体潜意识做否定性的区别：它不像个体潜意识那样依赖个体经验而存在，因而不是一种个人的心理财富。个体潜意识主要由那些曾经被意识到但又因遗忘或压抑而从意识中消失的内容所构成，而集体潜意识的内容却从不在意识中，因此从来不曾为单个人所独有，它的存在毫无例外地要经过遗传。个体潜意识的绝大部分由'情结'所组成，而集体潜意识主要由'原型'所组成。"

所谓的原型，是借由特定的方法去体验事情的天生倾向。原型是集体潜意识中形象的总汇。它是一种本原的模型，其他各种存在都根据这种原型而成形。原型本身没有自己的内容，但它表现就有如我们所见、所为的"组织原理"。它遵循直觉法则行事。首先，当一个婴儿想要吃时，他不知道他想要的具体东西是什么，他有着相当不明确的渴望，然而，某些特定的东西可以满足他。之后，根据经验，当一个小孩饥饿时，他渴望一些特定的东西——牛奶、饼干、烤龙虾、纽约式的比萨。原型，就像是宇宙中的黑洞——你只能借由它吸引物质和光，知道它在那里。

原型是有形式而没有内容的形象，它深深地埋在心灵之中。象征（意象）是内容也是原型的外部表现。原型仅通过出现在梦里、幻想、想象、传说、幻想故事、艺术等的象征而被表现。

关于原型和象征的关系，举个例子帮助读者理解：一个爱美之人，"美"是存在于其集体潜意识中的原型，而这种原型必须要有具体明确的指向——盛开的鲜花、赏心悦目的自然景色、令自己心悦的人，等等。

荣格认为，人的一生中有多少典型的情境就有多少种原型。主要有：

人格面具（persona），也称从众求同原型。指人在公共场合中表现出来的人格方面，其目的在于表现对自己有利的良好形象以便得到社会认可。人格面具一方面能够使人在社会中获益，另一方面常常会使人压抑自己的感觉和思想，从而疏离人性中的"灵性自我"。

阿尼玛（Anima），或阴性基质。指男人身上具有的女性基本特质或特征。当阿尼玛高度聚集时，它可使男子变得容易激动、忧郁等。

阿尼姆斯（Animus），或阳性基质。指女人身上具有的男性基本特质，当阿尼姆斯高度聚集时，则会让女性具有攻击性、追求权力等。

阴影（shadow），或阴暗自我。是人的心灵中遗传下来的最隐秘、最深层、最原始的邪恶倾向，容纳了人的最基本的动物性（类似于弗洛伊德所说的"本我"）。它寻求向外部投射。如男人倾向于把自己的阴影（否认和动物性情感）投射到其他男人的身上，从而引起男人之间不愉快的感情；同样女人也倾向于将阴影冲动地投射到其他女人身上。

自性（self）。是集体潜意识中的核心原型——如同太阳是太阳系的核心，是统一、组织和秩序的原型。其作用是把其他所有原型及其在意识和情结中的显现，都吸引到它的周围，使它们处于一种整合、统一、和谐的状态，即自性实现。荣格认为这是人性所要达到的最高目标。

此外还有出生原型、再生原型、死亡原型、力量原型、英雄原型、上帝原型、魔鬼原型、智慧原型等。

荣格分析心理学的主要理论观点包括：

1. 人格整体论

人格整体论是荣格分析心理学的核心理论。荣格把心灵当作心理学的研究对象。他认为，心灵是一个先在性的概念，与精神和灵魂相等。心灵是人的一切软件内容的全体，如思维、情感、行动等一切意识到的和一切意识不到的内容。人格的原始统一性和先在整体性，不仅在理论上追求心灵整体综合，而且在临床上要求恢复人格完整。荣格强调，心理治疗的目的应该是发展患者的创造性潜力及完整的人格，而不是治疗症状。

在荣格看来，心灵或人格结构是由意识（自我）、个体潜意识（情结）和集体潜意识（原型）等三个层面所构成。

意识：人格结构的最顶层，是心灵中能够被人觉知的部分，如知觉、记忆、思维和情感等，其功能是使个人能够适应其周围环境。意识过程的中心是自我，正是出于自我才保证一个人人格的统一性、连续性和完整性。

个体潜意识：人格结构的第二层，包括一切被遗忘的记忆、知觉和被压抑的经验，以及属于个体性质的梦等，相当于弗洛伊德心理分域理论中的前意识和潜意识部分。荣格认为个体潜意识的内容主要是情结，即一组组压抑的心理内容聚集在一起的情绪性观念群，如恋父情结、性爱情结、权力情结等，它决定着我们的人格取向和发展动力。

荣格认为情结的作用是可以转化的——它既可以成为人的调节机制中的障碍，也可以成为灵感和创造力的源泉。情结来自先在的超个体的共同的心理基础。

集体潜意识：人格或心灵结构最底层的潜意识部分，包括世世代代活动方式和经验库存在人脑结构中的遗传痕迹。集体潜意识不同于个体潜意识，它不是个体后天习得，而是经由先天遗传的；它不是被意识遗忘的部分，而是个体始终意识不到的东西。

荣格认为，人类遗传下来的原型不需要借助经验的帮助即可使个人的行动在类似的情境下与自己的祖先相似——很多时候艺术家的创作"如有神助"，就是原型起着一部分作用。

弗洛伊德把他的心理分域理论类比作冰山理论。为了和弗洛伊德理论加以区分，荣格则把他的理论比作"岛理论"（岛和冰山的本质不同在于，一个处于悬浮状态，一个连接着广袤的海底根基）——显露出水面可以看到的那些岛屿，是人能感知到的意识；由于潮涨潮落忽隐忽现的水下岛体部分，荣格称之为个体潜意识（相当于弗洛伊德人格结构理论中的潜意识）；而岛的最下面是作为基底的海床，就是我们的集体潜意识（图1-1）。

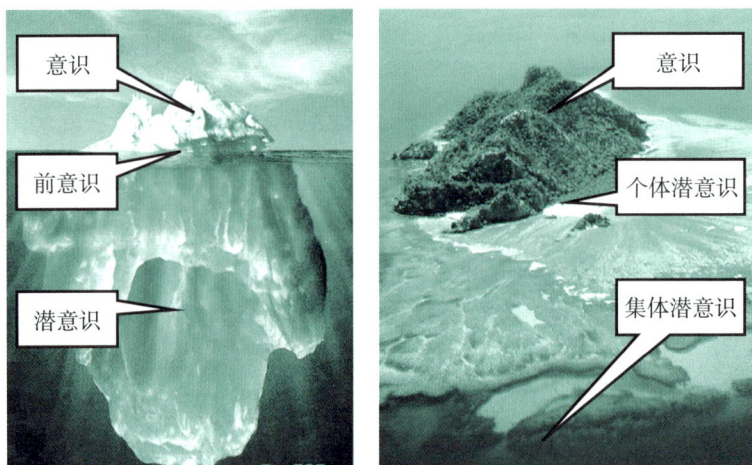

▲ 图1-1　弗洛伊德的"冰山理论"和荣格的"岛理论"

2. 人格动力说

荣格认为，心理能量是人格的动力，人格动力推动人格的发展。心理能量是一种普遍的生命力，不是性本能。心理能量既可以是意识的也可以是潜意识的。心理能量是通过转换来影响心理活动的。它永远不会消失，但能从一种心理内容转换为另一种心理内容。另外，心理能量和生理能量也可以发生相互转换。荣格借用物理学的能量守恒原则来解释心理，即能量在心理结构中可以转移，并且可以把某一结构的部分特征也转换过去。

3. 人格类型说

荣格根据心理能量的指向划分人格类型（兴趣阅读1-6）。个体心理能量的活动倾向于外部环境，就是外倾型的人；心理能量的活动倾向于自己，就是内倾型的人。荣格还将人的心理活动分为感觉、思维、情感和直觉四种基本机能。他把两种态度倾向和四种机能类型组合起来，构成了八种心理类型，即外倾思维型、内倾思维型、外倾情感型、内倾情感型、外倾感觉型、内倾感觉型、外倾直觉型、内倾直觉型。

📖 兴趣阅读 1-6

荣格的人格类型理论

在人格类型理论中，以荣格提出的内倾型和外倾型人格类型理论最为著名。

《周易系辞》中说："是故易有太极，是生两仪，两仪生四象，四象生八卦。"太极，即太一，指天地未分时的混沌状态。两仪，指天地，此处指阴阳二气。四象，是指少阴、少阳、老阴、老阳。八卦，乾、坤、震、巽、坎、离、艮、兑。荣格受此启发，把人格类型划分为"两种倾向、四种机能和八种类型"。1913 年，荣格在慕尼黑国际精神分析会议上提出了内倾型和外倾型人格类型。后来，他又在 1921 年发表的《心理类型学》一书中充分阐明了这两种人格类型的特点，论述了人格的一般态度类型和机能类型。

两种态度倾向。荣格根据心理能量的指向划分人格类型。个体心理能量的活动倾向于外部环境，就是外倾型的人；心理能量的活动倾向于自己，就是内倾型的人。外倾型的人，重视外界，爱社交，勇于进取，兴趣广，易适应环境，活跃、开朗、自信；内倾型的人重视主观世界，好沉思，善内省，常自我欣赏和陶醉，缺乏自信，孤僻、害羞、冷漠、寡言，较难适应环境的变化。外倾型和内倾型是人格的两大态度类型，也就是个体对特有情境反应的两种态度或方式。

四种基本机能。荣格将人的心理活动分为感觉、思维、情感和直觉四种基本机能。感觉告诉你存在着某种东西；思维告诉你它是什么；情感告诉你它是否令人满意；直觉则告诉你它来自何处和向何处去。一般来说，直觉在荣格看来是允许人们在缺乏事实材料的情况下进行推断。

八种人格类型。按照两种态度类型与四种机能的组合，荣格描述了八种人格类型。

（1）**外倾思维型。**该类型的人，既外倾，但又偏向于思维。其思想特点是一定要以客观资料为依据，以外界信息激发自己的思想过程。情感压抑，缺乏鲜明的个性，甚至表现为冷淡和傲慢等人格特点。

（2）**内倾思维型。**该类型的人，既内倾，又偏向于思维功能。其除了思考外界信息外，还思考自身的精神世界。情感压抑，冷漠，沉溺于幻想，甚至表现为固执、刚愎和骄傲等人格特点。

（3）**外倾情感型。**该类型的人，既外倾，又偏向于情感功能。其情感符合于客观情境和一般价值。思维压抑，情感外露，好交际，寻求与外界和谐。

（4）**内倾情感型。**该类型的人，既内倾，又偏向于情感功能。其感情由内在的主观因素所激发。思维压抑，情感深藏，沉默，力图保持隐蔽状态，易忧郁。

（5）**外倾感觉型。**该类型的人，既外倾，又偏向于感觉功能。其头脑清醒，长于积累外部世界的经验，对事物并不过分地追根究底。追求刺激，情感浅薄，寻求享乐。

（6）**内倾感觉型。**该类型的人，既内倾，又偏向于感觉功能。他们远离外界，常沉浸在自己的主观感觉世界中。其知觉深受心理状态的影响。艺术性强，直觉压抑。

（7）**外倾直觉型。**该类型的人，既外倾，又偏向于直觉功能。他们力图从外界中发现各种可能性，并不断寻求新的可能性。这种人可以成为新事业的发起人，但不能坚持到底。

（8）**内倾直觉型。**该类型的人，既内倾，又偏向于直觉功能。他们力图从精神现象中发现各种可能性。不关心外界事物，脱离实际，善幻想，观点新颖，但有点稀奇古怪。

荣格并非截然把人格简单划分为八种类型，他的心理类型学说只是作为一个理论体系用来说明人格的差异。实际生活中，绝大多数人都是兼有外倾型和内倾型的中间型。纯粹的内倾或外倾型的人是没有的，只是在特定场合下由于情境的影响而有一种态度占优势。每个人也能同时运用四种心理机能，只不过各人的侧重点不同。此外，外倾型和内倾型也并不会影响到个人在事业上的成就。

荣格的内外倾人格类型理论因在使用上的方便，已被广泛应用到教育、管理、医学和职业选择等领域。

4. 人格发展论

荣格认为，心理发展的最终目标是个性化即自性实现，其中要经过一系列的发展阶段。他把人生划分成四个阶段。

第一阶段：童年期。最初是无序阶段，儿童只有零散、混乱的意识；然后是君主阶段，儿童产生了自我，出现了抽象思维的萌芽，但缺乏内省思维；最后是二元论阶段，儿童出现内省思维，自我被分为主体和客体，儿童逐渐意识到自己是一个独立的个体。

第二阶段：青年期。随着自我意识的发展，年轻人需要摆脱对父母的依赖，但心理发展还不成熟。荣格认为这一阶段是"心灵的诞生"阶段。要顺利度过这一时期，必须克服童年期的意识狭窄，努力培养意志力，使自己的心理和外部现实保持一致，以便在世界上生存和发展。

第三阶段：中年期。这是荣格最为关注的时期。中年人往往在社会上和家庭生活中都已经扎下根基，取得了辉煌的胜利，但却面临着体力的衰退、青春的消逝、理想的暗淡，从而出现心理危机。荣格认为，要顺利度过这一时期，关键要把心理能量从外部转向内部，体验自己的内心，从而懂得个体生命和生活的意义。

第四阶段：老年期。老年人易沉浸在潜意识中，喜欢回忆过去，惧怕死亡，并考虑来世的问题。荣格认为，老年人必须通过发现死亡的意义才能建立新的生活目标。他强调心灵的个性化实际上要到死后的生命中才能实现，意味着个人的生命汇入集体的生命中，个体的意识汇入集体潜意识中。

第二节 精神分析的具体技术

精神分析的目的，就是化解本我的欲望和超我的要求以及它们和自我之间的冲突。精神分析的目的不是让人成为一个无矛盾冲突的人，而是把潜意识里的冲突暴露在"意识化"的阳光下，把潜意识里那个尚未长大的"孩子"带到意识世界中来，让求助者认识到幼时的焦虑和痛苦已经成为过去，现在已是物是人非，已经长大的自己完全有能力来应对现实的一切。求助者对此理解领悟了，人格自然就会完善，从而过上负责任的、有活力的和快乐的生活。

精神分析的常用技术主要有：自由联想、解释、分析移情和阻抗、释梦等。

一、自由联想技术

很多人认为精神分析靠的就是解释和分析，其实这是对精神分析的一大误解。比起自由联想本身所激发出的人的自我治愈力，解释和分析其实并非那么重要。这正像李武石所说的那样：虽然患者的病情可以通过分析获得好转，但是通常无法对它进行详细、有逻辑的说明。这是因为，在潜意识的联想过程中，会自然而然地得到治愈。那些能够对自己的疗效和病因加以准确说明的，只是特例而已。

所谓自由联想技术，就是让求助者把注意力集中于头脑中随时闪现出的任何念头、想法、意象上，不要试图用意识层去进行阻遏、干预或者文饰，也不要对出现的任何东西进行评判或者做出结论，只需要随时把这些"意识流"说出来就可以了。在求助者自由联想的过程中，心理咨询师则主要以倾听为主，可以适时进行提示、提问，但杜绝任何形式的评判和指导。

弗洛伊德在其自传里列举了自由联想的诸多优点：首先，对分析家而言简便省事；对患者而言不受强制，不会失去与现实世界的接触。其次，分析者的愿望或期待不影响分析，患者自由选择主题。再次，自由联想法的另一个优点是从不失败，在任何时候都可以使用联想（兴趣阅读1-7）。

📖 兴趣阅读 1-7

弗洛伊德经典案例：鼠人

1909 年，弗洛伊德发表了对一个强迫性神经症患者的分析治疗的部分记录——《对"鼠人"的分析》。

"鼠人"这一名字来源于这位患者强迫性神经症的起因。弗洛伊德对该患者的治疗采用的主要是自由联想技术。

该患者是一名男性，年龄大约 30 岁，受过大学教育，患强迫症多年。有许多强迫症症状，如担心会有什么不好的事情降临到他父亲和他所爱的女人身上。有时有强迫性意向，例如想用剃须刀刺自己的喉咙。他长期和自己的这些强迫症状做斗争，但都无济于事。用过各种躯体疗法，也都没有效果。

在找弗洛伊德进行分析治疗前不久，他作为预备役军官参加某地的一次军事演习，每天生活非常紧张，症状曾经在短期内有所减轻。有一天在行军途中休息时，听一位军官讲故事谈到古埃及使用的一种残酷的刑罚，即用一个罐子倒置在犯人的屁股上，里面放几只老鼠，老鼠没处跑，就钻进犯人的肛门。自从听了这个故事之后，他便增加了一个强迫观念，就是要把这个惩罚施加在他的女友和他已经死去多年的父亲身上，这个念头反复出现，为此他很焦急，才来找弗洛伊德要求治疗。

在正式开始治疗之前，弗洛伊德告诉患者自由联想治疗方法的原则，患者必须毫无保留地说出所想到的任何事情，不要对联想到的观念有所选择或取舍，即使想到的是一些令人不快的或者潜意识的思想，也要说出来，不要对这些发现做任何形式的评价。而且告诉患者，治疗的成功与否，特别是治疗时间的长短，都依赖于他是否遵守这个分析技术的基本原则。

该患者非常了解弗洛伊德的学说，所以他对治疗过程表现得比较配合，一开始，他就进行自由联想，讲述自己幼年的经历。

自由联想一

患者对自己的家庭背景进行了一些联想。他的母亲幼年时是被一家富人养大的，父亲结婚后也因为母亲的关系而得以享受舒适的生活。患者幼年时，从父母的玩笑中了解到父母相识前，父亲曾爱上了一个出身贫穷但非常美丽的姑娘，在他父亲死后不久，有一天，患者的表舅对他说，等他完成学业后和表舅的女儿结婚，这样就可以和一家大公司有联系，将来容易就业。家庭的这个计划打乱了他，因为这时他正和一个贫穷的姑娘相爱。是走父亲走过的道路呢？还是和贫穷的姑娘结婚呢？他心里很矛盾，就在这时，他的病加剧了，从而休学数年。

弗洛伊德指出，这是他患病的真正动机，目的是拖延学习时间以逃避不自愿的婚姻。一开始，患者不承认这一点，后来他逐渐认识到自己患病的根本原因是究竟要照着父亲的样子去做，还是遵循自己的爱情去做。这两者之间在进行激烈的斗争。

自由联想二

患者联想到几年前在父亲病危时，他去睡觉了，醒来后得知父亲已经去世。他当时不在场，听别人说父亲临死前还叫他的名字，以后想起来就很痛苦，甚至把自己当成罪犯，强迫观念也加重了。

患者还想到 12 岁时就爱上了他一个朋友的妹妹，对方没有表示和他要好。当时他曾想，如果他遭到不幸，那个女孩子就会对他亲热，例如父亲死了。脑子里出现这一想法，他就努力去否定，至今也不承认自己希望父亲死。

在对这一联想进行分析时，弗洛伊德指出，要父亲死是他幼年的希望，患者极力否认。弗洛伊德告诉他，按照心理分析学说，成年的恐惧和幼年时被压抑的愿望是一致的，潜意识的想法和意识的想法刚好相反。患者表示不同意这个说法。弗洛伊德认为，这是他长大后对父亲强烈的爱而不允许幼年时的恨停留在意识里。当然这种恨必然有它的来源。患者还是不认同弗洛伊德的这种解释。于是弗洛伊德让他继续进行自由联想。

自由联想三

患者想起，大约在 7 岁时，因为他弟弟长得比他漂亮、健壮，所以他嫉妒弟弟可能和她美丽的女教师要好，曾用玩具枪打过弟弟，对此有过自责感。后来又对他所爱的女孩有过复仇的幻想，因为她表示不爱他。弗洛伊德解释说，这些应谴责的想法来自幼年期，是残存在潜意识中幼儿性格的一部分，而道德上的责任不应加给儿童。

患者承认在他长大后虽然和父亲关系好，但回忆小时候，两人之间也有矛盾，父亲对他性早熟的行动表示过不满。父亲在死前不久，看到他常和贫穷的女友在一起，也曾表示过反对。在父亲死后数年，即他 26 岁时，第一次有机会和一个女性性交，初次体验到快感时，曾闪过一个念头"多么痛快！一个人真可能为这件事去杀死他的父亲"。弗洛伊德向他指出，这实际上是他儿童期观念的再现。

阻抗的出现及其分析

患者幼年时对女子的身体有着非常强烈的好奇心，在他四五岁时，曾在美丽的女教师裙下爬过，并抚摸她的外生殖器和下体，而且曾经偷看女教师入浴。

6 岁时，他曾经有阴茎勃起，并有一个奇怪的想法，认为父亲已经知道了他在想什么，而如果把这些想法大声说出来，父亲就不能知道。另外还有一些怪想法，例如，如果想到父亲死，父亲就会死，因此，这时必须想别的事来阻止这个怪想法。

在治疗中，患者第一次讲到"老鼠处罚"的事件时，吞吞吐吐，表现羞怯，反复声明这些想法不是他自己愿意想的，而是令他所厌恶的。弗洛伊德立即向他说明关于治疗中的阻抗问题，并直接指出克服阻抗是治疗的规则，必须遵守。

同时，弗洛伊德对他的自罪感做了分析，指出自罪感是潜意识的，事实上他长大后没有犯什么罪。自责是因为触动了自己内在道德。道德的自我是意识的，而邪恶的自我是潜意识的。患者认为自己是一个有道德的人，但他能回忆起在儿童时期另一个自我所做的事。弗洛伊德告诉患者，潜意识与幼儿期有关，潜意识的心理活动就是幼儿期的心理活动，只不过是在以后的生活中这一部分被压抑了。这些被压抑的潜意识动机转化而来的观念构成了他病中的非自愿想法。

移情的出现及分析

患者还联想到幼年时曾有过手淫行为，并受到父亲的惩罚；在三四岁时他咬了别人，被父亲打了一顿。从那时起，他的性格就变得怯懦。他还想起幼年时也曾反抗过父亲。患者在这段时期的联想和幻想中，开始用粗俗肮脏的话辱骂弗洛伊德本人和他的家人。但在慎重考虑的理性行为中，仍表现出尊敬和礼貌。常常一面说着骂弗洛伊德的话，一面又说自己的想法不对而责备自己。有时用手捂着头，表情痛苦，说医生宽宏大量，他自己不对。显然，这时他已经产生了移情现象，即把幼年时对父亲的矛盾态度投射到了弗洛伊德身上。

最后，通过长时间的联想和弗洛伊德及时的解释，患者逐渐认识到幼年对父亲的真实情感，也认识到对父亲和女友"老鼠惩罚"的想法实际上是幼年的幻想等。从那以后，尽管其他强迫症状未能完全消失，但老鼠惩罚的强迫观念逐渐消失了。

常用的自由联想方式有：

（1）针对某一个词语展开联想，特别是求助者不经意说出的词语。例如，一个失恋的女孩子针对男朋友离开而产生的联想：

好伤心好难受啊……根本就不给我机会……爸爸妈妈离婚了……累赘……离开了……

（2）针对求助者的情绪体验展开联想。例如：

咨询师：你现在正感觉到愤怒，请停留在这种感觉中，看看你脑子里会出现什么……

（3）重复求助者的话语或者感觉。例如：

求助者：我感觉到很无助。

咨询师：停留在这种感觉中，请再说一遍可以吗？——"我感觉很无助"。

求助者：我感觉很无助。

咨询师：再说一遍："我感觉很无助"。

求助者：我真的感觉很无助（哭泣）……

咨询师：那你现在想到了什么？

二、解释和分析移情阻抗的技术

所谓解释技术，就是运用心理学的理论来说明求助者的认知、情绪和行为的原因、实质等，或者对某些复杂的心理现象、过程等进行解释。

移情是指求助者把对过去所经历过的某个人物或者事件的态度、情感、互动模式及其属性等，转移到现在所遇到的人或者事情上去的现象。这里需要指出的是，移情既可以是求助者幼年客体关系的重现，即求助者将自己幼年时对父母、兄弟姊妹等人物的情感态度等发生转移，也可以是将成长经历中所遇到的任何重要他人（如学校老师、单位领导等）的情感态度等发生转移。移情其实是一种在时间、对象等方面的退行、置换和错位，是"张冠李戴""鸠占鹊巢"。求助者移情的指向，在心理咨询过程中可以是心理咨询师，而在实际工作生活中，则可能是求助者随时随地遇到的任何人。因此，从某种角度分析，生活无处不移情，个体就是靠不断产生移情和改变移情来和这个世界互动的。

阻抗是指求助者对心理咨询师以及心理咨询过程的对抗。阻抗在表面上是求助者对抗心理咨询过程，是求助者对于在自由联想过程中出现的难以忍受的焦虑和痛苦体验的压抑和躲避，而实质上是求助者对抗自己的自我在平衡本我欲望和超我要求方面所做出的努力。

巧用并正确分析处理移情和阻抗，是精神分析区别于其他心理咨询技术的一个特色。精神分析的任务，在于分析求助者是怎样出现移情和阻抗的、为什么会出现移情和阻抗以及求助者所阻抗和移情的具体内容和指向到底是什么。

解释和分析移情阻抗的技术，是心理咨询工作中要求最高、难度最大，同时最能体现咨询师功力的一项技术。首先，要求心理咨询师必须具备丰厚的理论基础。其次，要求心理咨询师必须具备理论联系实际的创造性思维能力。再次，最好的解释和分析不是来自心理咨询师的"绞尽脑汁"，而是在求助者的自我领悟、自我成长过程中自然而然就发生了的，是一种"随风潜入夜，润物细无声"的顺势而为、水到渠成。所谓的"野蛮分析"，就是"饭不熟就揭锅"，把心理咨询师主观的分析和解释强加给求助者。

三、释梦技术

做梦的目的是对本我愿望的间接满足，这是弗洛伊德对梦的研究的重大发现。弗洛伊德把梦中直接呈现出来的事物称为"梦的外显内容（显梦）"，而把他认为体现着愿望、只能通过意念的分析才能找到的隐藏着的东西，称为"梦的内隐思想（隐梦）"。显梦是梦的表面情节，其内容可以回忆起来；隐梦则是通过显梦表现的本能欲望。隐梦转换成显梦有赖于梦的运作机制。

所谓释梦，则要透过梦的运作机制，由显梦寻出隐梦，发现梦者潜意识中被压抑的欲望。在精神分析治疗中，释梦和自由联想分析构成了治疗神经症患者方法的核心部分（兴趣阅读1-8）。

📖 **兴趣阅读 1-8**

释梦浅探

《现代汉语词典》对梦的解释是：睡眠时身体内外各种刺激或残留在大脑里的外界刺激引起的景象活动。"梦"字的小篆字形，由"宀"（房子）、"爿"（床）、"夢"（不明也）三字合成。意为夜间在床上睡觉，眼前模糊看不清，即做梦。

关于梦，自古至今都引起了人们的极大兴趣。在中国民间有一部流传甚广的书《周公解梦》，用梦来推断吉凶、预知未来。

心理学认为，梦是一种特殊的意识状态。生理心理学研究发现，做梦与快速动眼睡眠（REM sleep）有关。人在做梦时会出现眼球快速上下左右移动、呼吸与心跳速度加快、脑桥经受刺激以及暂时性的肢体麻痹等。梦也有可能发生在其他睡眠时期，不过比较少见。不论一个人醒来后有无做梦的记忆，每个人晚上都要做4~5次梦，总计1.5~2小时。据观察，很多动物在睡眠时眼球也会快速跳动，由此推知动物可能也会做梦，只是它们醒后不能描述而已。

调查还发现，在人所做的各式各样的梦中，属于视觉类的最多，其余依次为听觉、运动觉、触觉，味觉最少。很多梦是重叠的，如视觉与听觉并存。视觉梦中彩色梦所占比例不多，如红花绿叶、蓝天白云等，约占视觉梦的 10%。

中国人对梦的研究由来已久，其中很多观点和现代心理学异曲同工，值得研究借鉴。《周礼·春官》主要把梦分为六大类：正梦、噩梦、思梦、寤梦、喜梦、惧梦。明代陈士元集历代诸家梦说，将梦分成九种：气盛之梦、气虚之梦、邪寓之梦、体滞之梦、情溢之梦、直叶之梦、比象之梦、反极之梦、厉妖之梦，深化了对梦的研究。

正梦："正梦者，无所感动，平安自梦也。"（郑玄《周礼注》）这是指没有内外因素刺激的情况下，心无杂念、无忧无虑的自然之梦。这种梦因无明显的刺激因素，醒后也没有什么心理影响（大多也没有记忆），有时候倒比较接近"至人无梦"的境界。

惧梦："噩梦者，惊愕而梦也。"（郑玄《周礼注》）惧梦亦即恶（噩）梦，由惊吓而起，而且"惊为不自知故也（莫名的恐惧）"。噩梦又多指梦魇，常常由梦中焦虑发作引起，典型情况是在下半夜发生威胁安全、危及生命的恐怖梦境，梦者往往惊恐万状，动弹不了，醒后又久久不能平静。梦魇时，人的意识模糊，而肌肉完全放松，无法动身，一种压迫感，呼吸不畅，仿佛被人卡住脖子，还会伴有瞬间呼吸暂停的现象。

喜梦：因喜好或欢愉而引起的梦。心中有喜即有喜梦，有些人甚至梦中发笑而笑醒。修道者能羽化而仙，求仕者能入朝为官，其梦遂愿自然为喜。这与弗洛伊德所谓梦是欲望的满足有些相似。

思梦：一般认为这是由思念、追忆引起的梦。"夜夜之梦各异，有天有地有人有物，内思成之。"（《关尹子·二柱篇》）有人认为思梦不仅指因思念而起，亦指梦中有思念内容。

寤梦：主要有两种情况。其一是指因觉醒时所说、所见、所为而引起的梦；其二是指昼梦（白日梦）。此梦的特点在于这是一种半梦半醒的状态，梦者一定程度可以主导梦的发展，其意识尚未退出，潜意识却已登台亮相了。类似于进入一种催眠状态。

反梦：又称反极之梦，具有"反象以征"的特征。陈土元说："何为反极？有亲姻燕会则梦哭泣，有哭泣、口舌则梦歌舞，寒则梦暖，饥则梦饱……此反极之梦，其类可推也。"反梦与日常生活的反语一样，是为了掩饰或强调某种真情或真相而采取的非常方式，即以否定形式达到肯定内涵。

心理学研究发现，由于潜意识具有"无矛盾性""无否定性"等特征，所以，很多时候梦的内容往往与现实情况相反。这进一步印证了古人所说的"反梦"。

直梦：直梦也叫直应之梦或直叶之梦（简称直叶）。陈士元称之为"梦君则见君，梦甲则见甲，梦鹿则得鹿，梦栗则得栗，梦刺客则得刺客，梦秋驾则受秋驾（按：秋驾为古代御马之技）。"一些直叶梦反映了潜意识的预见能力。

性梦：性梦为性情之梦，即由人的性格、性情而导致的不同的梦象结果。王符说："人之情心，好恶不同，或以此吉，或以此凶。当各自察，常占所从，此谓性梦也。"（《潜夫论》）

象梦：此类梦不直接表达梦意，而取某事物的象征义。"比拟相肖，谓之象。"（王符《潜夫论》）如梦见熊罴，当兆生男；梦见蛇、鱼，当兆生女。因为熊罴凶猛勇武，阳气充裕，是男性的象征；而蛇、鱼阴柔隐伏，是女性的象征。在古代梦书中，天象地理、飞禽走兽、政事人文无不成为梦的象征材料。

心理学也视象征化为梦的主要表现形式。

人梦：同样的梦由于做梦者的社会地位、性别、年龄等方面的不同，其象征意义也随之变化。"贵人梦之即为祥，贱人梦之即为殃，君子梦之即为荣"（王符《潜夫论》）。陈士元指出："帝王有帝王之梦，圣贤有圣贤之梦，车台厮仆有车台厮仆之梦，穷通亏盈，各缘其人。"

梦的象征意义因人而异，这也正是现代释梦学所强调的。阿德勒就特别强调梦的个体性，他认为梦是个人生活样式、生活环境的产物，梦的解释也是属于个人的。

精梦：此乃"意精之梦"。"凝念注神谓之精"。"孔子生于乱世，日思周公之德，夜即梦之，此谓意精之梦"（王符《潜夫论》）。这有些"日有所思，夜有所梦"的性质，但更强调思的强烈程度。

此外还有与时令季节相应的时梦（"春梦发生，夏梦高明，秋冬熟藏"）；由身体某个部位不适而产生的病梦（"阴病梦寒，阳病梦热，内病梦乱，外病梦发"）；导致鬼祟怪异的厉妖梦；机体被某种外界物质凝滞而引起的体滞梦；等等。

一个好的释梦过程，可以使心理咨询峰回路转、柳暗花明，有效帮助求助者完成认知顿悟，实现人格整合。本文尝试总结提出释梦工作的五个参考点，以期帮助心理咨询师更有效地把释梦技术整合运用到心理咨询工作中。

1. 梦是生理刺激：生理释梦法

很多梦缘于生理刺激。比如，睡着时如果憋尿但理智又不允许尿在床上，就会梦见到处找厕所而找不到；耳朵听见自来水管漏水的滴答声，就会梦见淅淅沥沥下雨；再比如，身体发高烧的患者，会做梦梦见掉进冰窟窿；肠胃消化不好的人，会梦见肚子里塞满了枯草等。

有经验的医生，会借助患者的梦诊断身体某一方面的病症，就是基于这个原理。

重复出现的噩梦，往往是疾病的征兆，它对诊断疾病有着不可替代的参考价值。这种同一个情景常反复出现的梦，在医学上称之为"预兆梦"。例如：经常梦见有人或怪物敲击头部，或者梦到耳旁喇叭高鸣，或子弹、箭镞从头部穿过，提示头部或神经系统可能存在病变；经常梦见有人卡其喉咙，或在睡梦中觉得咽喉被鱼骨鲠住，或觉得有叉子插进喉咙，提示咽喉部可能出现病变；经常梦见自己被关在密不透风的屋子里，感到呼吸困难，提示可能肺部或呼吸道有病变；经常梦见被人从背后踢一脚或刺一刀而惊醒，醒后又感觉腰部疼痛，提示腰部和肾脏可能有潜伏性病变；经常梦见自己吃腐烂食物，醒来时嘴里还总有某种苦涩味道，或梦中感觉非常饥饿，或腹中胀痛难受，提示可能患有胃肠疾患；夜间做了梦，清晨醒后记忆很清楚，提示可能出现神经衰弱或体质减弱症状；等等。

2. 梦是情绪延续：情绪释梦法

郭念锋认为，梦境本身，经常不具有现实意义，梦中的情绪体验，经常具有现实意义。郭念峰提出了"情绪释梦"的观点，并在实践中把不同情绪状态下的梦境划分为焦虑梦、紧张－解脱梦、紧张－退缩梦等。比如，一个人面对现实中的具体问题举棋不定、难下决断时，会梦见在茫茫荒野或森林迷失了路径；白天遇见蛇感到极度恐惧，梦里也会延续或者放大这种恐惧情绪以及相关场景，如梦见自己掉进蛇窝；现实中处在危险紧张境地时，则会梦见被人追杀而无路可逃；处于极度伤痛中的人，则经常会在梦里哭醒。

3. 梦是日间所思：日思释梦法

所谓"日有所思，夜有所梦"。我们的现实所思，触动了梦的开关。比如，白天看了感触较深的一本书或者一部电影，就会在梦里出现相似或者相关联的情节。

有时候我们会说某些人"活在梦里"，就是说这类人不能区分心理现实和真实现实。

人在清醒状态苦苦思索一个问题而不得其解的时候，即便进入了睡眠状态，大脑皮层仍然会处于紧张的工作状态，这种思索和清醒时的思索一样是有意义的，有时候会激发出人的创造灵感，使问题迎刃而解。著名化学家凯库勒就是通过梦境的帮助，才发现了苯环的结构式。

和现实中发生的事件相类似，梦中内容通常也包含人物、情节和背景三个方面。笔者的经验是，三者中不仅要考虑梦中情节所喻示出的意义，更要辨析人物和背景——因为梦中的人物和背景，经常会有意或无意地出现张冠李戴、移花接木的情况，而往往这种移花接木会隐藏着更深层次的意义。

某人做了一个醒来后感到十分吃惊又百思不得其解的梦：从领导岗位退休多年、现已老态龙钟的堂兄，因腐败问题而锒铛入狱了！

咨询师与其交谈中了解到，求助者几天前和堂兄聊天，隐约间好像听到堂兄说了一句："某某某（曾在当地担任过主要领导）被抓起来了……"震惊之余赶紧追问，原来堂兄说的意思是：很多人都被抓了，如果这个某某某也被抓起来，那可就大快人心了！

梦里的情节是"腐败就会被抓，即便退休多年的人也难以幸免"，这是这个梦呈现出的直接意义。求助者是一名国家公职人员，平时对反腐必然十分关注，于是就有了这样的梦。而至于为什么在梦里被抓的人变成了自己的堂兄呢？进一步交谈中求助者坦言，自己很早就对堂兄在位时一些不太规范的做法"看不惯"，所以在梦里堂兄就莫名其妙地"躺枪"了。

4. 梦是愿望满足：愿望释梦法

人在睡着的时候，从事警戒任务的前意识也会有所松懈，这时潜意识领域中那些与本能有关的欲望和冲动就会偷偷进入意识领域，形成梦境。比如，明明对一个人恨之入骨，可现实约束又不允许对其发泄，就可能会在梦里对这个人一通暴打，特别解气；长期性压抑的人，则会梦见和性以及性交有关的场景，比如赤身裸体、和人性交以及撞见别人性交等。

弗洛伊德认为，梦不能公然呈现本我那些被禁忌的愿望、特别是那些同性欲望有关的愿望，因此便通过"梦的运作"，变梦的内隐思想（隐梦）为外显内容（显梦）。梦的表现形式与运作机制主要有：一是凝缩，就是把能够满足相同欲望的不同对象叠加起来，构成新的联合体或代号（混合人物、景象等），以逃避梦的检查。例如，梦里的人既像 A，又像 B；或者举止像 A，长相像 B。一个男人梦见一位既像妈妈、又像恋人的女人，两者都是"力比多"指向的客体，在梦里以另外一个新女人的形象出现。二是置换，就是把被压抑的能量换成不重要的观念，目的也是为逃避梦的检查。三是象征，将欲望表现为具体形象。例如，建筑物、帽子是男性生殖器的象征；深邃的山洞是女性子宫的象征；火车驶入隧道或者被车碾过等是性交的象征；等等。四是润饰，就是在醒后把颠倒错乱的梦境加以条理化，使之更能掩饰真相。

所谓释梦，则要透过梦的运作机制，由显梦寻出隐梦，发现梦者潜意识中被压抑的欲望。在精神分析治疗中，释梦和自由联想分析构成了治疗神经症患者方法的核心部分。弗洛伊德在《梦的理论与实践》（1923）中归纳了四种释梦方法：

（1）将梦的内容按时间顺序进行联想并给予解释。

（2）选择印象最深、最清晰、感受最强烈的成分加以联想，或者从梦里听到的口头语言开始解释。

（3）直接询问过去是否发生过与梦相类似或者相关联的事情，尤其要重视"日间残余"——梦前24~48小时内所经历的事件。

（4）让梦者随意进行梦的联想。

笔者进一步认为，除了弗洛伊德所指出的梦是对本我愿望的满足，梦同时也可以是自我和超我愿望的满足。本我、自我和超我通过梦来满足自己愿望的时候，分别遵循快乐原则、现实原则和道德原则。上面所举的"堂兄被抓"一梦，满足的就是求助者的超我愿望。

5. 梦是人格呈现：人格释梦法

心理从本质上来讲，不是主体对客体的反射活动，而是主体间的投射。我们眼前的世界，就是我们内心的样子；我们和世界的互动，就是和另一个自我的互动——一切的喜怒哀惧、爱恨情仇、是非善恶、悲欢离合，都由我们的内心来建构和完成。梦境作为一种特殊的意识状态，当然也不例外。梦中呈现出的形色各异的人物、动物、情节、场景等等，其实质都是当事人人格的一部分。

我梦见我在民国时期的上海，日本人占领了上海。川岛芳子抄了我的家，要杀掉我的父亲和几个孩子（不知道是我的兄弟还是我的子女），但把我赶出去。因为我们曾经有交情，我以前似乎还救过她，所以她不杀我。

我突然想到，我的一位女性朋友，有一个护卫，是武功高强的女尼。但我不知道她现在在哪里，能否为我做事——潜入川岛芳子处，带出我的家人。

我正想着，就遇见了那位女尼。她做出一副俗家打扮，守在我朋友的病床前。原来，我的朋友就住在我的隔壁房间。但是，我没有向女尼提出要求。因为，我没有资格让她为我冒生命危险。我家人的命很重要，她的命也同样无价。

无奈之下，我只能带着另外一个稍大的孩子，抱着一篮子日用品（小被子、针线等物）出门。川岛芳子守在门口，看见篮子里有两个水杯，直接抽出来精致一些的那个，不准我带走。

我没有说话，准备出门……

结合梦者的现实境遇分析，这个梦真实呈现了当事人自我人格中的矛盾和纠结。梦中那些形象而生动的角色和场景，如"美丽而邪恶的川岛芳子（当事人比喻）""武功高强的护卫女尼"、自己的家被占领等，反映出当事人面对助人、自助、自弃等方面的思索及抗争。

再举一个笔者的学生的释梦实例：

这是求助者结婚之前做的一个梦。求助者表面属于女汉子性格，离异，离婚原因是家暴，带有一个女孩。这次结婚的对象是一名业务员，业务能力很棒，也已离婚，离婚原因是长期异地分居导致双方疲惫。

在结婚日的前两天，求助者做了一个梦，梦中看见自己的结婚对象跟一个很温顺很柔弱的女子在一起，两人看到她时竟然没有什么反应。求助者梦中感觉那位女子很像自己对象的前妻，但又好像不是。求助者醒来后觉得他在外面会不会有女人，于是纠结这个婚还要不要结。

面见咨询师时求助者情绪很低落。咨询师问求助者：你欣赏梦中的女子吗？求助者说很讨厌那个人，因为她太弱了。咨询师又问她那种感觉是什么？是仇恨？敌意？同情？还是其他的感觉？求助者说虽不喜欢但绝对不是仇恨或者嫉妒，应该是一种酸涩！她感觉男友其实很爱他的前任，担心结婚后他会不会拿自己和前妻进行比较；但是她又感觉男友也很喜欢她，所以为此很矛盾！求助者说着说着就哭了，她说万一这次婚姻再出问题，她真的不知道怎样办了！

咨询师问求助者："如果梦中的那名柔弱女子不是别人，而是另一个你呢？"求助者愣了一会，问："为什么会这么说呢？我可一直都是很强的人啊！"咨询师结合了解到的求助者的经历，告诉她，其实她的潜意识里有很强烈的做一个小女人的愿望，梦中出现的柔弱女子，正是自己人格中被长期忽视而自己又渴望成为的那一部分。

求助者婚后给咨询师回馈说，感觉咨询师的释梦很有道理，自己的包袱一下子卸下来了！婚后的自己是个开心的小女人。

最后需要强调的是，心理咨询师在释梦的具体操作中，特别需要注意两个问题：

一是释梦工作不可能有现成的公式和模板可以套用，必须因人而异、因事而异、因情而异。对于同一个人所做的梦，不同的释梦者往往会有不同的解读；而对于同样内容的一个梦境，不同的做梦者，其隐含的意义也会截然不同。效果永远是释梦工作的唯一"试金石"。

二是释梦工作是心理咨询的一个辅助方式，切忌简单地为"释梦"而释梦，应该紧紧围绕所设定的心理咨询目标来进行。不能单单为了猎奇或者窥探隐私，更不能违背心理咨询师的基本职业伦理道德。

最后举两个古代释梦的例子，借以说明心理咨询也好，释梦工作也罢，想助人不易，想害人容易。作为一名负责任的心理咨询师，正确地运用释梦技术，的确可以起到较好的助人作用；而一旦操作不慎，不经意间就会误人、误家，甚至严重到误国。

例一：古时候有一位国王，梦见山倒了，水枯了，花也谢了，便叫王后给他解梦。王后说："大势不好。山倒了，指江山要倒；水枯了指民众离心，君是舟，民是水，水枯了，舟也不能行了；花谢了，指好景不长了。"国王惊出一身冷汗，从此患病，且越来越重。一位大臣请求参见国王，国王在病榻上说出了他的心事，哪知大臣一听，大笑说："太好了，山倒了指从此天下太平；水枯了指真龙现身，国王，您是真龙天子；花谢了，花谢见果子呀！"国王全身轻松，很快痊愈。

例二：据说唐朝开国皇帝李渊在刚刚要起兵反叛隋朝时曾做过一个梦，梦见自己掉到床下，被蛆吃。他认为这是表示自己要死的预兆，所以不敢起兵。而他手下的一个人解释说："落在床下，意思是'陛下'，被蛆吃，表示众人要依附于你，这个梦表示你要当皇帝。"李渊听了这话，放心地起了兵，后来他推翻了隋朝，自己当上了唐朝的皇帝。

第三节　精神分析的局限性

心理学是实践的学问。对待任何一门心理学的理论观点，正确的态度应该是以实践论英雄，以效果为试金石，取其精华，去其糟粕，做到不教条、不迷信，既要悟透其精华为实践所用，并在实践中不断发展，又要明辨其局限性，不做削足适履、把理论当桎梏的蠢事。

精神分析的局限性主要表现在以下几个方面：

第一，总体上来说，人们认为精神分析的疗效不是很确定。

第二，服务对象的选择面较窄。只有具备"精神分析头脑"的少数人，才会成为适合的分析对象，所以，难免就演变成了圈内的"自娱自乐"。

第三，疗程长，花费高，是一种贵族式的"高消费"，尤其难以适应日益加快的生活节奏。

第四，片面强调了人的生物本能尤其是性本能的重要性。

第五，过分强调了幼年经历对人一生所产生的影响，忽视了人的主观能动性和社会环境等重要因素。这种"孩子哭了找他娘"的论点，对缓解焦虑痛苦的确能产生效果，但也极易使悟性不高的人放弃自己应该承担的责任，变成一种消极的"心理宿命"。

第六，用来验证、支持其理论依据的个案样本缺乏随机性和代表性，难以排除研究者有意识、有目的地根据自己的先验假设选择取舍证据的可能性。

有问题才有发展。正是由于人们认识到了精神分析的局限性，心理学的发展才没有停留在精神分析"一花独放""独揽天下"的阶段，才有了认知行为主义、人本主义和后现代主义心理学等各种理论流派争相斗艳、百花闹春的可喜局面。

值得一提的是，针对西方精神分析技术疗程长、节奏慢、效果差等局限，20世纪80年代，我国心理学工作者、精神病学专家钟友彬先生，结合中国人的文化背景和思维方式，提出了"认识领域疗法"，在临床实践中取得了较好的治疗效果，得到了国内外心理咨询和心理治疗界的认可（兴趣阅读1-9）。

📖 兴趣阅读 1-9

认识领悟疗法：中国的精神分析疗法

中华人民共和国成立前，我国没有心理分析疗法实践的记载。20世纪 50 年代，我国心理学家钟友彬尝试用药物催眠和电催眠疗法治疗神经衰弱，疗效不满意，对歇斯底里的患者用一般的暗示疗法只能使发作暂时停止。20 世纪 60 年代初他对大量神经衰弱患者进行研究，指出发病原因与心理因素有关。他运用心理动力学原则，对强迫症、恐怖症进行试验治疗，让求助者通过回忆幼年精神创伤使症状减轻或消失，但大多数人回忆不出幼年精神创伤。如果按心理分析方法——花大量时间寻找幼年经历，把重点放在寻找症状起源上，则那么咨询过程将非常困难、费时，且效果差。

20 世纪 80 年代，钟友彬带领他的助手，结合中国人的东方文化背景和思维方式，将重点放在对临床症状的分析上，让求助者认清症状的幼稚性，恐惧体验是来自幼年的精神创伤，鼓励求助者站在成年人立场，放弃病态的幼稚的思维方式、情感和行为。一旦求助者领悟到症状的本质，症状便随之减轻或消失。所以他们把这种方法称为"认识领悟疗法"，又称"中国式的精神分析疗法""钟氏疗法"。

下面通过一例强迫症案例，帮助读者理解认识领悟疗法的实施过程和要义。

求助者：女性，1953 年生，大学毕业，教师。

1988 年 4 月 9 日第一次会见，自诉病史如下：

自幼在农村长大，身体健壮，性格好动，大家都叫她"假小子"。14 岁时曾听到年长的妇女们议论："男女在一起就会怀孕。"她对此不是很明白，但老怕怀孕，男孩子坐过的地方她就不敢再坐。

17 岁时，她和哥哥想一起做一把胡琴。哥哥从地里捉到一条蛇，打死后拿回家，血肉模糊，别的女孩都会躲开它。但求助者不怕，她亲手剥下蛇皮，想做胡琴。因蛇皮太窄，未能钉成。当时正是第二次月经来潮，她没有洗手，只是稍稍擦去血污，便去上了厕所。上厕所时，她突然感到一股气进到肚子里，但当时并未在意。母亲见她玩弄蛇皮很脏，便说："女孩玩蛇，肚子里会长出蛇来，某某家的女孩肚子里长了蛇，把内脏吃完后才出来，还有某某家……"求助者信以为真。回想在上厕所时有一股气进到肚子里，顿觉惶惶不安。不仅几次把弄好的胡琴木筒用树枝挑起扔掉，就连放过木筒的地方也不敢再走近。此后，在哪条路上看到蛇，她就不敢再走那条路。家里人走过有蛇出没的路，回家后，她也坚持要他们把鞋脱在室外，洗刷多次才能进屋，就怕把蛇带进屋里。

21岁时她考上大学，看到同学宿舍里有一把胡琴，不仅当即躲开，而且不敢再接近拉过胡琴的同学。偶尔见到，回去后也要反复洗手、洗头、洗衣服，花去许多时间。别人都不理解。

24岁时她大学毕业，然后到大城市工作并结了婚。丈夫说城里没有蛇，她便稍稍安心了，洗手也少了些。不久，市内办蛇展。看过蛇展的同事来她家做客，等他走后，她便把同事坐过的椅子和走过的地面都用水清洗多次，以后也不敢再见那位同事。外出买东西，有人提到"蛇"字，她回家也要大洗。并且从此不敢写"蛇"字。

29岁那年，有一天她往家里搬煤球，看到一个男孩玩蛇，非常恐惧。事后把男孩站过的地面和她搬回来的煤球用水冲洗多次，直至煤球变成煤泥。32岁时，她有一次和同事聊天，提到怕蛇的事。对方说，没有什么可怕，她家乡有人把蛇放在身上。求助者听后极为恐惧，回家又大洗一遍。对方替她领的工资要洗十几遍烤干后才敢使用。听患偏瘫的朋友说服用"蛇毒"后病情见好，回家立即洗头，洗全身衣服，包括鞋帽。她害怕、恐惧的范围越来越大，看到貌似蛇皮的纸、布或其他物品都赶快躲开。

婚后育有一女，但仍怕怀了"蛇孕"，直到做了绝育手术后才放心。丈夫不理解她，说她没志气。求助者除了不得不去上班，余暇时间都待在家里。

长期以来，求助者认为这个病是被母亲吓出来的，使她陷于苦海之中长达18年。因此痛恨母亲，不认为是病。1987年年底，求助者向当地精神医生求教，被诊断为强迫症，服用氯丙咪嗪3个月，无效。被介绍来北京大学首钢医院心理咨询部，求助者对消除恐惧没有信心，但愿意合作。

在进行了常规的解释和准备以后，医生开始和她讨论对蛇恐怖的性质以及用清洗来消除恐惧的行动的幼稚性，分析恐惧的对象事实上是不存

谁之错——四句话点透心理学

在的，恐惧对象来源于儿童思考问题的方式方法，是幼稚的，是把想象当成事实。为改变她的认识，进行以下的谈话——

医生：我衣袋里有一只小兔子，拿出来咬你的鼻子，你怕吗？

求助者：（愕然）怎么可能？你是吓唬小孩子的吧！（不能理解医生为什么提这样的问题）

医生：我另一个口袋里有一只老虎，拿出来咬你的耳朵，你（认为）怎么样？

求助者：（笑了）大夫开玩笑了，口袋里哪有老虎？

医生：把你投进老虎笼子里，怕吗？

求助者：那当然怕，谁不怕？

医生：把你投进老虎笼子，你怕；只说口袋里有老虎咬你，你不怕。这是成年人的态度，是吗？

求助者：对！（似乎明白了医生提问的目的）

医生：现在我衣服上面的口袋里有一条蛇，拿出来咬你的手，你怕吗？

求助者：……（很惊慌的样子，不回答）

医生：（把衣服口袋翻过来证明是空的，再翻回原状）现在口袋里有条蛇，你怕吗？

求助者：（仍是惊恐状）请大夫千万别在治疗中叫我看这东西，也别提到它。

医生：如果是一个成年人，她就认为口袋里不可能有蛇，所以不怕，就像你刚才不怕口袋里有小兔子、老虎一样。而小孩子就不行，一说小兔子咬他的鼻子，就可能会被吓哭。你想想，你最后的表现像个成年人，还是像个两三岁的孩子？

求助者沉思不语。

医生：请你前后比较一下，小孩子怕小兔子咬鼻子是想象出来的，不是事实，因此怕得没道理，你觉得可笑；而你在怕蛇这件事上，同样是想象出来的，也没有事实依据，你表现得像不像一个不懂事的孩子？

求助者：（沉思一会儿）嗯，有点像。

医生：对了，在思考问题的方式方法上，就像幼稚的小孩子一样，不断地想象并把想象当成事实。

这时，医生正式指出，她已经35岁了，身体和智力都已发育成熟，但在对蛇的恐惧情绪方面仍然是幼稚儿童心理模式。正是这样的心理支配着她的整个行动。希望她能根据今天的讨论，结合自己的情况，认真思考并写出书面"作业"。

第二次会见：

求助者带来书面作业，详细写了发病过程及各种表现，复述了医生和她的对话。说她18年生活在痛苦之中，没有人理解她，都说她怕得没道理，要她用毅力去克制。上次谈话后，第一次感到有人理解她，情绪稍好些。在书面材料中，所有"蛇"字都空了一格，没有写出来。

求助者仍然要求医生快些拿出办法，叫她克制住恐惧，清洗的时间短一些。看来，求助者对她的恐惧心理和行为的幼稚性并没有完全理解。

再一次向求助者解释，她对蛇恐惧的性质和消除恐惧所用的方法都是幼年儿童式的，不是正常成年人的行为模式。这种恐惧情绪是幼年时期留下的，成年后对蛇的恐惧不过是幼儿恐惧的借口而已，母亲的戏言只是诱因。另外，医生并没有要求她去"克制"，实际上也是克制不了的，而是要求她认真思考，认清幼儿恐惧情绪的真面目，用成年人的态度重新评价她的恐惧情绪和洗濯行为。求助者能理解。

第三次会见（分析求助者对付恐惧对象的方式方法也同样是儿童的幼稚行为）。

求助者情况大好。和丈夫一起去公园，看到孩子们玩"蛇头人"游戏，心里有些怕，但马上想到自己已经是成年人了，不应该像小孩子那样害怕了，一会儿就平静下来了，回到住处也没有大洗，说明可以用成年人的态度来对待以前的恐惧了。

在写的作业中，也敢写出"蛇"字了。摘录一段如下：

"4月11日的谈话实实在在地震撼了我，紧闭了18年的心灵大门打开了一条缝隙。我对治好病有了信心。以前人们都叫我克制，其实，我比谁都更想克制，但实在克制不住，我绝望了。医生的谈话使我提高了认识，我认识到我对别的动物能坦然面对，这是成年人的心理。而对蛇却采取了孩子的心理和行为，这就是我的病。我反复想，以前究竟怕蛇什么呢？样子可怕、怕伤人，这是大多数成年人都怕的。但怕蛇皮做的东西，怕与蛇相似的物品，甚至怕写出'蛇'字，见了以后非大洗不可，白白浪费了许多时间和精力，现在想起来真可笑。认识到这些以后，我好像醒悟了。十几年来我第一次写出'蛇'字，已经完全不怕了。真信了！我感到的确是在认识改变的基础上，不知不觉地、毫无痛苦地变了一个人。"

求助者表示现在只怕真的活蛇，至于死蛇怕不怕，还没有试过。已经做了绝育手术，不怕怀"蛇孕"了。医生当即指出，她还没有领悟透彻，用绝育手术来解除此种恐惧就像用"洗"来解除恐惧一样，都是幼稚可笑的，指出对付恐惧对象的方式方法也同样是儿童的幼稚行为。

求助者也笑了，说："幼年的影响真是太大了。"

此时求助者接到家中电报说女儿病了，急于回家没有再来。两个月后，接到求助者来信，解释未来复诊的原因并向医生报告说，她的恐惧和洗濯行为等症状已完全消失，心情愉快。

这个求助者的突出症状是对蛇的恐怖，但她不使用回避而是用毫无意义的洗濯行为来消除这种恐惧，因此应诊断为强迫症。对这个求助者没有解释蛇的象征意义，没有做脱离中国习俗的抽象说明，也没有叫求助者回忆幼年经历，甚至连生活史都问得不多。这正是认识领悟疗法的特点。

（来源：钟友彬，张坚学 一例强迫症患者的治愈过程）

认识领悟疗法，实际上是充分利用求助者的认识能力，引导求助者认识自己在个体心理发育某一阶段上所发生的某种停滞，进而引导求助者认识这些滞留的心理和行为特点与现在的年龄阶段是何等的不相容，最后通过领悟自身心理与行为的幼稚性和不合理性，使症状得以减轻或消失。这种方法看上去类似认知疗法，其实与认知疗法风马牛不相及，因为它的理论基石是精神分析的，认为目前的症状是早年创伤造成"心理发育停滞"的结果，而不是"错误的认知结构"使然。

　　与传统精神分析疗法相比，认识领悟疗法克服了精神分析疗程长、花费高、节奏慢的局限，不把工作重点放在对早年经历和潜意识成因的发掘和追溯上，也不引导求助者进行漫无边际的"自由联想"，而是直接引导求助者站在成人角度，认识到症状的实质是成年人却采用了儿童式的幼稚心理模式，使求助者在顿悟中成长和成熟，症状即随之好转直至痊愈。

第二章

认知行为主义学派：
这就是你的错

弗洛伊德于 1895 年正式提出精神分析概念后不久，时间很快就迈向了 20 世纪。进入 20 世纪初期之后，有些心理学家开始不满意当时的心理学对"看不见、摸不着"的心理现象的主观推测，试图使心理学与其他自然科学一样，把可观察、可测量的行为作为研究对象。20 世纪 20 年代，心理学界开始了一场新的运动，以巴甫洛夫和华生为代表的行为主义出现了。这一类学者形成一个学派，被称为"行为主义心理学派"。

行为主义以实证主义和实用主义哲学为背景。行为主义认为，只有经过实证主义证实的客观方法，才能够称之为科学的心理学。

行为主义者的观点与精神分析学派的观点完全相反，他们提出，行为是通过外在的不同环境和情境刺激而产生的；情绪反应是我们对环境中某种特定刺激的条件反射。换句话说，人的情绪反应是习得的。

行为主义学派代表人物华生①曾说过这样一句名言："给我12名健全的婴儿和我可用以培育他们的特殊世界，我就可以保证，对随机选出的任何一名婴儿，我都可以把他训练成为我所选定的任何类型的特殊人物，如医生、律师、艺术家、商界领袖或乞丐和小偷。"这句名言，充分反映出20世纪初期心理学家的自然科学崇拜心态。

下面简要介绍行为主义的基本理论及其在心理咨询中的应用。

第一节　经典条件反射理论及其应用

俄国生理学家巴甫洛夫②用狗进行实验，提出了经典条件反射理论。这一理论认为，有机体的行为，无论是适应行为还是非适应行为，都可以通过"刺激（S）-反应（R）"这一经典条件反射而形成。条件反射必须建立在无条件反射的基础上。经典条件反射的实质，是一种"无条件刺激"——天生能诱发唾液分泌反应的食物——与另一种"条件刺激"——天生不能诱发唾液分泌反应的灯光或铃声——之间的联结（联想），又称S-S学习。

美国心理学家华生于1913年首先打出行为主义心理学的旗帜，是美国第一个将巴氏研究成果作为学习理论基础的人。他认为心理学研究的对象不是意识而是行为，主张研究行为与环境之间的关系。华生相信所有人类行为都

---

① 约翰·B.华生（John B. Watson，1878—1958），美国心理学家，行为主义心理学的创始人。主要研究领域包括行为主义心理学理论和实践、情绪条件作用和动物心理学。他认为心理学研究的对象不是意识而是行为，主张研究行为与环境之间的关系，心理学的研究方法必须抛弃内省法，而代之以自然科学常用的实验法和观察法。他还把行为主义研究方法应用到了动物研究、儿童教养和广告方面。他在使心理学客观化方面发挥了巨大的作用，对美国心理学的发展产生了重大影响。

② 伊万·彼德罗维奇·巴甫洛夫（俄文：Иван Петрович Павлов，英文：Ivan Petrovich Pavlov，1849—1936），俄国生理学家、心理学家、医师，高级神经活动学说创始人，条件反射理论的建构者，也是传统心理学领域之外对心理学发展影响最大的人物之一，1904年因消化腺生理学研究的卓越贡献获诺贝尔奖。一生最突出的贡献是关于高级神经活动的研究，他的条件反射理论是后来行为主义发展的奠基石，华生借此构成行为主义纲领。

是学习和条件反射的产物。

　　华生认为学习就是以一种刺激替代另一种刺激建立条件反射的过程。人类出生时只有几个反射（如打喷嚏、膝跳反射）和情绪反应（如惧、爱、怒等），所有其他行为都是通过条件反射建立新刺激－反应（S–R）联结而形成的。他主张心理学应该摒弃意识、意象等太多主观的东西，只研究所观察到的并能客观加以测量的刺激和反应，而无须理会其中的中间环节——华生称之为"黑箱作业"。他认为人类的行为都是后天习得的，环境决定了一个人的行为模式，无论是正常的行为还是病态的行为都是经过学习而获得的，也可以通过学习而更改、增加或消除，认为查明了环境刺激与行为反应之间的规律性关系，就能根据刺激预知反应，或根据反应推断刺激，达到预测并控制动物和人的行为的目的（兴趣阅读 2–1）。

📖 **兴趣阅读 2-1**

你的情绪来自哪里？

——华生的"艾尔伯特·B 实验"和行为主义心理学派的诞生

　　华生提出，情绪反应是我们对环境中某种特定刺激的条件反射。换句话说，人的情绪反应是习得的。

1. 实验的理论假设

　　华生提出，假设一种刺激自动地导致你产生某种特定的情绪反应（如恐惧），倘若这种体验每次重复时都伴随着其他事物，如一只白鼠，那么，白鼠在你的大脑中就会与恐惧建立起联系，导致你会害怕白鼠。他认为，我们天生并不害怕白鼠，这种害怕是通过条件反射习得的。这就是他最著名的"艾尔伯特·B 实验"的理论基础。

2. 实验过程和结果

　　被试者艾尔伯特·B 是一名 9 个月大的孤儿，从出生起就一直待在医院里。研究人员和医护人员都认为他在心理和生理上很健康。为了了解艾尔伯特·B是否害怕某种特定刺激，实验者给他呈现白鼠、猴子、狗、有头发和没头发的面具以及白色羊绒棉。研究者密切观察艾尔伯特对这些刺激的反应。艾尔伯特对许多动物和物体都感兴趣，愿意接近它们，并不时触摸它们，从没表现出丝毫的恐惧。因为这些东西不引起恐惧，所以可以将它们看作是中性刺激。

实验的下一步是要确定艾尔伯特·B对巨大的声音是否会产生恐惧反应。所有人，特别是婴儿，都会对突然发出的巨大声音产生恐惧反应。因为这种反应是无须学习就会发生的，所以巨大的声音被看作是"无条件刺激"。在实验室中，实验者在艾尔伯特·B的身后用锤子敲一根1.2米长的铁棒。这种声音的突然出现，使他受到惊吓而哭泣（图2-1）。

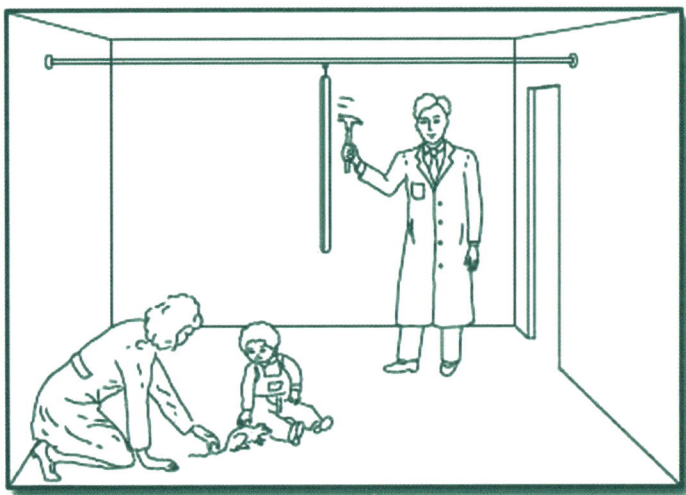

▲ 图2-1　华生的"艾尔伯特·B实验"场景

现在就可以检验艾尔伯特·B的恐惧情绪是不是条件反射的结果了。真正的条件反射检验是在艾尔伯特·B 11个月大时进行的。因为研究者曾对通过实验引起儿童恐惧反应的做法感到犹豫，但最后他们决定继续进行。

实验开始时，研究者向艾尔伯特·B同时呈现白鼠和令人恐惧的声音。一开始，艾尔伯特·B对白鼠很感兴趣并试图触摸它。在他正要伸手时，突然敲响铁棒，突如其来的响声使艾尔伯特·B十分惊恐，这一过程重复了3次。一周以内，重复同样的过程。在白鼠与声音的配对呈现7次后，不出现声音，单独向艾尔伯特·B呈现白鼠时，你可能已经猜到，艾尔伯特·B对白鼠产生了极度恐惧。他开始号啕大哭，转身背对白鼠，向远离它的方向移动，他爬得飞快，以致研究者不得不冲过去抓住他，以免他从桌子的边缘掉下来。对于一种物体从没有恐惧到产生恐惧只有短短的一周时间。

研究者随后想要探讨这种习得的恐惧是否会迁移到其他物体上——在心理学术语中，这种迁移叫"泛化"。如果艾尔伯特·B对其他刺激物产生恐惧，那么这种习得的行为就已经泛化了。一周后，对艾尔伯特·B的再次测试发现，他仍旧对白鼠产生恐惧。随后研究者欲测试这种恐惧是否泛化，他们呈现给艾尔伯特·B一种与白鼠相似的动物——白兔。用研究者的话来说："消极反应立即出现，艾尔伯特·B尽可能地远离动物，低声抽泣，然后大哭起来。我们让他触摸兔子时，他却把脸埋在垫子里，然后用四肢将自己支撑起来，边哭边爬走了。"在这种条件反射建立之前，艾尔伯特·B并不害怕兔子，并且没有让他将兔子与恐惧建立特定的条件反射。

同一天，研究者依次给艾尔伯特·B呈现白毛狗、白色皮毛大衣、一袋棉花和华生头上的灰白头发。他对所有这些东西都感到恐惧。华生甚至把一个圣诞老人的面具呈现给艾尔伯特·B，猜猜他的反应会是什么？对圣诞老人的面具感到害怕！

华生想知道在条件反射的情绪反应中，习得的情绪是否会从一种情境迁移到另一种情境。如果艾尔伯特·B对这些动物和物品的恐惧反应只发生在实验室而不发生在别的地方，那么其研究成果的价值将大大减弱。为了验证这一点，研究者特意将艾尔伯特·B带到一个完全不同的房间进行同样测试，那里灯光更明亮，在场的人更多。在这种新环境中，艾尔伯特·B仍然明显对白鼠和兔子感到恐惧，只是不像以前那么强烈。

华生和他的同事想要做的最后一个实验是观察艾尔伯特·B新习得的情绪反应是否会持续一段时间。但不久，艾尔伯特·B被人收养并即将离开医院。因此所有测试中止了 31 天。31 天后，给艾尔伯特·B 呈现圣诞老人的面具、白色皮毛大衣、白鼠、白兔和白毛狗——他仍然对这些东西感到十分恐惧。

华生还计划对艾尔伯特·B 建立新的条件反射，以消除他的这些恐惧反应。然而，艾尔伯特·B 在做完最后一个实验后不久就离开了医院，正如大家所知道的，矫正实验没能进行。

3. 实验意义

华生在这项研究及他的所有工作中有两个基本目标：一是证明人类所有的行为都起源于学习和条件反射，二是证明弗洛伊德的心理学理论——我们的行为来自潜意识——是错误的。虽然这一实验带有方法上的缺陷，并且因明显违反了人类行为研究中现行的伦理学标准而遭到诸多诟病，但却在很大程度上留给心理学界一笔巨大的财富，它令人信服地说明了情绪行为可以通过简单的刺激－反应手段成为条件反应。这一发现对开创心理学的另一个主要学派——行为主义功不可没。

华生很快指出，他的研究成果与弗洛伊德及其后继者的精神分析理论相比，能更直接和简洁地解释人类的行为。华生认为，一个弗洛伊德主义者会把吸吮拇指当作追求快乐的本能表现。然而，艾尔伯特·B 会在他感到害怕时吸吮拇指。拇指一放到嘴里，他就不再害怕了。因此华生把吸吮拇指解释为一种阻碍恐惧产生的条件反射。华生和他的同事还就弗洛伊德学派会如何分析艾尔伯特·B 对白色皮衣的恐惧进行了预测：弗洛伊德学派的分析家可能通过梦来进行分析，这个梦显示艾尔伯特·B 在 3 岁时想玩妈妈的假发，却遭到妈妈的严厉斥责。华生用艾尔伯特·B 的例子主要想说明，成年人的情绪困扰不能总归因于少年时代的性创伤。

经典条件反射理论在心理咨询中常用到的概念是泛化和消退。

一、泛化

在条件反射形成的初期，类似于条件刺激物的刺激也会引起条件反射，这种现象就叫条件反射的泛化现象。如被狗咬过的人，见了所有的狗都可能会害怕。新的刺激与原条件刺激越相似，泛化现象就越明显。

二、消退

也叫消退性抑制。当已经形成的条件反射不再给予无条件反射的强化时，条件反射会逐渐减弱，直至最后消失，这种现象叫作条件反射的消退。

经典条件反射理论可以解释人们在现实生活中出现的很多种行为现象，对心理咨询更是有着重要的启发意义。一个不良行为之所以得以维持，一定是被不断强化的结果，否则这种行为就一定会自行消退。所以，我们可以通过改变和消除个体生存环境中对不良行为的强化条件，来实现改变和消除求助者不良行为的目的。在心理咨询中，我们可以充分利用条件反射的形成和消退等原理，来实现帮助求助者改变和消除不良行为、养成健康行为的目的。如放松训练、系统脱敏法、厌恶疗法、暴露疗法等，均是对经典条件反射理论的具体应用（兴趣阅读2-2）。

📖 兴趣阅读 2-2

放松训练指导语

这里重点推荐在心理咨询实战中简便易行、效果明显的实用技术——放松训练。实践证明，放松训练可以有效缓解和拮抗人的焦虑、恐惧、紧张、抑郁、强迫等负性情绪以及伴随出现的各种不适行为，不仅可以单独采用，而且作为基础环节被整合应用在各种心理服务方式中，如情绪压力管理、危机干预、身心保健、个人成长等。

现代心理学、生理学、医学等研究均证明，人的身心是互为一体、交互作用的，内心的平静愉悦，会带来身体上的放松舒适；而身体上的放松舒适，也必然引发内心的平静愉悦，这种"身心相关"是天生的、主动的、反射式的客观行为，是大脑、神经、经络、血管等组织器官本能的行为。

　　放松训练的主要方式，有肌肉放松、呼吸放松、想象放松、音乐放松等。在实际操作中，往往是几种放松方式结合使用，以增强放松效果。放松技术的关键是放松，既强调身体、肌肉、呼吸的放松，更强调心理、精神的放松。咨询师用舒缓、轻柔、抒情的语音，反复引领求助者进行放松，并引导求助者充分体验放松后的舒适。放松最重要的目的是促进求助者领悟，最终做到能在日常生活环境中随时随意放松，并运用自如。

　　放松的引导语有录音和口头两种。在训练开始时，口头引导更便于求助者接受和掌握。

　　现在，请你选一个最舒适的姿势坐好，放下你手里的东西，让后背踏实地靠在椅背上，让双脚舒适地踏在地板上……

　　你可以现在闭上你的眼睛，也可以在下一刻闭上你眼睛——当你闭上眼睛的时候，你就开始放松了……

　　现在，让感觉回到你的身体。现在你的整个身心正变得越来越平静，好像你已经进入了另外一个美妙的世界。你只会听到我的声音和背景音乐的声音，其他任何声音都不会干扰到你。如果你听到突然传来的其他声音，你不但不会被干扰，反而会使你进入更放松、更舒服的状态……

　　现在，你开始慢慢地深呼吸。你每深呼吸一次，就在心里数一个数字，从一数到十，再从十数到一，用你自己的节奏来数——每数一个数字，你的呼吸会变得更加缓慢、更加深沉、更加悠长……对，就是这样，一遍又一遍慢慢数下去……当你每次吸气的时候，想象把大自然新鲜的氧气、充足的滋养都吸入体内，顺着你的鼻腔，进入你的肺部，渗透到你的血液，然后通过你的血液，输送到你全身每一个器官、每一块肌肉、每一个细胞，于是，你会感觉到身体变得更加放松、更加舒适；当你每次呼气的时候，想象把体内的二氧化碳统统呼出体外，也把所有的疲劳、紧张和不开心统统呼出体外。于是，你感觉到身体更加放松、更加舒适，你的内心也变得越来越宁静、越来越平和……

　　从现在起，保持深呼吸，你一边深呼吸，一边聆听我的引导。现在你什么都不去想了，只需要跟着我的引导，很快你就会进入非常深、非常舒服的放松状态……

现在，关注到你的头皮，让你的头皮开始放松，每一块肌肉都在放松；

继续放松你的额头，放松你的眼皮，放松你眼睛周围的每一块肌肉，放松你的耳朵，放松你两边的面颊，让你面部的肌肉完全放松下来；

放松你的嘴唇、舌头，放松你的下巴，放松你的脖子、喉咙；

放松你两边的肩膀——你的两只肩膀仿佛卸下了很重很重的担子，现在一下子变得轻松了；

接下来放松你的两只胳膊——放松你胳膊的每一块肌肉、每一块骨骼，放松你的肩关节、肘关节，放松你的手腕、手掌、手心，也放松你的每一根手指——你手指的每一块肌肉、每一个关节都变得非常放松、非常舒适；

放松你的前胸，放松你的腹部，放松你体内的每一个器官——你的心脏、你的肺部、你的胃部、你的大肠小肠，现在都变得非常放松、舒适，你的呼吸也变得更加自然、更加悠长；

放松你的后背，让背部的每一块肌肉、每一块骨骼、每一块皮肤都完完全全放松下来；

接下来，继续向下放松你的臀部，放松你的两条腿，让腿部的肌肉和骨骼完完全全放松下来——放松你的大腿和髋关节，放松你的膝关节、膝盖，放松你的小腿，放松你的踝关节，放松你的脚掌、脚心，放松你的每一根脚趾——你脚趾的每一块肌肉、每一个关节都变得非常放松、非常舒适……

现在，你全身从头到脚都已经非常放松了，你感到前所未有的宁静、舒适、安详，请静静地享受这种放松舒适的感觉吧……

现在，我将带你去你最喜欢的大海边。你现在来到了一望无垠的大海边。海边非常宁静，周围没有其他人，只有蔚蓝的天空、洁白的云朵、碧绿的大海。你静静地躺在海滩上，岸边是高大的椰树，身下是绵绵的细沙，暖暖的阳光照在你的身上，和煦的海风拂过你的面颊，你的鼻腔里嗅到淡淡的、清新的海水气息，耳朵里传来海浪的拍岸声和远处海鸥的鸣叫声，你感到无比惬意、极度放松。你开始觉觉到有一股暖流顺着你的头部，流进你的右肩，让你感到温暖、沉重；这股暖流又流进你的右臂，再流进你的右手，整个右手感到温暖、沉重；这股暖流又流回你的右肩，从后面流进脖子，脖子也感到温暖、沉重；你的呼吸变得更加缓慢、更加深沉；这股暖流又流进你的左肩，左肩感到温暖、沉重；这股暖流又流进你的左臂，再流进你的左手，左手也感到温暖、沉重；你感觉越来越放松，心跳也变得缓慢而有力；这股暖流又流进你的右腿、右脚，整个右腿、右脚也感到温暖、沉重；这股暖流流进你的左腿、左脚，整个左腿、左脚也感到温暖、沉重；你的呼吸越来越深沉、越来越悠长。这股暖流流进你的腹部，腹部感到温暖、舒适；这股暖流流进你的胃部，胃部感到温暖、舒适；这股暖流最后流进你的心脏，心脏也感到温暖、舒适；心脏又把暖流送到你的全身，全身都感到了温暖、轻松，非常非常舒适。现在，你的整个身心都感到非常宁静，也非常安详，你已经感觉不到周围的一切了，你静静地躺在海边，体验到完完全全的愉悦安详、舒适自在……

好了，现在你感觉心情特别地舒畅，浑身上下已经充满了全新的滋养和能量。下面，我会从一数到三，我每数一个数字，你的头脑就会渐渐清醒，思维会越来越敏捷，反应也会变得更加灵活——当我数到三的时候，你慢慢睁开你非常明亮、非常有神的眼睛，回到我们的教室……

一……二……三！

第二节　操作条件反射理论及其应用

美国心理学家、新行为主义的主要代表斯金纳①，用他创制的研究动物学习活动的仪器——斯金纳箱，提出了操作条件反射理论。斯金纳认为，行为的后果足以影响到该行为再次出现的可能性。既然人们的行为是由行为的后效来塑造的，那么有意识地设置一些环境条件，使特定的行为产生特定的后

① B. F. 斯金纳（B. F. Skinner，1904—1990），美国行为主义心理学家，新行为主义的代表人物，操作性条件反射理论的奠基者。

效，就可以人为地控制、塑造行为。这就是操作性条件反射的治疗原理（兴趣阅读 2-3）。

（兴趣阅读 2-3）

📖 兴趣阅读 2-3

巴甫洛夫的狗和斯金纳的鼠

在巴甫洛夫长期用狗做实验对动物消化系统进行研究的过程中，他发现一种奇怪的现象：狗在实际吃到食物以前，只要一看见食物，就已经分泌唾液了，他把这种现象叫作"心因性分泌"。一开始同事们提出用在当时心理学界比较通行的、由科学心理学创始人冯特① 提出的所谓"内省法"—— 站在狗的立场进行自我观察——来研究狗的唾液分泌现象，但这并没有真正解决疑问。这种现象引起了巴甫洛夫的兴趣，开始了他对条件作用的研究。巴甫洛夫通过实验发现，只要食物落到狗的口中，它就会泌出唾液，这种反射活动是狗和其他一切动物生来就有的，巴甫洛夫称之为非条件反射；但实验中他又发现一个非常重要的事实：除了食物刺激口腔会引起狗的唾液分泌以外，其他的刺激，比如光、声音等的刺激，也能引起狗的唾液分泌。1903 年，巴甫洛夫在马德里的国际医学年会上宣读了他的实验和研究报告，认为条件反射是高等动物和人类对环境做出反应的生理机制。

巴甫洛夫创立的动物和人类高级神经活动的学说，给唯心主义心理学以致命的打击，为创立科学的唯物主义心理学奠定了基础。1904 年，诺贝尔奖基金会把该年度的生理学和医学奖金，授予了巴甫洛夫。

斯金纳关于操作条件反射作用的实验，是在他设计的一种动物实验仪器即著名的斯金纳箱中进行的。箱内放进一只白鼠，并设一杠杆或键，箱子的构造尽可能排除一切外部刺激。白鼠在箱内可自由活动，当它压杠

① 威廉·冯特（Wilhelm Wundt，1832—1920），德国生理学家、心理学家、哲学家，被公认为是实验心理学之父。他于 1879 年在莱比锡大学创立世界上第一个专门研究心理学的实验室，这被认为是心理学成为一门独立学科的标志。

杆或啄键时，就会有一团食物掉进箱子下方的盘中，白鼠就能吃到食物。箱外有一装置记录动物的动作。

斯金纳的实验与巴甫洛夫的条件反射实验的不同在于：①在斯金纳箱中的被试动物可自由活动，而不是被绑在架子上；②被试动物的反应不是由已知的某种刺激物引起的，操作性行为（压杠杆或啄键）是获得强化刺激（食物）的手段；③反应不是唾液腺活动，而是骨骼肌活动；④实验的目的不是揭示大脑皮层活动的规律，而是为了表明刺激与反应的关系，从而有效地控制有机体的行为。

操作性条件反射这一概念，是斯金纳新行为主义学习理论的核心。斯金纳把行为分成两类：一类是应答性行为，这是由已知的刺激引起的反应；另一类是操作性行为，是有机体自身发出的反应，与任何已知刺激物无关。与这两类行为相应，斯金纳把条件反射也分为两类。与应答性行为相应的是应答性反射，称为 S（Stimulation，刺激）型；与操作性行为相应的是操作性反射，称为 R（Reaction，反应）型。S 型条件反射是强化与刺激直接关联，R 型条件反射是强化与反应直接关联。斯金纳认为，人类行为主要是由操作性反射构成的操作性行为，操作性行为是作用于环境而产生结果的行为。在学习情境中，操作性行为更有代表性。斯金纳很重视 R 型条件反射，因为这种反射可以塑造新行为，在学习过程中尤为重要。

斯金纳通过实验发现，动物的学习行为是随着一个起强化作用的刺激而发生的。斯金纳把动物的学习行为推而广之到人类的学习行为上，他认为虽然人类学习行为的性质比动物复杂得多，但也要通过操作性条件反射。操作性条件反射的特点是：强化刺激既不与反应同时发生，也不先于反应，而是随着反应发生。有机体必须先做出所希望的反应，然后得到"报酬"，即强化刺激，使这种反应得到强化。学习的本质不是刺激的替代，而是反应的改变。斯金纳认为，人的一切行为几乎都是操作性强化的结果，人们有可能通过强化作用的影响去改变别人的反应。

为了区别起见，人们把巴甫洛夫所研究的条件反射称为经典条件反射，把斯金纳所研究的条件反射称为操作条件反射。甚至有人还根据这两个著名实验研究者的不同国籍，形象地把前者称作"俄国式条件反射"，把后者称作"美国式条件反射"。

在心理咨询实践中，及时奖励目标行为，忽视淡化异常行为，促进目标行为产生的阳性强化法，就是对操作条件反射的具体应用。

第三节 社会学习理论及其应用

美国当代著名心理学家、新行为主义主要代表人物之一、社会学习理论创始人班杜拉[①]认为，行为主义的刺激 – 反应模式，无法解释人为什么会出现新的行为，以及人为什么会有观察学习的现象。班杜拉发现，个体只需要通过观察他人的行为反应，就可以达到模仿学习的目的，强化并非观察学习的必要条件。

1971 年，班杜拉在实验基础上提出了社会学习理论。社会学习理论是在对传统行为主义继承与批判的历史关系中逐步形成的。班杜拉认为社会学习理论探讨的是个人的认知、行为与环境因素三者及其交互作用对人类行为的影响。其中的一个经典实验是这样的：安排三组儿童，让他们分别观看一名成人攻击塑料假人的录像，录像中一个成年男子对一个像成人大小的塑料假人做出种种攻击性行为，如大声吼叫和拳打脚踢，然后成年男人受到了不同的待遇：第一组儿童看到，成年男人实施攻击后，受到另一成年人的表扬和奖励（果汁与糖果）；第二组儿童看到，成年男人受到另一成年人的严厉惩罚，如责打（打一耳光）和训斥（斥之为暴徒）；第三组儿童看到，成年男人实施攻击后，既没有受奖赏也没有受惩罚。然后把这些儿童一个个单独领到

---

① 阿尔伯特·班杜拉（Albert Bandura，1925—2021），美国当代著名心理学家，新行为主义的主要代表人物之一，社会学习理论的创始人。1977 年获卡特尔奖，并被命名为认知理论之父。2001 年，获行为治疗发展学会终身成就奖。

一个房间里去，房间里放着各种玩具，其中包括一个和录像上一模一样的塑料假人。在 10 分钟里，观察并记录他们对塑料假人的行为。结果发现：第一组和第三组相近，都表现出较多的攻击塑料假人的行为，而第二组儿童的攻击行为明显少于其他两组。

社会学习理论认为，人类行为既不是单纯取决于生物的内驱力，也不单纯取决于客观环境条件，人所独有的认知过程，会对人的行为产生重要的影响。社会学习理论的基本概念有：

一、观察学习（或替代学习）

人们能够借助符号（如语言等）思考外部事物、预测行为后果，因此，人完全可以无须亲身经验，就能够学会某种行为。这是班杜拉社会学习理论中最重要的概念之一。

二、自我强化（自行奖赏或批判）

人们可以评价自己的行为，从而对自己的行为进行自我强化，而不必非得依靠外部强化。

三、行为自控

人可以自己调控自己的行为，不一定被外界所控制和左右。

事物总是螺旋式发展。班杜拉的社会学习理论起源于行为主义，但却给行为主义带来了实质性的突破和发展。早期的行为主义理论只重视刺激 – 反应间的关系，摒弃所谓的"黑箱作业"，否定人的认知、情感、动机和信念等因素对人的行为的影响，因此不可避免地束缚了行为主义学派的应用和发展。社会学习理论尝试把认知因素融入行为学研究中，为单纯的行为主义向认知行为主义的发展奠定了理论基础、拓宽了发展道路，开创了心理学研究的又一片新领域。

社会学习理论应用在心理咨询实践中，发展出了如模仿法（示范法）、行为演练等多种行为矫正技术，其原理还被普遍应用于心理咨询过程之中，或者被其他专业技术所吸收和融合。

在心理咨询室里对学龄儿童和较年轻的求助者，经常会用到模仿法（示范法）。模仿法具体方式包括：

生活示范：在生活中观察示范者演示适当行为，一般示范要演示几次，让求助者重复所看到的行为。

象征性示范：常用的是记录适当行为的电影、录像带、图画书或游戏。抑或是自我示范，即把孩子好的方式录制下来给本人看，从而巩固这种行为。

角色扮演：咨询师和求助者一起扮演一个确定的情境，用来帮助求助者学习和别人交往的技巧。

参与示范：由咨询师为求助者示范某种行为，然后引导求助者学习这个行为。

内隐示范：通过咨询师的描述，让求助者想象示范行为。

要将模仿行为吸收、巩固，融合为个体自然行为中的一部分，需要给予及时的强化（兴趣阅读 2-4）。

📖 兴趣阅读 2-4

自我效能理论

社会学习理论的创始人班杜拉（Albert Bandura）从社会学习的观点出发，在 20 世纪 70 年代首次提出了自我效能理论，用以解释人在特殊情景下行为动机的产生原因。该概念被提出以后，心理学、社会学和组织行为学领域开始对此进行大量的研究，特别是从 20 世纪 80 年代中期开始，自我效能理论得到了丰富和发展，也得到了大量实证研究的支持。但至今关于自我效能的概念界定并非十分明确，特别是在与其他相关概念的区分上，因此也给自我效能的测量及其应用研究带来了困惑。

一、自我效能感的概念

自我效能感指个体对自己是否有能力完成某一行为所进行的推测与判断。班杜拉对自我效能感的定义是指"人们对自身能否利用所拥有的技能去完成某项工作行为的自信程度"。

自我效能是班杜拉社会学习理论体系中的重要组成部分。社会学习理论认为,自我效能是人类行为的决定性因素。班杜拉认为,所谓自我效能,是指个人对自己在特定情境中,是否有能力去完成某个行为的期望,它包括两个成分,即结果预期和效能预期,其中结果预期是指个体对自己的某种行为可能导致什么样结果的推测;效能预期则是指个体对自己实施某一行为的能力的主观判断,即对自身行为能力的推测。班杜拉发现,即使个体知道某种行为会导致何种结果,但也不一定去从事这种行为或开展某项活动,而是首先要推测一下自己行不行、有没有实施这一行为的能力与信心。所以,人的行为既受结果期望的影响,更受自我效能期望的左右。

二、自我效能感的影响因素

班杜拉等人研究指出,影响自我效能感形成的因素主要有:

(一)个人自身行为的成败经验

一般来说,成功经验会提高效能期望,反复的失败会降低效能期望。重要的一点是,成功经验对效能期望的影响还要受个体归因方式的左右,如果归因于外部机遇等不可控的因素就不会增强效能感,把失败归因于自我能力等内部的可控的因素就不一定会降低效能感。因此,归因方式直接影响自我效能感的形成。

(二)替代经验或模仿

人的许多效能期望是来源于观察他人的替代经验。这里的一个关键是观察者与榜样的一致性,即榜样的情况与观察者非常相似。

(三)言语劝说

指凭借说服性的建议、劝告、解释、引导,通过改变人们的知识与态度来改变人们自我效能的一种方法。这种方法因其简便、有效而得到广泛应用。言语劝说的价值取决于它是否切合实际,缺乏事实基础的言语劝说对自我效能感的影响不大,在直接经验或替代性经验基础上进行劝说的效果会更好。

（四）情绪唤醒

班杜拉在"去敏感性"的研究中发现，高水平的唤醒使成绩降低而影响自我效能。当人们不为厌恶刺激所困扰时更能期望成功，但个体在面临某项活动任务时的心身反应、强烈的激动情绪通常会妨碍行为的表现而降低自我效能感。

（五）情境条件

不同的环境提供给人们的信息是大不一样的。某些情境比其他情境更难以适应和控制。当一个人进入陌生而又易引起焦虑的情境中时，其自我效能感水平与强度就会降低。

上述几种信息对效能期望的作用依赖于对其是如何认知和评价的。人们必须对与能力有关的因素和非能力因素对成败的作用加以权衡，人们觉察到效能的程度取决于任务的难度、付出努力的程度、接受外界援助的多少、取得成绩的情境条件以及成败的暂时模式。班杜拉社会学习理论认为，这些因素作为效能信息的载体影响成绩，主要是通过自我效能感的中介影响发生的。

三、自我效能感的功能

自我效能感的功能主要是调节和控制行为，并通过行为调控影响行为结果。

（一）影响人对行为的选择和行为方式

当个体面对一个新的任务时，他首先会对该任务的价值进行估计，确定出是有价值的任务才会有下一步行为。那么是不是任何有价值的行为个体都会采取行动呢？这还会有另一个选择过程。当个体对自己完成该任务的能力评价很低时，他可能不会采取此行动而改为选择一个较容易达成的目标。

自我效能感不仅影响到个体目标的选择，还会影响到个体的行为方式。我们在做事情时都会选择一种最有成功可能性的方式。在生活中，人都有自己做事情的方式，而且很难改变，原因之一可能是由于熟悉的行为方式最具有自我效能感。在行动的过程中，人会根据行为结果的反馈，相应地改变自我效能感，从而不断地调整自己的行为目标与行为方式。

（二）影响人面对困难时的坚持性和努力程度

自我效能感的高低会影响到一个人克服困难的毅力和决心，影响人的努力程度和坚持性。

与此相关的一个很好的例子是习得性无助。"习得性无助"是美国心理学家塞利格曼 1967 年在研究动物时提出的。他用狗做了一项经典实验，起初把狗关在笼子里，只要蜂音器一响，就给予难受的电击，狗关在笼子里逃避不了电击，多次实验后，蜂音器一响，在给电击前，先把笼门打开，此时狗不仅不逃而是不等电击出现就先倒在地上开始呻吟和颤抖，本来可以主动地逃避却绝望地等待痛苦的来临，这就是习得性无助。不仅动物，人也会形成习得性无助，一旦形成习得性无助，再次遇到相似的情况，便会放弃努力。分析其作用机制可以发现，只有当人把失败归结为不可控制的因素时，才会形成这种无助感。而不可控制的原因意味着自我效能感的低下。这个经典的实验很好地证明了自我效能感低的人更容易放弃努力。

以下是一段心理咨询室里的对话——

求助者：要是我也可以做成那件事情就好了，那我就不会是现在这个样子了……

咨询师：那件事情你试着去做过吗？

求助者：我既没能力，又没资源，更没办法去做啊！

咨询师：你试着去做过吗？

求助者：没有，我直接做不成！

咨询师：你不试，怎么知道自己做不成呢？

求助者（有些不耐烦）：你这人真有意思！我已经告诉你我做不成，你还让我试什么呢？

（三）影响人们的归因方式

归因是个体解释和预测他人和自己行为结果的原因。据研究，人们通常把成败结果归因于努力、能力、运气和任务难度等四大因素。自我效能感高的人，常常把失败归因于自己努力不够；而自我效能感低的人，却往往将失败归因于自己能力不足、运气不好、天资不够等。

控制点（Locus of control）理论，是 1954 年美国社会学习理论家朱利安·罗特提出的一种个体归因倾向的理论。罗特发现，个体对自己生活中发生的事情及其结果的控制源有不同的解释。对某些人来说，个人生活中多数事情的结果取决于个体在做这些事情时的努力程度，所以这种人相信自己能够对事情的发展与结果进行控制。此类人的控制点在个体的内部，称为内控者。对另外一些人，个体生活中多数事情的结果是个人不能控制的各种外部力量作用造成的，他们相信社会的安排，相信命运和机遇等因素决定了自己的状况，认为个人的努力无济于事。这种人倾向于放弃对自己生活的责任，他们的控制点在个体的外部，称为外控者。

个体对自己的控制点的认知是不一样的。对控制点的不同认知会影响个体的情绪、期望、动机和行为，从而对其生活、工作、学习、健康等产生间接的影响。

（四）影响人的情绪状态

当我们认为做某件事成功的可能性很大时，往往会有一个乐观积极的心态，情绪饱满，主动性也更高。能力与兴趣是可以相互影响的一对概念，在某一方面能力强的人，往往也会表现出更大的兴趣，这在学习方面表现得很突出。学生对某一学科感兴趣，十有八九是因为在这一学科上取得了很好的成绩。而兴趣又可以使人投入更多精力，获得更好的成绩，从而促进能力的增长，这便形成了一个良性循环。与此相似，自我效能感高的人，会更有兴趣从事某一活动。在行动的过程中他们会更加主动地去寻找解决问题的方式，对外界的信息会更加积极地进行加工，从而更有可能获得好的结果，好的结果又能起到强化作用，提高个体的自我效能感。高自我效能感的人在解决问题之前，往往会从积极的方面去考虑问题，形成正向预期；遇到问题时，也会以一个乐观的心态去看待它，较少产生焦虑。

（五）影响人们的思维方式和行为效率

研究发现，自我效能感水平低的人，总是担心自己会失败，把思想纠缠在个人缺陷和潜在困难上，导致紧张、自卑、注意力涣散、记忆力下降，甚至产生无助和无所适从感，从而导致行为能力和行为效率低下；相反，有强烈自我效能感的人却把注意力集中在积极分析问题和解决困难上，他们知难而上、执着追求，在困难面前常常使得自己的思维与解决问题能力得以超常发挥，表现出优质的行为能力和行为效率。

四、自我效能感的培养途径

班杜拉对自我效能感的影响因素进行了大量的研究，指出可以通过以下五条途径来培养自我效能感。

（一）增加个体对成功的体验

自我效能感作为个体对自己与环境发生相互作用的效能的主观判断，不是凭空做出的，而是以个体多次亲身经历同类工作而获得的直接经验为依据的，它是获得自我效能感最重要的途径，同时也是对个体已形成的自我效能感进行验证的基本途径。多次的失败会降低个体的自我效能感，多次成功的体验则会提高个体的自我效能感。

对成功和失败的认知至关重要。爱迪生发明电灯时，曾做过8000多次实验都没有找到适合做灯丝的材料，有人嘲笑他说："你已经失败了8000多次了！"爱迪生回答说："我从来就没有失败过，我已经成功地发现8000多种材料不适合做电灯的灯丝。"

（二）增加替代性经验

替代性经验指个体通过观察与自己能力水平相当者的活动，获得的对自己能力的一种间接评估。它是一种间接经验，它使观察者相信，当自己处于类似的活动情境时，也能获得同样的成就水平。

（三）语言说服

人们对自身能力的知觉在很大程度上受周围人评价的影响，尤其当评价来自有威信或对个体来说比较重要的人。当个体总能获得外界的关心和支持时，他的自我效能感就会增强。班杜拉认为对个体的"无条件地积极关注"会增强个体的自我效能感。但是如果说服者的言语劝导与个体的实际能力不相一致时，一开始可能会增强个体的自我效能感，但经过验证后，反而会加剧降低个体的自我效能感。

（四）培养和调节情绪和生理状态

对生理反应的知觉会影响人的情绪，从而影响人的认知。高度的生理唤起水平比平静的反应会使人更不镇定、更不自信，如紧张、焦虑的情绪使人对自己的能力产生怀疑，降低自我效能感。

（五）正确归因

归因对自我效能感的重要影响作用已经得到了广泛的认同，也进行了大量的研究。研究表明，自我效能感绝不仅仅是由当前的活动结果和他人的评价被动决定的，在很大程度上，它是由人们对先前活动结果的归因决定的。同样是失败的经验，它可能降低一个人的自我效能感，而不一定降低另一个人的自我效能感——如果个体把失败归因于自己不够努力等可控因素时，他的自我效能感则不一定会下降；而当个体把失败归因于命运不好、能力不行等不可控因素时，他的自我效能感则会下降。成功的经验能否提高个体的自我效能感，也取决于个体的归因方式——只有当成功被归因于自己的能力和努力等这种内部因素时，个体才会产生较高的自我效能感；而把它归因于运气、机遇之类的外部原因时，则并不一定能提高个体的自我效能感。人的一切行为都是主客观相互作用的产物，外部的经验与主观的认知对自我效能感的形成都有很大的影响作用。

第四节　认知行为理论及其应用

认知行为理论突出强调人的认知对情绪和行为所产生的作用。该理论认为，对刺激（事件）的认知是导致人出现异常行为的关键，而不是刺激本身。例如，虽然具体刺激会导致人出现恐惧，但引起恐惧的真正原因，可能是人们对该刺激的认知、判断和评价。因此，在心理咨询中，必须突出认知、情感、动机、信念和人格等因素在人的心理和行为问题发生和转归过程中所起的重要作用，既要重视行为干预，更要重视认知干预。

认知行为疗法是建立在人生来具有合理（或直接）思维和不合理（或扭曲）思维潜力的假设之上的。所有认知行为疗法都认同一个理论模型，即情

景 / 刺激 – 认知 – 反应（行为、情绪、生理）。这个模型表示，认知观念是造成个体行为反应、情绪反应和生理反应的基础。不同疗法的差异就在于如何看待和处理"认知"这一层面上。

认知行为疗法的共同特点主要是：

（1）咨询师和求助者是一种教育和被教育的关系。

（2）假设人的心理和行为问题是认知功能出现障碍的结果，强调通过认知重建来实现情感和行为的改变。如，许多学者把常见的不合理信念的特征归纳为绝对化要求、过分概括和糟糕至极。贝克[①] 把功能失调性假设归为三类：成就（需要成功、高的操作标准）、接纳（被人喜欢、被人爱）和控制（要左右事物的发展变化，要成为强者等）。

（3）认知和行为交互作用、互为因果，注重吸收各种认知和行为干预策略来达到改变的目的。

（4）关注"此时此地"，活在当下，追求实效，赋予求助者更多的责任。

认知行为理论在心理咨询中的主要应用，有埃利斯[②]的合理（理性）情绪行为疗法、贝克和雷米的认知行为疗法以及梅肯鲍姆的认知行为疗法等。

一、埃利斯的合理（理性）情绪行为疗法

在心理咨询领域，埃利斯创立的合理（理性）情绪行为疗法，以其通俗

---

① 亚伦·T. 贝克（Aaron T. Back，1921—2021），美国精神病学家、临床心理学家，认知行为治疗的创始人。

② 阿尔伯特·埃利斯（Albert Ellis，1913—2007），美国临床心理学家，合理情绪行为疗法创始人，认知行为疗法的鼻祖。出生于美国宾夕法尼亚州匹兹堡市的一个犹太家庭。生前被美国心理界誉为"活着的最伟大的心理学家"，去世后被美国媒体尊称为"心理学巨匠"。1942 年，埃利斯开始接受心理分析学派的训练。1953 年，埃利斯彻底与心理分析分道扬镳，开始将自己称为理性临床医生。埃利斯把他所信奉的现象主义哲学、实用主义哲学、人本主义哲学与讲究实效的行为主义结合起来，创建了理性行为疗法。最初所用的名称为理性治疗（RT），到了 1961 年才改为理性情绪疗法（RET），1993 年又将理性情绪疗法更改为理性情绪行为疗法（REBT）。埃利斯初创此疗法时就强调认知、行为、情绪的关联性，而且治疗的过程和所使用的技术都包含认知、行为和情绪三方面。有人认为埃利斯是自弗洛伊德以来唯一创建了自己理论体系的心理学家。也有人不以为然，说埃利斯无非是取人之长、略加综合而已。理性情绪疗法诞生之初，更是遭到几乎所有治疗家的激烈反对。但埃利斯通过不懈的努力，坚定地捍卫了该疗法，并使其在实践中获得巨大成功，最后使反对者不得不信服和接受。

易懂、费时短、收效快、技术简便易行等显著特色，广受心理咨询师和求助者的好评。

ABC 理论是合理（理性）情绪行为疗法的核心理论，是埃利斯关于非理性思维导致情绪障碍和神经症的主要理论。在 ABC 理论中，A（Activating event）指诱发性事件；B（Belief）是对这一事件的看法、解释和评价，即信念；C（consequence）是个体对事件的情绪和行为反应结果。该理论强调情绪或不良行为并非由外部诱发事件本身或自身曾经的成长经历所引起，而是由个体对这些事件的评价和解释造成的，所以该疗法不主张过多地进行情绪宣泄或者责任外推，这只能让人变得更加无力，而是强调每个人都必须为自己的情绪和行为承担责任，正视自己的不合理信念并代之以合理的信念，从而使症状减轻或消除。

埃利斯等人认为合理（理性）情绪行为疗法可以帮助个体达到以下几个目标：①自我关怀；②自我指导；③宽容；④接受不确定性；⑤变通性；⑥参与；⑦敢于尝试；⑧自我接受。

合理（理性）情绪行为疗法的治疗任务主要可分成两步。首先是让来访者查找他们依赖于什么样的非理性观念，并认识到推理上的错误。第二步是治疗师与来访者一起用合理的观念取代非理性观念。

例如，为了取代你认为恋爱失败是使你变得抑郁的原因，你就要告诉自己，尽管你喜欢稳定的恋爱关系并希望继续维持这段关系，但你知道并不是所有的关系都会发展顺利。你也知道这并不意味着就没有人会再爱你或是你再也不可能与别人展开一段新恋情。因此，尽管 A 的内容还是一样的：我和我的伴侣分手了，但 B 的内容却不同了。因为这种情况被看作令人不愉快的事情，但不是大灾难，没必要变得过分抑郁——原有的 C。

下面的例子摘自埃利斯为一位女士的治疗过程，从中可以看出合理（理性）情绪行为疗法是怎样改变错误想法的。

来访者：哦，这就是困扰了我很长时间的整件事。我总是害怕我会出错。

埃利斯：为什么？你害怕什么呢？

来访者：我不知道。

埃利斯：你说当你犯错误时你认为自己是一个坏女人，是一个卑鄙无耻的小人。

来访者：对，我差不多总是这样。每次犯错误，我都懊悔得想死几千遍。

埃利斯：你在责备你自己。但是为什么？你害怕什么？你那样做会对你以后有帮助吗？会让你减少犯错误的次数吗？

来访者：不会。

埃利斯：那你为什么还责备自己呢？为什么你一犯错误就变成卑鄙小人了呢？有谁那样说过吗？

来访者：我想那是我的一种感觉。

埃利斯：是你的一种观念，就是"我是一个卑鄙小人"。那么你就会有这样的感觉：哦，真糟糕！真可耻！这种感觉就伴随着观念产生了。你还会说："我应该不是这样的，我是不应该犯错的！"事实上你应该这样想："哦，看看，我又犯错了。我不愿意出错。那我怎样才能避免下次犯错误呢？"

来访者：我们又回到了如你刚才所说的对赞同的需要上了。如果我不犯错，人们就会尊敬我。如果我做每件事都很完美——

埃利斯：是的，就是这个。这就是你的错误观念——如果你从来不犯错误，每个人就都会喜欢你，而且对你来讲这是必要的……但事实上是这样吗？设想一下你从来没有犯过错误，每个人都会喜欢你吗？也许他们有时候会讨厌你的无理，难道不会吗？

埃利斯通过临床观察，总结出日常生活中常见的产生情绪困扰甚至导致神经症的 11 类不合理信念，并分别对其不合理性做了分析（表 2-1）。

表 2-1　埃利斯总结的 11 类不合理信念及相应的分析

序号	不合理信念	分析
1	每个人绝对要获得周围环境尤其是生活中每一位重要人物的喜爱和赞许	这个观念实际上是个假象，是不可能实现的事。因为在人的一生中，不可能得到所有人的认同，即便是像父母、老师等对自己很重要的人，也不可能永远对自己持一种绝对喜爱和赞许的态度。因此如果他坚持这种信念，就可能需要千辛万苦、委曲求全以取悦他人，以获得每个人的欣赏；但结果必定会使他感到失望、沮丧和受挫

续表

序号	不合理信念	分析
2	个人是否有价值，完全在于他是不是个全能的人，即能在人生中的每个环节和方面都能有所成就	这也是一个永远无法达到的目标，因为世界上根本没有十全十美、永远成功的人。一个人可能在某方面较他人有优势，但在另外方面却可能不如别人。虽然他以前有过许多成功境遇，但无法保证在每一件事上都能成功。因此，若某人坚持这种信念，他就会为自己永远无法实现的目标而徒自伤悲
3	世界上有些人很邪恶、很可憎，所以应该对他们予以严厉的谴责和惩罚	世上既然没有完人，也就没有绝对的区分对与错、好与坏的标准。每个人都可能会犯错误，但仅凭责备和惩罚则于事无补。人偶然犯错误是不可避免的。因此，不应因一时的错误就将他们视为"坏人"，以致对他们产生极端排斥和歧视
4	如果事情非己所愿，那将是一件可怕的事情	正如人不可能永远成功一样，生活和事业上也不会样样顺心，遭受一些挫折是很自然的事。如果一经遭受挫折便感到可怕，就会导致情绪上的困扰，反而可能使事情更加恶化
5	不愉快的事总是由于外在环境的因素所致，不是自己所能控制和支配的，因此人对自身的痛苦和困扰也无法控制和改变	外在因素会对个人有一定影响，但实际上并不是像自己想象的那样可怕和严重。如果能认识到情绪困扰之中包含了自己对外在事件的知觉、评价及内部言语等因素的作用，那么外在的力量便可能得以控制和改变
6	面对现实中的困难和自我所承担的责任是件不容易的事情，倒不如逃避它们	逃避问题虽然可以暂时缓和矛盾，但问题却始终存在而且得不到解决。时间一长，问题也就会恶化，或连锁性地产生其他问题和困难，从而更加难以解决，最终会导致更为严重的情绪困扰
7	人们要随时随地对危险和可怕的事加以警惕，应该非常关心并不断注意其发生的可能性	对危险和可怕的事物有一定的心理准备是对的，但过分的忧虑则是非理性的。因为坚持这种信念只会夸大危险发生的可能性，使人不能对之加以客观评价和有效地面对。这种杞人忧天式的观念只会使生活变得沉重和没有生气，导致整日忧心忡忡，焦虑不已

续表

序号	不合理信念	分析
8	人必须依赖别人，特别是那些与自己相比强而有力的人，只有这样，才能生活得好些	虽然人在生活中的某些方面要依赖别人，但过分夸大这种依赖的必要性则可能使自我失去独立性，导致依赖性更大，从而失去学习能力，产生不安全感
9	一个人以往的经历和事件常常决定了他目前的行为，而且这种影响是永远难以改变的	已经发生的事实是个人的历史，这的确是无法改变的。但是不能说这些事就会决定一个人的现在和将来。因为事实虽不可改变，但对事件的看法却是可以改变的，因此，人们仍可以控制、改变自己以后的生活
10	一个人应该关心他人的问题，并为他人的问题而悲伤、难过	关心他人、富于同情，这是有爱心的表现。但如果过分投入他人的事情，就可能忽视自己的问题，并因此使自己的情绪失去平衡，最终导致没有能力去帮助别人解决问题，却使自己的问题更糟
11	对人生中的每个问题，都应有一个唯一正确的答案：如果人找不到这个答案，就会痛苦一生	人生是一个复杂的历程，对任何问题都要寻求完美的解决办法是不可能的事。如果人们坚持要寻求某种完美的答案，那就会使自己感到失望和沮丧

许多学者对上述不合理信念进行了归纳，指出绝对化要求、过分概括和糟糕至极是这些不合理信念的三个主要特征。

——绝对化要求是指个体以自己的意愿为出发点，认为某一事物必定会发生或不会发生的信念。这种特征通常是与"必须"和"应该"这类词联系在一起，如"我必须获得成功""别人必须友好地对待我"等等。

——过分概括是一种以偏概全的不合理思维方式，其典型特征是以某一件或某几件事来评价自身或他人的整体价值。例如，一些人面对失败的结果常常认为自己"一无是处"或"毫无价值"。

——糟糕至极是一种对事物的可能后果非常可怕、非常糟糕，甚至是一种灾难性预期的非理性信念。如一次考试失利就断言自己没有前途，一次失恋就认定自己找不到幸福，一次求职失败就哀怨自己永远不会有工作等。

与不合理信念辩论是合理（理性）情绪行为疗法中最常用、最具特色的方法。可以是心理咨询师在咨询室里和求助者辩论，也可以采用家庭作业等方式，让求助者自己与自己的不合理信念进行辩论。

常用到的辩论技术有质疑式、夸张式和产婆术式等（兴趣阅读 2-5）。

（1）质疑式。咨询师直截了当对求助者的不合理信念提出质疑。如：

咨询师：凭什么每个人非得对你笑脸相迎？

（2）夸张式。咨询师用夸张的方式把求助者的不合理信念"放大"给他看。如：

咨询师：如果这桩婚姻真的到了无法挽回的地步，那么最坏的结果会怎么样？天会不会塌下来？

（3）澄清式。就某些概念、认知方式等进行具体澄清。如：

咨询师：毫无价值的具体含义到底是什么？

（4）"产婆术"式。也被称为苏格拉底反诘法。咨询师引导求助者按照自己的思维脉络进行推理，最后得出和求助者原有的不合理信念完全相反的结论，从而实现领悟。这种方式有些类似于中国古代的"以子之矛，攻子之盾"[①]或"以其人之道，还治其人之身"[②]之意。

📖 兴趣阅读 2-5

苏格拉底[③]与"产婆术"式辩论技术

在合理（理性）情绪行为疗法中用到的"产婆术"式辩论技术，来源于古希腊哲学家苏格拉底的辩证法。苏格拉底出生于古希腊雅典一个普

[①] 出自《韩非子·难一》。

[②] 出自[宋]朱熹《中庸集注》第十三章。

[③] 苏格拉底（Σωκρτη，英译：Socrates，前469—前399），古希腊著名思想家、哲学家、教育家。

通公民的家庭，其父是雕刻匠，母亲是助产妇。他从小跟着母亲到别人家去接生，帮助递递器械、打打下手，这一段生活经历在苏格拉底的心中留下了深刻的印象。后来，他从助产中得到了启迪，创立了一种教育方法，他称其为"产婆术"。他说，他虽无知，却能帮助别人获得知识，好像他的母亲是一个助产婆一样，虽年老不能生育，但能接生，能够帮助新的生命诞生。

苏格拉底的"产婆术"又被称为"问答式教学法"，对后世的教学思想有很大影响，成为西方启发式教学的开端。苏格拉底认为，一切知识均从疑难中产生，愈求进步疑难愈多，疑难愈多进步愈大。苏格拉底承认他自己本来没有知识，而他又要教授别人知识。这个矛盾，他是这样解决的：这些知识并不是由他灌输给人的，而是人们原来已经具有的；人们已在心上怀了"胎"，不过自己还不知道。苏格拉底的"产婆术"，集中表现在他经常采用的"反诘式"形式中，即以提问的方式揭露对方提出的各种命题、学说中的矛盾，以动摇对方论证的基础，指出对方的错误。在诘问中，苏格拉底自己并不给予正面的、积极的回答，因为他承认自己无知。苏格拉底自比产婆，从谈话中用剥茧抽丝的方法，使对方逐渐了解自己的无知，而发现自己的错误，建立正确的知识观念。这种谈话的特点是，谈话是借助于问答，弄清对方的思路，以使其自己发现真理。在谈话过程中，苏格拉底偏重于提问，不轻易回答对方的问题，而只要求对方回答他所提出的问题。他以谦和的态度发问，由对方回答中导引出其他问题的资料，直至最后由于不断的诘询，使对方承认自己的错误，给予智慧的启迪。

下面是苏格拉底和学生的一段"产婆术"式的对话。

学生：请问什么是善行？

苏格拉底：盗窃、欺骗、把人当奴隶贩卖，这几种行为是善行还是恶行？

学生：是恶行。

苏格拉底：欺骗敌人是恶行吗？把俘虏来的敌人卖作奴隶是恶

行吗？

　　学生：这是善行。不过，我说的是朋友而不是敌人。

　　苏格拉底：照你说，盗窃对朋友是恶行。但是，如果朋友要自杀，你盗窃了他准备用来自杀的工具，这是恶行吗？

　　学生：是善行。

　　苏格拉底：你说对朋友行骗是恶行，可是，在战争中，军队的统帅为了鼓舞士气，对士兵说，援军就要到了，但实际上并无援军。这种欺骗是恶行吗？

　　学生：这是善行。

　　苏格拉底用辩证的方法证明真理是具体的，具有相对性，在一定条件下可以向自己的反面转化——这就是"产婆术"，引导学生自己思索，自己得出结论。

二、贝克认知疗法

　　贝克（Beck）发展出来的认知疗法的基本论点与理性情绪行为治疗法有许多相似处。认知疗法和理性情绪行为治疗法都是主动的、指导的、有时间限制及有结构性的治疗法，这是一种洞察治疗法，强调认知以及改变负面的思考与不适当的信念。

　　贝克疗法的理论论点是，人们的感觉与行为取决于他们如何建构其经验。他的研究工作独立于埃利斯，但两者对于协助当事人了解与放弃自我挫败认知的目标是一样的。贝克与埃利斯曾交换过彼此的意见，贝克推崇埃利斯引进"人们的信念是可以理解的"基本观念，以及甚至能说服怀疑者相信"认知因素是改变感受与行为的一条途径"；埃利斯则推崇贝克思想极为清晰，研究工作对于心理治疗有很大的贡献。

　　贝克认知疗法的理论模型可以用图 2-2 来表示。

情景/事件
（恋人提出分手）　→　负性自动想法
（我不配被人爱，没人会真心喜欢我）　→　反应 { 生理反应　情绪反应　行为反应

假设被启动

功能失调性假设形成
（成就、被接纳、控制）

早年经验
（被父母抛弃）

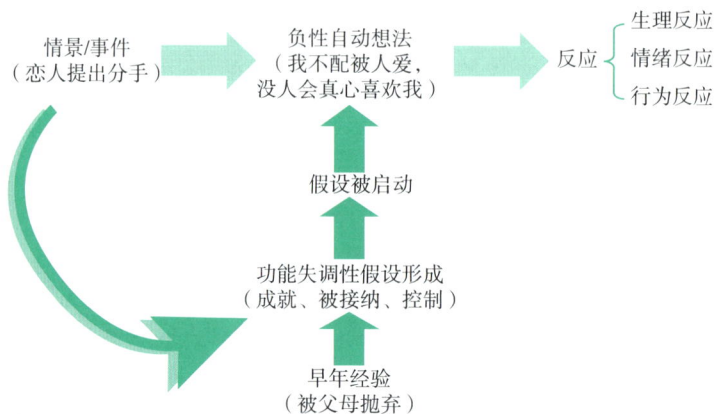

▲ 图2-2　贝克认知疗法的理论模型

贝克认知疗法的几个要点：

1. 三大类功能失调性假设

贝克认为，认知产生了情绪及行为，异常的认知产生了异常的情绪及行为。认知是情感和行为的中介，情感问题和行为问题与歪曲的认知有关。人们早期经验形成的"功能失调性假设"或称为图式，决定着人们对事物的评价，成为支配人们行为的准则，而不为人们所察觉。一旦这些图式为某种严峻的生活事件所激活，则有大量的"负性自动想法"在脑中出现，进而导致情绪抑郁、焦虑和行为障碍。

贝克把功能失调性假设归纳为三类：①成就（需要成功、高的操作标准）；②被接纳（被人喜欢、被人爱）；③控制（要左右事物的发展变化，要成为强者等）。

2. 七种歪曲认知（逻辑推理错误）

贝克坚信有情绪困难的人倾向于犯一种特有的"逻辑错误"，即将客观现实向自我贬低的方向歪曲。

（1）主观推断：没有支持性的或相关的根据就做出结论，包括"灾难化"或在大部分情境中都想到最糟糕的情况和结果。

（2）选择性概括：仅根据对一个事件某一方面细节的了解就形成结论。在这一过程中其他信息被忽略，并且整体背景的重要性也被忽视。这其中所

包含的假设是那些与失败和剥夺有关的事件才是重要的。

（3）过度概括：由一个偶然事件而得出一种极端信念并将之不适当地应用于不相似的事件或情境中。

（4）夸大和缩小：用一种比实际上大或小的意义来感知一个事件或情境。

（5）个性化（个人中心化）：个体在没有根据的情况下将一些外部事件与自己联系起来的倾向。

（6）贴标签和错贴标签：根据缺点和以前犯的错误来描述一个人和定义一个人的本质。

（7）极端思维（二分法思维）：用全或无、非白即黑的方式来思考和解释，或者按"不是 – 就是"两个极端来对经验进行分类。

3. 五种具体的认知治疗技术

（1）识别负性自动想法。主要由求助者完成，要求将自己遇到事情后的所思所想即刻记下来，对其中经常出现的、消极的念头进行总结。如"我真没用""我又让父母失望了""这种事都做不好，我无脸见人了""我怎么总做不好"，等等。这些消极的想法貌似真实，却经不起逻辑的检验。

（2）识别认知性错误（歪曲认知）。为了识别认知错误，咨询师应听取和记下当事人诉说的自动化思维以及不同的情境和问题，然后要求当事人归纳出一般规律，找出其共性。随着能够分析和识别自身的歪曲认知和图式，患者会逐渐认识到情境 / 事件 – 自动想法 – 情感行为反应之间的关联，并尝试着在咨询师的帮助下，应用新的认识替代原有的不良认知和图式。

（3）真实性检验。找到求助者的认知曲解后，咨询师同求助者一起对这些预测、推论和假设是否合乎逻辑、是否合乎实际和真有道理进行检验和辩论，并鼓励求助者对自己的信念进行调查，以验证其正确与否。经过真实性检验，当事人可能会发现，绝大多数的时间里他的这种消极认知和信念是不符合实际的，从而动摇原先的信念。这是认知疗法的核心。

（4）去中心化。部分焦虑症患者感到他们是人们注意的中心，他们的一言一行都受到他人的"评头论足"，因此，他们一直认为自己是脆弱的、无力的。治疗过程中可以要求当事人故意不按以前的方式行事，结果发现很少有人会去注意自己的言行。

（5）监控抑郁或焦虑水平。许多慢性甚至急性焦虑患者往往认为他们的抑郁或焦虑会一直不变地存在下去，但事实上，这些情绪的发生是波动的。鼓励当事人对抑郁和焦虑的水平进行自我监控，促使当事人认识情绪波动的特点，增强抵抗抑郁或焦虑的信心。这也是认知疗法的一项常用技术。

第五节　认知行为主义心理学的局限性

第一，控制有余，尊重不足。不管是行为干预还是认知干预，都不注重倾听求助者的倾诉。如果求助者感觉没有被充分理解和尊重，很可能会破坏咨求关系。

行为主义心理学家自称发现了控制人类行为的钥匙，那就是刺激–反应模式，因此，与精神分析把人视同动物相比，行为主义则把人看成了更低级的原始生物甚至毫无能动性可言的简单机械加以"修理"。华生宣称行为主义"其理论的目标在于预测和控制行为"。斯金纳更是认为，控制无处不在，人没有绝对的自由和尊严。斯金纳曾撰写两本科幻小说，描绘一个采用条件反射原理来控制人类行为举止的乌托邦，体现了行为主义的激进，使心理学沦为"无心心理学"（psychology without mind）。

第二，忽视求助者成长历史、个性差异以及家庭、社会等客观因素的影响。

第三，咨询师可能会主观地行使主导权力，把自认为正确的行为或认知模式强加给求助者。所以，比起强调在心理咨询中应较少指导干预的理论和方法，行为主义很容易给求助者带来心理伤害。

第四，"道理我都懂，可我就是做不到"——认知行为疗法向来访者提出挑战，让他们找出自己存在的歪曲信念，为自己的情绪和行为承担责任，这其实并不容易做到。多数人很容易找出他人的哪些想法是错误的，而当自己有情绪及行为问题时，则往往会"当局者迷"，深陷其中难以自拔，或者因担心触犯自己长期形成的信念价值观而拒绝做出改变。

尽管如此，认知行为主义仍不失为心理咨询的一种重要理论方法，在其他各种心理咨询流派中，都会或多或少地把认知行为主义作为辅助手段。因此，理解和掌握认知行为主义的基本理念和方法，对心理咨询师来说是必要的。

第三章

人本主义心理学派：
本来你就没错

人本主义心理学兴起于 20 世纪 50 年代资本主义高速发展的美国，是西欧存在主义哲学和美国人道主义理念相结合的产物。存在主义是人本主义心理学哲学思想的主要影响源，催生了人本主义心理学。存在主义强调的是人本身的独立性，也就是说，只有在独立性前提下的存在才是真实的、可取的。人本主义心理学家认为，心理学应着重研究人的价值和人格发展，主张正确对待心理学研究对象的特殊性——这个特殊性，也就是指独立性前提下的个体人的特殊性。

以社会化机器大生产为特征的资本主义，把人也变成了机器的一部分。西方喜剧大师卓别林①的电影《摩登时代》，就是"一个关于工业时代的故事，其中讲述了个人、企业与

---

① 查理·卓别林（Charlie Chaplin，1889—1977），生于英国伦敦，英国影视演员、导演、编剧。

人类追求幸福的冲突"（影片序言）——那个在流水线上像机器一样一刻不停拧螺丝的工人，终于导致"神经崩溃"。正如美国著名心理学史家舒尔茨（D. Schultz）所指出的：当前的许多社会批评家认为，西方文化，特别是美国文化，已经使人失去了人性、失去了人格和个性，甚至到了这样的程度，竟把人看作巨大社会机器的一个无限小的部分。据说，人已不再被看作人类了，而是看成人事上、统计上和平均意义上的人了。作为个体，我们也成为失去个性和缺少能力主动决定我们自己生活过程的人了。

在这样的背景下，呼吁重视人的存在价值，实现人的全面发展，就成了心理学家不得不思考和研究的重要课题。

第一节　人本主义心理学的核心原则和主要贡献

传统主流心理学存在着严重的贬低人性和非人化的倾向（安斯托思，Aanstoos，1994）。人本主义之前的传统心理学，要么把人看作只受本能欲望驱使的可怜动物，要么把人看作只有"刺激 – 反应"原始模式的低级生物，或者只有"输入 – 提取"机械程序的计算机。对此，人本主义心理学展开了针锋相对的批判，这些批判至今听起来仍然是耐人深思的。比如，人本主义心理学先驱弗洛姆[①]就尖锐地指出：学院派的心理学，有意模仿自然科学以及实验室中衡量计算的方法来处理一切问题（除灵魂以外）。它只设法了解实验室中可观察到的那一部分的人，并宣称良知、价值判断、认识善恶等，只是形而上的观念，不属于心理学范畴。他们宁可研究与科学方法相吻合的枝节问题，也不愿发明方法来研究有关人的重要课题，使得心理学离开了它的主题——灵魂，只关注机械反应、反向作用、本能的问题，却忽略了人类的特质：爱、理性、良知、价值。人本主义心理学主要发起者马斯洛甚至直言，心理学一直朝着错误的方向发展——几乎从一开始，大多数心理学研究都集中于探索人类情绪、行为和心理层面的病理。马斯洛更是激烈反对行为主义

---

① 瑞克·弗洛姆（Erich. Fromm，1900—1980），美籍德国犹太人，人本主义哲学家和精神分析心理学家。毕生致力于修改弗洛伊德的精神分析学说，以切合人们在两次世界大战后的精神处境。

用自然科学范式来研究人：好似把人当作一件东西、一个客体，跟研究金属或光线所用的方法、观念、程序、定义及心态几乎同出一辙，这种科学作风一直被称为"机械形成论"（mechanomorphic）。

人本主义心理学尖锐地抨击了心理学第一、第二势力的生物还原论和机械决定论，把人的本性与价值第一次提到了心理学研究的首位，开创了心理学研究人类高级精神生活的新领域。人本主义心理学把心理学看作是一门重要的"人学"，主张应采用现象学的方法来研究心理现象，并着重对健康人和自我实现者进行研究。针对传统主流心理学存在着严重的贬低人性和非人化的倾向，人本主义心理学把人的本性、潜能、经验、价值、意向性、创造力、自我选择和自我实现，特别是传统的真、善、美以及价值观等问题，列入心理学研究的主要内容，这在人类心理学史上是一个创举，在促使心理学走上研究人和人性的科学道路上做出了历史性的贡献。

美国心理学家莎菲认为，人本主义心理学的理论取向有五个核心原则：

第一，崇尚现象学和意识经验。人本主义心理学家既批评行为主义把意识视为一种不起作用的附带的副现象，也反对精神分析贬低意识而夸大潜意识的主张。人本主义心理学强调意识经验的研究，这既是西方心理学由客观的外部行为的研究向主观的内在意识研究的重大转变，又是人本主义心理学对行为主义轻视意识倾向的反抗（兴趣阅读 3-1）。

📖 兴趣阅读 3-1

胡塞尔的现象学

在了解胡塞尔 ① 现象学之前，有必要首先了解一下对胡塞尔产生重

---

① 埃德蒙德·胡塞尔（Edmund Husserl，1859—1938），德国哲学家、20 世纪现象学学派创始人。1859 年 4 月 8 日出生于一个犹太家庭。早先攻读数学、物理，1883 年起在维也纳追随德国哲学家、心理学家弗朗兹·布伦塔诺钻研哲学，布伦塔诺在伦理学、心理学及逻辑学方面的研究对胡塞尔哲学的发展有着极其重大的影响。

大影响的布伦塔诺^①及其意动心理学。布伦塔诺把一生大部分时间都花在哲学问题的研究上，他的心理学著作有 8 部，其中影响最大的是《从经验的观点看心理学》。他之所以将书名定义成"经验的"，是想表明他倾向于经验而背弃武断的态度。他说："只有经验影响着我，好像老师一样。"

在心理学的研究对象问题上，布伦塔诺的主张与冯特是针锋相对的。冯特认为心理学的研究对象应该是感觉、情感等直接经验，主张心理学应该采用实验内省的方法，分析意识的内容，并找出意识的组成部分，以及它们如何连接成各种复杂心理过程的规律。也就是企图从意识经验的构造方面来说明整个人的心理，只问意识经验由什么元素构成，不问意识内容的来源、意义和作用，因而冯特的心理学被称为构造心理学。布伦塔诺不同意冯特的这种观点，认为心理学应该以意识的活动即"意动"作为自己的研究对象，因而他的心理学被称为意动心理学。意动心理学与构造心理学的对立主要表现在研究对象的分歧上。关于心理学研究对象的争论一直延续到今天，现代心理学派别就是在这个问题的争论中，由于各持己见而形成不同学派体系的。

布伦塔诺的意动指的是各种心理的活动或动作，构造则为意动所涉及的各种对象。例如，我看见一种颜色，颜色就是构造，看见则为意动；我听见一支歌，歌就是构造，听见则为意动。由此可见，构造是物理现象，意动才是心理现象。意动心理学认为，构造心理学的根本错误，就是误将物理学的研究对象当成了心理学的研究对象。布伦塔诺关于心理活动与心理构造相对应的思想，对后来心理学的影响是相当大的。20 世纪初，

---

① 弗朗兹·布伦塔诺（Franz Brentano，1838—1917），德国哲学家、心理学家，意动心理学派的创始人。布伦塔诺著有《从经验的观点看心理学》，其追随者包括亚历克修斯·迈农、埃德蒙德·胡塞尔、卡济梅尔兹·塔多斯基等著名学者。

符兹堡学派^①关于思维过程的研究，斯皮尔曼^②关于"认识原理"的研究，都受到了这一影响。

回头来说现象学。现象学（phenomenology）是 20 世纪最重要的哲学流派之一，由胡塞尔奠基于 1900 年。现象学的口号是"回到事物本身"。"事物本身"在传统哲学中一般理解为隐藏在现象背后或深处的本体或本质。"现象"的本意就是显现出来的东西，"显现"本身已经是通过意识活动在意识之中的显现了，因此是意识的自我显现。因此现象学就是对意识的研究，并且通过意识的自我显现解释事物本身。

现象学关注的是人的情感价值判断，并关注人的意识。胡塞尔不满意于实证科学只是对于所谓客观物质世界的考察，而是着眼于从当下真实生活和意义世界里发现人自身的意识世界。现象学力图透过种种迷雾，直接回到事情本身，它是一门反思的哲学，是一门从意识角度洞察事情本质的哲学。

最后，了解一下现象学独特的研究方法。

（1）描述法。描述法是指，如果想分辩一样东西，先不要认定它是什么，而要先做一个客观的描写，就是"悬置"。由于每个人对同样一种东西的描写可能不太一样，因此，必须把所要描写的对象直接凸显出来，周边的东西先存而不论，一样一样地排除，此时就要配合自由想象法。

（2）自由想象法。现象学的目的就在于让人知道一样东西的本质。假设我们要了解一个人的本质是什么，首先就要把我们能够掌握的、关于这个人的所有现象写下来，譬如：身高、体重、家世背景、学历、嗜好

---

① 20 世纪初，在德国符兹堡大学由 O. 屈尔佩领导的，对思维、判断和意志等高级心理现象进行实验研究的学派。符兹堡学派发现，在进行重量判断过程中感觉和意象不起作用，被试不知道怎样回忆这个判断（哪一个重些或是轻些）。这种发现与以往对思维的研究相矛盾。这就是说，在判断时，思维不能表现为感觉或是意象，是非直观的意识内容，这样，就产生了对"无意象思维"问题的研究。1907 年前后，符兹堡学派认为思维的内容有非感觉、非意象的因素，而构造学派冯特和 E.B. 铁钦纳则坚持没有，这就是有名的对无意象思维问题的争论。

② 查尔斯·爱德华·斯皮尔曼（Charles Edward Spearman，1863—1945），英国理论和实验心理学家。斯皮尔曼根据智力测验相关的研究提出著名的二因素论，认为智力可被分析为 G 因素（一般因素）和 S 因素（特殊因素）。

等。写下来之后，开始使用自由想象法："如果他少了这样的条件，他还是他吗？"按照这种方式把每个细节一一问清楚，最后我们会发现，其中有些条件是绝对不能少的，一旦缺少了这些东西，他就不再是他了（如：他非常勇敢、非常诚实等）。通常这些东西会跟一个人内心的价值观有关，而不是与外在条件有关。如果没有经过这种现象学的思考过程，就很难发现一个人的本质，以至于被外表迷惑。

（3）地平线法。人看任何东西都有一个视线范围，这个范围就是我们能够用眼睛看见的世界。例如，当你走在原野上，看到远处有一根尖尖的东西，很像犀牛角，也像教堂的塔尖，但你不知它究竟是什么，于是一定要走到一个临界点，在那一刹那才知道它到底是什么；而在这个临界点之前，真的是没有把握。人的认知也是如此，往往是从模糊到清楚，而在这其中有一个临界点，当那一点出现的时候，你会有一种"啊，原来如此"的恍然大悟。

第二，坚持人的整体性和完整性。反对构造主义元素学说 [1] 和行为主义"刺激－反应"公式，认为整体不等于部分之和，意识经验不等于感觉和情感等元素的集合，行为也不等于反射弧的集合。

第三，坚持人类保持着基本的自由与自主。强调个体应对自己的决定负责。

第四，坚决反对还原论。

第五，相信人类本性绝不可能完全被限定。

人本主义心理学是西方心理学史上一次重大的变革。其贡献是多方面的：

一、把人的本性与价值提到心理学研究对象的首位

人本主义心理学有力地抨击了传统心理学的生物还原论和机械决定论，

---

[1] 构造主义心理学派的创始人是科学心理学创始人冯特和他的学生铁钦纳。该学派主张心理学应该采用实验内省的方法，分析意识的内容，并找出意识的组成部分，以及它们如何联结成各种复杂心理过程的规律。也就是企图从意识经验的构造方面来说明整个人的心理，只问意识经验由什么元素构成，不问意识内容的来源、意义和作用。由于它确定的研究对象过于狭窄并陷入元素主义与内省主义境地，太脱离生活实际，因而遭到许多心理学家的反对。

把人的本性与价值第一次提到了心理学研究对象的首位，开拓了心理学研究人类许多高级精神生活的领域。

人本主义心理学家在批判西方心理学第一势力和第二势力的弊端时充满革命激情，且颇有说服力。一方面表现在人本主义心理学家正确批判了行为主义以刺激－反应的公式取代人的内在心理历程的研究，陷入了机械还原论和环境决定论；另一方面表现在人本主义心理学家正确批评了精神分析把患者与正常人相等同，以潜意识的功能取代人的整个心理生活的研究，陷入了生物还原论和悲观论。正如美国著名心理学史家舒尔茨（1977）所说：马斯洛的态度、言论——人本主义的或第三势力的心理学——被许多人看作是受欢迎的、反抗行为主义的机械主义倾向和精神分析的悲观主义倾向的解毒剂。

人本主义心理学突破了行为主义和精神分析的理论范式，在心理学的研究对象、内容、方法和心理治疗诸方面独树一帜，建构了一个新的心理学理论体系。特别是在对待传统的真、善、美及其价值论问题方面，长期以来由于传统科学方法的无能为力而不得不推给非科学——主要是文学与宗教信仰来处理。马斯洛的理想是改善科学方法和扩大科学权限，以弥合当代已十分严重的普遍性认同危机。因此，人本主义心理学把人的本性、潜能、价值、创造力和自我实现提到心理学研究对象的高度，这在人类心理学史上是一个创举。

显然，人本主义心理学把心理学看作是一门重要的人学，它在使心理学走上研究人或人性的科学道路上做出了历史性的贡献。

二、突出人的动机系统与高级需要的重要作用

人本主义心理学批判了传统心理学把人兽性化、非人格化和无个性化的倾向，阐明了动机的巨大作用和层次理论，突出了人的高级需要所具有的更大的价值。人本主义心理学似乎正反映着对当代西方的机械主义倾向所表示的那种不安和不满。人本主义心理学家否认人像动物一样，仅是以机械的和划一的方式来对他的环境或他的早年经验做出反应。

十分明显，行为主义以重点研究"外显行为"而使人失去人性，并把人降低为"一只较大的白鼠或一架较慢的计算机"，而弗洛伊德的精神分析则声称"人是一个受本能愿望支配的低能弱智的生物"，并把人贬为一个性恶的反

社会的动物。人本主义心理学在反对把人兽性化、非人格化和无个性化，突出人性、人的价值和尊严、人的主动性和独特性、自我实现、丰满人性方面，既有积极的现实意义，又有深远的历史意义。

必须要提及的是，马斯洛提出的需要层次理论是对人类动机心理学的一大贡献（图 3-1），这主要表现在：①指出需要是调动人的主体积极性的内在动力，突出了满足需要在人的发展方面的重要性。②看到了人与动物在需要问题上的区别，认为低层次需要是人和动物所共有，高层次需要则为人所特有，基本克服了传统心理学人兽不分的弊端。③把人的需要看成一个多层次、多水平的系统，探讨了人的需要的性质、结构、种类、发生和发展的规律。④分析了人的各层次需要及其相互关系，特别强调了高层次需要的出现是以低层次需要的满足为条件，而只有高层次需要的追求和满足才使人生更充实、更幸福、更有意义。⑤首次提出了超个人的动机或超越性动机的概念，认为自我超越并不是一种没有任何基础就能自发出现的心态，而是人性一种合乎规律的高度发展和执着追求。非常值得重视的是，马斯洛的这一观点在心理学的发展历程中有着重大的理论和实践意义，预示着在人本主义心理学的土壤里，正在孕育着心理学的一场质的飞跃——从传统的只注重个体研究，到最终实现注重系统研究的飞跃。

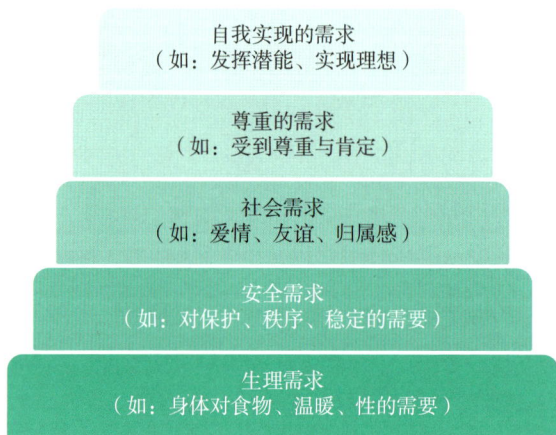

自我实现的需求
（如：发挥潜能、实现理想）

尊重的需求
（如：受到尊重与肯定）

社会需求
（如：爱情、友谊、归属感）

安全需求
（如：对保护、秩序、稳定的需要）

生理需求
（如：身体对食物、温暖、性的需要）

▲ 图 3-1　马斯洛需要层次理论

三、提出实验客观范式与经验主观范式统合的新构想

人本主义心理学批判了传统心理学中方法论的僵化、二歧式思维和实验主义，提出将实验－客观范式和经验－主观范式统合起来的新构想，突出了开放研究、整体分析和多学科及跨学科研究方法的重要意义（兴趣阅读3-2）。

📖 兴趣阅读 3-2

什么是范式？

范式（paradigms）这个术语是美国科学史家、科学哲学家托马斯·库恩① 提出的。它一般指常规科学所赖以运作的理论基础和实践规范，是从事某一科学的研究者群体所共同遵从的世界观和行为方式。也可用以泛指一个共同体成员所共享的信仰、价值、技术等的集合。

范式从本质上讲是一种理论体系。"paradigms"一词来自希腊文，原意是指语言学的词源、词根，后来引申为范式、规范、模式、模型、范例等含义。库恩在谈到这个词的用法时说："按既定的用法，范式就是一个公认的模型或模式"；"我采用这个术语是想说明，在科学实际活动中某些被公认的范例——包括定律、理论、应用以及仪器设备统统在内的范例——为某种科学研究传统的出现提供了模型"。库恩借用这个概念的目的，在于用它来表示科学史上某些重大的科学成就所形成的科学内在机制和社会条件，以及由这种机制和条件构成的思想和信念的基本框架，一种先于具体科学研究的思想和组织的背景。

库恩17岁进入哈佛大学学习时，专业是物理学。在他25岁时，发

---

① 托马斯·塞缪尔·库恩（Thomas Samuel Kuhn，1922—1996），美国科学史家、科学哲学家，代表作有《哥白尼革命》和《科学革命的结构》。

生了一件看似十分寻常、却对库恩一生的学术生涯产生决定性影响的事情。当时库恩被邀请参加一期为社会科学家举办的讲述物理学发展的讲座，于是他暂时中断了正在进行的博士论文的准备工作，转而仔细地研究了伽利略、牛顿乃至亚里士多德等人的力学理论。这使他第一次对科学史有所了解，然而出乎意料的是，这种对过时的理论和实践的了解，竟彻底推翻了他以前对科学的本质和获得成就的某些基本想法。因为在科学史的研究中，库恩发现，无论是新的还是旧的力学理论体系，在它们所在的那些历史时期，都能解决一些实际的问题。但是，它们对相同的观察事实的解释竟没有相似之处。亚里士多德的力学体系与牛顿的体系的关系是这样，牛顿体系同爱因斯坦的体系的关系也是如此。所以库恩认为，传统的关于科学本质的进步性质以及知识的不断积累增长的观点，不管怎样的言之成理，都不能说明历史研究中所呈现出来的实际情况。但是，这些观点历来都是许多科学问题讨论中的基本原则，因此库恩强烈地感到，有必要彻底揭穿它们貌似有理的假象。这样一来，库恩的专业计划就从理论物理转向科学史的研究。

现在我们通常所涉及的范式，主要有前现代主义范式、现代主义范式和后现代主义范式3种。前现代主义是指康德[①]之前的哲学理念。在文艺复兴时期因为地心说在计算行星位置的问题上遭遇了越来越多的困难，于是哥白尼提出日心说的概念框架，围绕这个概念框架逐渐生长出许多全新的理论预设，带来了新的思维模式，例如：一切真理都可以根据一些方法论规则找到、只要依据方法论规则任何人都可以获得真理、任何事物都可以先分析成已知的简单事物再综合起来，等等。由此也产生了新的研究习惯，例如：只考虑可以精确度量的因素、排除人的一切感觉因素和情感因素、要设计出可以在任何时间地点精确再现的实验、说服别人应该主要依靠逻

---

① 伊曼努尔·康德（德文：Immanuel Kant，1724—1804），德国哲学家、作家，德国古典哲学创始人，其学说深深影响近代西方哲学，并开启了德国古典哲学和康德主义等诸多流派。康德是启蒙运动时期最后一位主要哲学家，是德国思想界的代表人物。他调和了勒内·笛卡尔的理性主义与弗朗西斯·培根的经验主义，被认为是继苏格拉底、柏拉图和亚里士多德后，西方最具影响力的思想家之一。

辑而不能依靠类比和比喻等修辞手段等。这些东西经过伽利略、笛卡尔、牛顿等人的工作，就整合在一起构成了近代经典物理学的研究范式，可以称之为"牛顿－笛卡尔范式"，它取代了亚里士多德范式，成为现代科学的主流。现代范式相信理性和科学的进步，相信技术能够征服自然，相信将科学技术运用于社会改革，就能控制和改善人类的状况。

但现代范式中的系统观却是一个封闭式的系统观。后现代主义的产生与现代性是密切相关的，后现代社会表现出不确定性、不稳定性、开放性等特征，从而超越了现代范式的封闭性、确定性、稳定性、普遍性、因果关系等特性。后现代范式还超越了现代范式中的控制观点，重新回到了人与自然、人与他人之间和谐相处的主题上。后现代主义范式认为，社会现实是多元的、复杂的、自组织发展的、多方决定的，社会领域从来都不是封闭的终极性的结构，而是开放的、非稳定的、非统一的、寻求转变的、偶然的。后现代知识观的观点并不是对现代观点的全盘否定，而是对现代观点中不合理的成分提出的挑战，更加强调知识的文化性、境域性和价值偏好。后现代主义反对技术理性对人的奴役和控制，重视人与人之间内在的、深刻的联系，重视人与自然的和谐，希望双方是一种平等互动的关系。

人本主义心理学坚持根据心理学对象决定心理学方法的原则，反对以方法为中心而主张以问题为中心，这既是对行为主义以方法为准则选择研究对象的一种反抗，又是对各种各样方法中心主义的一种批判。不仅如此，人本主义心理学家还抨击了自冯特开始主流心理学长期依据牛顿－笛卡尔范式仿效自然科学来建构其理论模式，其结果导致心理学陷入机械论、还原论、元素主义和简单化的境地。

人本主义心理学不仅指出心理学史上实验范式与经验范式之间的尖锐对立，还阐明主观范式与客观范式两者的折中融合。虽然奥尔波特[①]、马斯洛和

---

① 高尔顿·W.奥尔波特（Gordon W. Allport，1897—1967）美国人格心理学家，美国人本主义心理学代表人物之一。

罗杰斯[1]都非常熟悉实验心理学，但他们从一开始就认识到行为研究和实验方法的有限性。马斯洛常把自然的物理世界与自我的经验世界的不同特点加以比较，坚信那种物理学家的抽象世界并不比现象学家的经验世界更真实。人本主义心理学家建议把实证主义心理学和他们所理解的现象学及存在主义整合起来——尽管他们既受到美国主流心理学的排斥，又遭到现象学和存在主义圈内人士的强烈谴责——但是他们提出把现象学方法与实验方法有层次地整合起来的主张，这在心理学史和体系中即使不是唯一的，也是很罕见的。

人本主义心理学在方法论上的积极意义在于：①反对心理学中僵死的方法论和实验主义，主张对研究方法采取开放、兼容和综合的态度；②反对心理学研究中的自然主义和客观主义，主张突出人的主体和主观的作用，实现实验（或客观）和经验（或主观）两种范式的统一；③反对心理学研究中的元素主义，强调整体分析的方法论的意义。

四、促进以人为本的组织管理与教育改革以及心理治疗的发展

人本主义心理学提出以人为中心的理论、动机层次理论、以人为中心疗法等，对强化组织管理、教育改革和心理治疗均有重要的应用价值。

马斯洛的需要层次理论不仅成为行为科学的一个理论基石，而且也是西方管理科学和管理心理学的一个重要的理论支柱。现代新的管理科学的宗旨，不是像传统管理学那样，把人作为物和机器来看待，而是要把人作为人来管理。人不同于物的根本之点，就在于人有自己内在的精神世界，有物质需要之上的主观需要。马斯洛的动机理论使人们认识到人的需要的金字塔，除了低层次的基础需要如生理需要、安全需要之外，还有高层次的需要，包括自我实现和对真、善、美的追求。正如马斯洛所说："人生活在稳定的价值观的体系中，而不是生活在毫无价值观的机器人世界里。"

罗杰斯"以人为中心"的理论是人本主义心理学教育观的核心和基础。其主要贡献在于：①冲破了传统教育模式和美国现存教育制度的束缚，把尊

---

① 卡尔·兰塞姆·罗杰斯（Carl Ransom Rogers，1902—1987），美国心理学家，人本主义心理学的主要代表人物之一。从事心理咨询和治疗的实践与研究，并因"以人为中心"的心理治疗方法而驰名。1947 年当选为美国心理学会主席，1956 年获美国心理学会颁发的杰出科学贡献奖。

重人、理解人、相信人提到了教育的首位，促进了当代西方教育改革运动的发展。②突破了长期以来西方两大心理学派（刺激－反应学习理论和认知学习理论）主要对动物学习进行实验研究的偏向，直接开拓了人的学习理论的建构，在突出学生学习主体的地位与作用、提倡学会适应变化和学会学习的思想、倡导内在学习与意义的理论、弘扬情感非智力因素的动力功能、注重创造力的培养、建立民主平等的师生关系、创造最佳的教学心理氛围等多方面做出了贡献。

　　人本主义心理学治疗是当代西方心理治疗的三大流派之一，也是人本主义心理学理论的实践基础。马斯洛把心理治疗领域称为一座"未被开采的金矿"，人本主义心理学家是第一个淘金者。可以说，人本主义心理治疗是科学人本主义形成和存在的实践王国，而人本主义心理学理论则是这一心理治疗实践的升华结果。人本主义心理治疗既反对自然主义的生物医学模式，又反对机械决定论的行为主义医学观点，而为当代"生物—心理—社会"新的医学模式提供了一个人本主义心理学的理论根据。在他们看来，真正的心理健康就是趋向、追求和达到自我实现，而干扰、阻挠或者改变自我实现的进程就是心理病态。至于心理治疗则是指那些能够帮助人回到自我实现轨道上来的疗法。人本主义心理治疗不仅要满足和提供缺失性王国中人所被剥夺的基本需要，而且要促进存在王国中人的丰满人性和人格完善。因此，人本主义心理治疗的主要着眼点不是病态或问题而是人的成长和自我实现，坚信人具有内在的建设性倾向和自我指导能力，重视人的整体性和人际关系，强调通过辅导者和受辅者设身处地的理解、积极的关怀和耐心的引导使其障碍消除而恢复健康。

五、人本主义心理学推动了哲学世界观的积极变革

　　17 世纪发生在欧洲的科学革命对近代世界观形成起了一种定型的作用。它留给人们的是一种科学主义、理性主义的世界观。科学、理性被赋予至高无上的地位。"主客二分"和还原论的思维定式是这种世界观的基本特征。它把主观与客观、理性与价值、合规律性与合目的性、决定论与选择论、科学主义与人文主义绝对对立起来，片面强调其中的一个方面。其总体特征是：重知觉轻直觉、重客观轻主观、重事实轻价值、重契约轻习俗与传统、重物

质轻精神。这种机械论的世界观决定了各门学科的性质和发展。不仅是物理学，而且生物学、心理学等学科都不可能不受到这种世界观的支配。但人本主义心理学力图克服自然主义人性观的理论局限，提出诸如像本能论、需要层次论、高峰体验论、积极人性论、主客观两种心理学范式统合论等理论，促使心理学从自然主义向人文主义的转化，树立了一座以人为本、以人为贵的西方心理学史上的新的里程碑。人本主义心理学突破了传统的机械论世界观，不仅促使心理学的学科性质和研究对象发生了一次重大变革，而且对于哲学世界观的变革也起到了积极作用。

第二节　人本主义心理学的主要助人方法

一、以人为中心疗法

在众多的人本主义心理治疗方法中，使用最广、影响最大的是罗杰斯倡导的以人为中心疗法。该疗法名称经历了"非指导疗法""求助者（当事人、来访者、案主或患者）中心疗法"和"以人为中心疗法"的演变，显示了罗杰斯对人性理解的改变和心理咨询界对此疗法接纳的过程。以人为中心疗法旨在促进和协助来访者依靠自己的能力自己解决问题。罗杰斯强调，咨询过程中咨求关系双方共同营造的成长性氛围（milieu）才是咨询工作的核心，而不是以承担某种角色的单个的"人"为中心。罗杰斯在开创以人为中心的治疗模式、创造团体治疗的新形式、建立良性互动的咨求关系、使用现代化治疗工具等方面均做出了重要的贡献。

1. 基本假设

罗杰斯创立以人为中心疗法所基于的基本假设是人性本善，人们是完全可以信赖的，每个人都具有理解和解决自己问题的潜能；心理咨询师只需要提供一种开放接纳的咨询情境，求助者自然可以通过与生俱来的机体智慧，来引导自己走向自我实现。

2. 心理失调和心理治疗的实质

以人为中心疗法认为，心理失调的实质是自我概念与经验之间的不协调；

心理治疗的实质则是重建个体在自我概念与经验之间的和谐，或者说是达到个体人格的重建（图 3-2）。

打个比方：一棵树是有机体智慧的，那就是，为了吸收到更多阳光、空气的滋养，它必须努力向上生长——这是它的准确经验。可园艺师对它说：为了使你更具观赏价值，我必须把你的枝条拉成各种 S 状，否则你将分文不值！这棵树相信了园艺师的话——此即"价值条件化"，于是接受被拉扯出各种弯曲造型，并说服自己这才是做最好"自我"的方式……

人本主义心理学认为，自我概念与经验之间出现不一致、不协调，是导致心理失调的实质。

树的自我概念与经验之间出现了不协调，必然会导致树的"心理失调"，使其天天生活在焦虑、郁闷和纠结中……

▲ 图 3-2 一棵树的"心理失调"

3. 咨询师的三个立场

以人为中心疗法从根本上来讲是一种以关系为导向的方法。以人为中心疗法反对把咨询过程技术化。罗杰斯认为，咨询关系是求助者发生积极改变的充分必要条件，除此之外没有其他必需条件。咨询关系是咨询过程的开始，是咨询中的主要事件，也是咨询关系的结束。所以说，以人为中心疗法其实是一种"没有技术的技术"和"没有方法的方法"。使得咨询关系具有帮助力量的，是咨询师的三个立场（或称三种态度或者三项技术），即共情（设身处地的理解）、无条件积极关注、真诚一致（坦诚交流）。

4. 以人为中心疗法的实施过程

关于以人为中心疗法的实施过程，罗杰斯提出了 12 个步骤，同时强调这些步骤是浑然一体的，不能截然分开。

（1）求助者主动求助。这是一个重要的前提。如果求助者没有改变自己的需要，咨询很难成功。

（2）咨询师说明情况。咨询师向求助者说明，对于他所提出的问题，这里并无解决的答案；咨询师只是提供一个场所或氛围，帮助求助者自己找到答案或是解决问题。

（3）鼓励求助者自由表达情感。不管求助者表达出什么样的情感，咨询师必须以友好、诚恳、接纳的态度，促进求助者的自由表达。

（4）咨询师要能够接受、认识、澄清对方的消极情感。这是很困难也很微妙的一步。咨询师接受了对方的这种信息后必须对此有所反应，但反应应深入求助者内心，特别注意发现对方暗含的情感，如矛盾、敌意或不适应的情感。咨询师应以接受的态度加以处理，努力营造出一种气氛，使求助者认识到这些消极情感也是自身的一部分。咨询师可以对这些情感加以澄清而不是解释，目的是使求助者自己对此有更清楚的认识。

（5）求助者成长的萌动。当求助者充分暴露其消极情感之后，模糊的、试探性的、积极的情感便不断萌生出来，成长由此开始。

（6）咨询师接受和认识求助者的积极情感。咨询师不加评价地接受求助者的积极情感，让求助者了解自己，使其无须为消极情感而防御，也无须为积极情感而自傲。这样，就能促进求助者自然达到领悟与自我了解的地步。

（7）求助者开始接受真实的自我。由于咨询师对求助者采取了接受和理解的态度，求助者便能有机会重新认识自我，并接受真实的自我，这为其进一步在新的水平上达到心理的整合奠定了基础。

（8）帮助求助者澄清可能的决定及应采取的行动。新的整合意味着新决定与新行为的产生。咨询师要协助求助者澄清其可能做出的选择。对于求助者此时常因恐惧与缺乏勇气而不敢做出决定应有足够的认识。此时，咨询师不能勉强对方或给予劝告。

（9）效果的产生。领悟导致某种积极的、尝试性的行动，此时疗效就产生了。由于是求助者自己达到了领悟，对问题有了新的认识，并且付诸行动，因此这种效果即使只是瞬间也有意义。

（10）进一步扩大效果。当求助者已有所领悟，并开始进行一些积极的尝试后，咨询工作就转向帮助求助者发展更深层次的领悟，并注意扩展其领悟的范围。

（11）求助者的全面成长。求助者不再惧怕选择，处于积极行动与成长的过程中，并有较大的信心进行自我指导。此时咨询师与求助者的关系达到顶点，求助者常常主动提出问题与咨询师共同讨论。

（12）咨询结束。求助者感到无须再寻求咨询师的协助，咨询关系就此终止。通常求助者会对占用了咨询师许多时间而表示歉意。咨询师用上述步骤中相似的方法澄清这种感情，接受和认识咨询关系即将结束的事实（兴趣阅读 3-3）。

📖 兴趣阅读 3-3

珍妮的改变过程

（卡尔·罗杰斯案例节选）

有时候，只需一次会谈就可以改变治疗师和当事人的关系，而且这一次会谈也足以说明治疗过程的许多方面。我和珍妮的那次会谈就是实例。那次只是半小时的示范演练，是在南非约翰内斯堡进行的，当时有工作坊的 600 人参加。

原来有好几位自愿做示范表演，第二天早晨在实际进行之前，我的同事单福女士告诉我，珍妮被选为当事人。

珍妮和我在台上面对面地就座，希望台下的人都能看到我们的侧影。我们俩都试试话筒，同时也矫正了一下自己的姿势。于是，我向她说，自己需要静一静，来定一定神。我又说，也希望她安静下来，她点头表示同意。我利用这短暂的机会，来忘掉技术性的东西，而关注到珍妮当时的情景，并准备开放地接纳她。

以下是这次访谈的记录，包括会谈的主题和重点，但也省略了一些重复的回答以及与主题无关的追问等。

我认为，读者可以先读访谈的全文，注意珍妮同我讲了些什么，而略过我在文内串的讲解。然后，再读一遍，除对话之外，也看看我的讲解。

卡尔：行，我准备好了。可是，我不知道你想跟我说点什么，当然，我俩都已打过招呼了，随你的便吧，无论你想谈什么，我都愿仔细聆听。

珍妮：我有两个问题。第一个，对婚姻和子女的恐惧；第二个，我对个人年龄陡增的恐惧。面对未来，真难应付，我感到诚惶诚恐！

卡尔：那就是你的两大难题。我不知道，你想先谈哪一个呢？

珍妮：好吧，还是先谈我的年龄问题。我本是开个头，你则从旁协助，我非常感激！

卡尔：那你先告诉我一下，你为什么怕老？你老了，又如何？

珍妮：我感到很恐惧呀！已经是35岁的人啰，很快就要40岁出头了！为什么这样怕，我也难以解释。左思右想，不能解脱，我好想逃之夭夭算了。

卡尔：看来，你真的怕得要命，那也够你受了。

珍妮：是的，这叫我对自己失去了信心。（卡尔：唔，唔）那是一年半以前的事，啊！两年以前的事了。那时我突然感到，老天爷，我怎么会有这种感觉呢？真是倒霉透了！

卡尔：直到一年半之前，你才有那种强烈的感受。（稍停）有没有什么特殊事故引发了你的不安呢？

我初步的回应有两个用意：首先我要她感到绝对的安全，来做自我表述；而我这方面则尽量了解她的感受，不提任何带有威胁性的问题。此外，我也没有指出任何具体方向，而且不做任何判断。我让这次访谈完全由她来掌握。

珍妮已经开始说明了她的问题，也感受到自己恐惧的真实性。她已清楚地表态，如果有任何帮助，那将来自我这方面。

珍妮：真的，我也想不起来了！啊，我妈死得很早，那年她不过50岁。（卡尔：啊，啊）她还年轻，而且在很多方面显露过才华。我想，这或许有点关系。我也不太清楚。

卡尔：你好像感到，你妈妈的早逝，你也可能不久于人世了，（稍停）人生真是苦短啊。

珍妮已开始拿安全来解释她个人的经验。她虽然还没有注意到这件事的意义，但她的下意识已带领她联想到她妈妈的早逝。

我的反应在说明，我已安然进入了她的内心世界，而且比她所描述的更深入了一层。我感受到进入了她的内心世界，已在她的答话"对呀"两字中得到了证实。如果她的答话是"并非如此"，我就会马上见风使舵，另找她回答的原意。为了理解她，我毫无个人的成见。

珍妮：回忆我妈的一生——她虽然有很多才能——但不幸她终究成了苦命人。这世界欠她太多了。我绝不想也落得她的命运，而事实上我也没有。我的生命相当丰富——有欢乐的日子，也有悲伤的岁月。我学到了很多，而且也有很多等着我去学。但是，我实际上感受的，却已是我妈曾经感受过的。

卡尔：这好像有点戏剧性啊。你可能在恐惧地想，瞧，从前在我妈身上发生的，现在也发生在我身上了！（珍妮：正是！）也许，我也会一事无成吧！

珍妮：（停了很久）你还有更多的问题要问吗？我想，那样可以帮助你来认识我更多一点。我自己不能提问了——心里七上八下，（卡尔：唔、唔）搞得我心乱如麻了。

卡尔：你心里七上八下，所以你不知从何（珍妮：说起）也不知在哪里打住。我也不知道，你是要再谈谈你和你妈妈的关系，或者谈谈你的恐惧什么的。

有时候，当事人久久不发一言可能效果很好，我安心等待看看下面的结果。

首先见到的，当事人所表示的，她心想我是权威，我是医师，她要依我行事。

从我的立场谈，我既不明白表示自己要依照一般医师的规章办事，更不想做个无知的医师。简单地讲，我不想以权威人士自居，换句话说，我要她明白我理解她心中的紊乱，但也不想做任何主动的提示。

她呢，主动地完成了我的后半句话，这已表明，我们在一起寻求答案。也就是说，我们俩已站在桌子的同一边了，并不像一般医生一样，医生坐里边，而"患者"坐外边。

珍妮：我现在是，年纪越大，越想结婚，两者之间有无关系，我都一无所知。一方面，我一想到结婚生子，就感到恐怖至极；另一方面，我又感到自己快老了。

卡尔：这是对婚姻承诺的恐惧，也是对生儿育女责任的恐惧，这些事使你的恐惧感不断增长、扩大。

珍妮：正是。其实，对承诺我并无恐惧。举例来说，对工作、对朋友，对所做的事情，我都一无所惧，只有对婚姻，我真怕得（要死）！

卡尔：因此，不能说你是个不负责的人，（珍妮：当然不是！）你对工作负责，你对朋友负责。只是对婚姻这件事，你怕得要死。

一段长时间的无言导致了珍妮对婚姻的恐惧的自述。

当事人不断地对自己感受的对象加以分析、加以区别……连当事人对自己的经验和与此经验的关系也加以分析了。在这里，珍妮很明显地承认了我的主张——她不是对一切事情不负责任，只是，对某种特定的事情怕负责任而已。

到此为止，在有关追寻认识自己这件事上，我们绝对地成了伙伴，因此我们的讲述才显得彼此互通。

珍妮:（在久久无言之后）你要往下讲吗？

卡尔：但愿我能帮你从千头万绪之中理出一点头绪来那就太好了。

珍妮：唔！（稍停）我现在真的无法想起来了，否则，我就能开出一张清单来（稍停）。我的问题可能是——对艺术有所爱好，是吗？或者，我对音乐和跳舞有所偏爱。也许我想将自己的余生投入音乐和跳舞哩！只可惜，今天的社会不让我这样做，我得符合社会的要求嘛！这并非说我有什么后悔，只是说，我若有所失，因为我真的想做点什么，只是不知道怎样去做！这是否与我刚才要表达的有关？是的，我已经老了！总是绕着圈子走，总是想走回头路。

卡尔：所以说，你在告诉我，本来你也有个人生的目标，你也真想做些自己想做的事情——（珍妮：唉，是呀）你想献身于音乐和跳舞，只可惜社会阻碍了你那样做。本来嘛，你只想将自己整个地投入，全心全意地致力于音乐世界。

珍妮：正是如此！

在珍妮探索自我的过程中，她将自己的责任推到我身上来，我并未接受，只真实地表白了我的感受而已。

此后，她再接再厉，挑起了当事人在访谈中的主动性，那段久久的无言导致了她对婚姻观的看法，这个表述又导致了她对自我形象的肯定。她对自己还不能完全信任，但对爱好艺术这件事，她显得非常肯定而积极。

我的回应让她注意到自己的目标，而且加以正面的对待。我给当事人高举一面镜子，让她照见了自己。

经治疗程序来看，珍妮清楚地察觉到她以前没有察觉到的一些感觉，可以说她已经豁然开朗了。

珍妮：一年半以来，我所经历的都显得奇奇怪怪，然而整个情况又显得生机勃勃。有人告诉我，年纪大了，人就变得更有耐性，对别人也能容忍。其实，我对这个世界也一无所求，但在最近我感到自己出了问题，可是又不知道怎样去应付这些问题。

卡尔：你是说，一年半以来，事事都不如人意，而你又不知怎样适应——不但时刻如此，而且事事如此。（珍妮：是啊！）但是，你又感到生命的活力，你又觉得生命的意义。因此，在你内心深处，你又不免自问："我将何去何从呢？"

珍妮：卡尔博士，我能提一个问题吗？在婚姻和年龄之间有没有相关性？

卡尔：有呀！在我看来，你将这两个问题放在一起来谈，你对这两件事都有恐惧感，你对婚姻和生儿育女都感到恐惧，这个恐惧几乎变成了一个包袱。此外，你又说，你知道自己梦寐以求的承诺，却无法实现这个承诺。

珍妮对自己所遭遇的人生问题，既感无奈，又感无助。因此，她顺着一般人的模式，想在权威人士那里找到答案。

在对话中，她将两个不同的案情放在一起讨论；我呢，只点出了她个人的感受及其意义，并没有明确地给予答案。我认为，最好的答案应该由当事人自己找到，而珍妮所讲的正是她所求的答案。

珍妮：咳，承诺，并不是什么奉献，它绝对同奉献无关。我只是怕被暗算而已。其实，我现在就被自己的年龄暗算了。

卡尔：你感到被暗算了，被自己的年龄暗算，又被对婚姻的恐惧暗算，（稍停）因此感到人生没有希望的无奈。

有趣的是，她一直在寻找用恰当的词表述自己的心境。她先后用了"恐惧""惶恐""富有活力的感觉"，现在又用了"暗算"。这些词无非是当事人用来描述她自己感受到的更为切合实际的心境。

我现在感到在她内心世界里更能行走自如了。纵然她还没有完全掌握用词的技巧，我仍然相当满意了。

珍妮：是的，（稍停）我还是继续讲吧。（卡尔：好）你可知道，这些事我放在心里好久了。（稍停）我总不能跑到办公室里，公开地向别人说："救救我吧，我今年已经35岁了！我干些什么才好呢？"我又不是那种人嘛！其实，只要我高兴，穿一件短衣，梳两条辫子，那又有何不可。我所顾虑的是怕被暗算了。

卡尔：你现有的恐惧并不能阻挡在世间的任何行动。你的生活也毫无问题。然而，你的内心仍感到恐惧，你怕被人暗算了，这才是你真正的恐惧，而且是来自多方面的。

这里我有所失误。这时她已感受自己所经历的同外界所给予的并不一致，我对此没有做出反应。另一个疏失，我忽略了当事人所提到的一些小事，诸如短裙子小辫子之类，都具有一些积极意义。然而，失之东隅，收之桑榆，机会还会再来，且看下面分解。

珍妮：人们对我说，"珍妮，你还是年轻不减，春风得意嘛"，他们却看不见我内心的感受！

卡尔：不错，外人看见的是你的年华，是你的风采，他们没有看到你的内心，珍妮的内心世界却大不相同！

珍妮：（久久无言——然后耳语）你要让我讲点别的什么？（卡尔和听众都发出笑声）我紧张得要命，好像走进了地狱！

卡尔：你有的是时间，别瞎紧张，因为我感到已经同那个受惊的小姑娘珍妮很熟悉了。

珍妮：你是说，我讲的越多，就越能帮助你了解我，对吗？

卡尔：是的，你会通过我更了解你自己。

珍妮：这也许彼此相关，而且可能对你有帮助。从前，我也曾做过业余的戏剧演员，我最爱扮演的是顽皮的小姑娘。儿时我想摆脱什么人或什么事，我就想扮演一下顽皮的小姑娘。

卡尔：演这个角色，你很在行！（珍妮笑了）在许多场合你都爱扮演这个角色！（珍妮：它管用嘛！）它很管用。那个顽皮的小丫头能从任何情况中摆脱出来。你还说，你想帮助我。其实，我们所做的倒是想帮助你。（珍妮：多谢你）（稍停）因为——我觉得，你所讲的东西，对我一点好处也没有。倒是，你告诉我们的那些事可能教你更能了解你自己，更能认识你自己。

在这里，珍妮对她的"关系论"做了最明确的说明，她丢给我有关她的许多资讯，希望我用来帮助她。我却希望改变她的做法，让她自己负责，但效果并不明确。我想，她并未了解我说话的用意，因此她才说了"谢谢你"，因为她仍旧希望我做个主动的助手。

那个顽皮的小姑娘对解决她的问题有没有什么意义，我不知道。但是，我深信不疑，她的无意识之心会起到作用，从而引导我们找到她恐惧的根源。

珍妮：这个问题，我也同一位有过这类经验的人讨论过。她对戏剧影响个人的事情知道得不少，她自己也曾有过这类感受。她说："你要了解，说来也很奇怪，我自己就是这样过来的人，不但需要时间，而且需要一两个朋友的支持。"我想最重要的是，（稍停）你所联系的人，一定要能够信任，一定要具有信心，而且他也有时间来帮助你。这样的人，也实在难找。

卡尔：你所要找的，就是一个真正有能力帮助你摆脱困境的人，这样你能同他一直走过这段痛苦的日子。

珍妮：唔，这段被暗算的日子。（哭）是的，我实在不知道怎样应付，真的不知道。

卡尔：你感到，这真的不容易承担。

珍妮：也罢，这已是我日常生活的一部分了。从清早起来，到晚间上床，都没有变化。当然，我也不会向大家公开这些事，我想不要增加别人的过分反应。如果真能找到一位与你同舟共济的伙伴，听听你是怎样走过来的，那算是件重要的事情呢。

卡尔：所以，你真的在找一个人，一个你需要的人，一个你向往的人，一个你信赖的人。

她所描绘的类型，既能折中，又能理解；既能关爱，又能信任。这就是人人都渴望的，也是治疗型的典范。它说明了另一个基本信念："当事人的选择最好。"

珍妮：我也自己来试试看，可是感到力不从心。（卡尔：对的。）如果有个人能推我一把且对我说："我知道你，你一定能，你会做到，而且你已经开始做了。"那就是——

卡尔：那就是真的帮助。

珍妮：只有一个人能相信我。

卡尔：那个人会向你说，"不错，你能做到——你真的不错，你会干得很好。"可是，这些话你自己又说不出口。

珍妮：说不出来。我也试过，想更积极一点，甚至想自嘲一番。可是，我又怕得要死。我只是向后退，不敢往前冲！（久久无言）我想将它推到一边，我想将它冲洗干净，我想将它全擦掉，我甚至不要再去想它，连这一点，我也无法办到。（稍停）用比喻来讲，我恍惚走进了黑暗，而且是从光明里走进了黑暗。（卡尔：啊！）你可理解了我的意思？（卡尔：是的，我理解的！）为什么？我又开始恐惧了。

卡尔：风险很大嘛，从光明世界堕入黑暗之乡，堕入不可知之乡。（珍妮：还真是。）这样的情境，真是吓人。

珍妮：我已经无话想说了，当然除了我怎样克服它之外。有时候，我又觉得这是个非常孤独的问题。我也知道，别人也碰到过这种问题。但也有人未曾遇到过。他们也许会想：大惊小怪，那有什么了不起？有时候，我也异想天开地自嘲：何不在报纸上登一则广告。很难说，（自嘲）你会收到怎样的回应？（稍停）说穿了，也不过是个笑话，我不过想逗人一笑而已。

卡尔：可是，你最大的愿望不是找个知心人吗？希望他从天而降，能坚定你的信心，并能帮助你脱离苦海。

珍妮：对呀，我虽然也做祷告——我对宗教也有自己的感受——我一直相信精神的发展，也许这就是我的屏障，我也不清楚，当然，这是我心中的一个结，也是我心理发展的一部分。可是我觉得这还不够，我必须有个真实的接触，（稍停）一个同我直接交往的人。

经过这段交谈，她感觉到无助感的深层面，她根本没有应付恐惧的能力，她想建立另一个关系的渴望，她深信援助必须来自外在。她强作欢笑，只是用来隐藏自己的痛苦。

心连心地，我伴着她走了这一段崎岖的路。她用了光明进入黑暗的比喻，我也给了她一点启发的曙光。我下面的话就说明了其中的道理。

卡尔：一个你能直接交往的人，我猜想——这也有点莫名其妙的意思——但我仍要说，在你那些朋友之中，也可能包括那个调皮捣蛋的小姑娘，当然我不知道，这对你有没有任何意义。我倒是想，那个蹦蹦跳跳的顽皮小姑娘若能伴随你一起从光明走入黑暗——啊，这种想法可能对你毫无意义。

珍妮：有些莫名其妙，你能否替我解释清楚一点？

卡尔：很简单，或许你最好的朋友就是你自己，她隐藏在你的心底，她就是那个怕得要死的小姑娘，她就是那个顽皮捣蛋的小姑娘，她就是那个隐藏不露的真你！

珍妮：（稍停）老实讲，我必须承认你所讲的。回想起来，我已经失去这个顽皮的小姑娘很久很久了！事实上，过去一年半之中，那个顽皮小姑娘已经无影无踪了。

这是一种直觉反应，我学会了怎样信赖。在我内心形成了一种自然的表达，它教我非那样说不可。我教它自然而然地升阶，从她的无言以对，到她的不知所措，我都认为，可能毫不相干，甚至毫无可助。但是，从她的回应显示，我的直觉已经触及她的内心深处。

我非常看重这一类的直觉反应。它并不经常出现（在录音带里出现，这还是第一次），但它在治疗过程中会起到提升的作用。在直觉的那一刻，我大概至少进入了另类意识状态，已经走进了当事人的内心世界，而且已经完全体察了那个世界的局面。我的无意识智慧接掌了一切。这时，我所知道的比我在常态心理所知道得更多。这时，我的回应不必由我思考，一切都自然浮现，都是我无意识对当事人内心世界的体会。

卡尔：已经无影无踪了！哈，哈，哈哈（笑声），我错得也不算离谱呀。也许，你不妨找找她看（笑声）！

珍妮：你要不要她的电话号码（笑声）？

卡尔：要呀！（笑声）我猜想，她一定很开心，不再害怕什么了。她显得比较活泼（笑声）。

珍妮：你说，虽然我老了，还可能做个淘气的姑娘？

卡尔：那，我也不知道。——我今年不过80岁，我自认还是一个淘气的男娃娃（哄堂大笑，有人拍手）。

珍妮：（也笑了）我不做任何评论！（稍停）那会教我改变自己的婚姻观吗？

卡尔：我认为，这是你扪心自问的一个好题目，很有意思。你认为，如果你成了更好的朋友来对待你内心的那个小姑娘，这样你对结婚的压力会相对减轻？她和你已经一年半不见了，我感到很难过，我真的很难过。

珍妮：你讲得好准呀！真是一针见血，还有——

很显然，我们之间的关系已变得轻松愉快了，我们的追求是结伴同行的。我们面对的是严肃的事，我们所存的是愉快的心。我们的关系既开放又信任了。

珍妮已经认识到，她一直在谈论自己的一个重要部分，那就是她自己，而这是一件非常重要的事实。

我对自己的回应也感到满意。这些回应都自然，而且轻松，但在内容方面却又十分严肃。

卡尔：哦，抱歉，再过几分钟，我们的对谈就要结束了。

珍妮：行！我的时间表总是快了15分钟，因为我总迟到（笑声）。

卡尔：你也老了15分钟（大笑）？

珍妮：（笑着看表）等我来看看，10点差——

卡尔：好，就此结束吧，行吗？

珍妮：行！你对我帮助太大了！非常非常感谢你！

结束未免显得突然了一点，可是时间已到，我们只能草草收场。她能处之泰然，而且谈笑自如，这表明她已经不是垂头丧气了。此外，正好时间已到，访谈必须停止。

总结访谈的特色

这次访谈有许多特色，既属于我们以人为中心的心理治疗范围，也属于任何其他服务行业的领域。因此，我在这里做一个总结。

（1）凡是从她经验中找到的任何感受、任何想法、任何方向的改变，任何行为的意义，我们都要不做任何判断的接纳。我认为，这种接纳是全面的，但也有例外，值得大家注意。她对我表示依赖，她想依靠我的权威来替她找答案，我接纳了她的愿望。请注意，我所接纳的是她依赖我的愿望，这并非表示，我会依着她的愿望来处理问题。由于我知道自己的立场，我就更容易接纳她对我的依靠。我也知道，我不会成为她的权威偶像，虽然在她心目中是这样看待我的。

在其一点上，我的接纳并不完整。实际上，她曾说："我要多讲一点来协助你完成你的工作。"为了完全接纳她与我之间的关系，我原想改变一下她对我的印象，但是徒劳无功。我曾向她说："我们要做的是帮助你，而不是让你来帮助我。"对此，她毫无理会，也没有造成任何伤害。

（2）深深地了解她的感受，体会她的意念，而且向她提供自我表述的机会。我已成功地进到了她的内心深处，她已逐渐表露了内心的隐情，我们之间已能直来直去了。

这种敏感的神入让我钻进了她久已丢失了的那个部分，教她接触，这种富有神秘感的互通心曲，正是彼此神交的另类意识心态。

（3）在寻找她自己时有一种伙伴同行的感觉。我相信，当事人都有自知之明，我不想做她的向导，即便在那段痛苦的崎岖之路，我也仅仅是个与之同行的伙伴（当然，她的自知之明隐藏在她的心底，但确实是存在的）。在理解上，我既不敢超前，也不能落后太远，否则她会感到孤独害怕。因此，有时候我故意走慢一步，有时候我又超前一步，以让我的直觉给她一些指引。

（4）信赖"生命体的智慧"会带领我们接近她问题的焦点。在整个访谈中，我一直存着完全的信赖去面对让她沮丧的焦点。虽然我是个很精明的临床心理医师，我也难以想到，多少年之前，她母亲的早逝，她对艺术的爱好，竟同她解决内心的恐惧息息相关。由于具有这个信赖之心，她的生命体，或者说她的无意识之心——随便你怎么称呼它——竟能带领她接近了解问题的关键。

因此，作为一名心理治疗师，我要求自己的当事人尽可能地按照自己的行径，按照自己的步骤，去解决自己的困难。

（5）要完完全全地帮助当事人体验到她的感觉。最好的例子就是她相当完全地体会到自己的"无助"和自己感受到"暗算"。一旦这种强烈的痛苦感受在其深度和广度都达到极点，当事人就会设法点破。在其改变的过程中，这是很重要的一部分。

值得注意的是，当她颇具信心地说"你真是一针见血"这句话时，当事人必定感觉到一种什么力量帮助了她，但她又无法用言语表达出来。没关系，感觉到了就行，治疗师是不会在意的（当然在这个案例中，她却亲自在第二天表明了）。

将这些特色指点出来，其用意在于告诉大家，以当事人为中心的治疗法能够导致一种微妙的过程，它具有一种生命体的活力。如果要求这种过程发生预期的效果，治疗师必须心存理解、为人关爱，这是非常重要的条件。当然，最关键事项之发生，还在于当事人的感受和经验。

珍妮的结局

访谈之后，她向在场的观众讲述了自己的经验。珍妮说："我真的感到奇怪，一方面我很紧张，另一方面我又感到很刺激。我想，我已找到了答案，感谢卡尔博士。"如果没有第二天的交谈，这些话就可能当成客气话来看了。

第二天早晨，珍妮来看我。她说，昨天有关那个顽皮小姑娘的讨论让她做了进一步的反思和探索。她承认，那个顽皮的小姑娘失踪了，连她其他部分的自我也在那1年半之中不见了。"我得承认，为了解这个完整的人生，你必须找回我失落的那些部分。"她又说，对个人来说，这次访谈所给予的是一次"脱胎换骨，震撼灵魂"的经验。访谈启动了她的心灵之旅，她仍旧继续着她人生的旅程。

5. 以人为中心疗法的效果机制和主要贡献

以人为中心疗法的效果得到广泛的承认和接纳。其有效机制主要表现在：第一，能使求助者把责任从别人身上转移到自己身上；第二，在咨询设置中重现某种情境下自己的情感涌动，重新审视自己的问题，从而形成整合的理智和情感；第三，接受以前被忽视的自我，更加信任自己；第四，总体提高自我关怀、自我指导水平；第五，咨询师对求助者的尊重以及特有的开放接纳环境，容易被求助者接受，咨询效果也就比较明显。

以人为中心疗法从理论到方法都开创了一个全新的模式。第一，该疗法十分强调咨询关系的重要性，咨询师对求助者的共情、尊重、真诚，已经成为各种现代心理咨询和治疗的基本原理和技术。第二，相信和重视发挥求助者的主观能动性，尊重求助者自身的智慧和动机。咨询总的目标就是共享经历，获取自我信任，发展内部自我评价资源，促进求助者自我成长。第三，强调咨询师的人格和态度的作用，而不是方法技巧的作用。该疗法一个显著的优点是，没有严格的步骤和方法技术的限制，咨询方式灵活。这对咨询师形成自己的咨询思想和促进求助者发生积极的变化，有着明显的积极意义。第四，倡导对心理咨询过程和结果的科学研究。第五，为心理学家和其他非医学研究人员从事心理治疗工作铺平了道路。需要指出的是，看似简单的以人为中心疗法，对咨询师的素养要求其实十分严格，甚至让许多人望而却步。掌握以人为中心疗法的基本原理，应当成为当代心理咨询师素质培养的基础内容。

以人为中心疗法影响广泛，不仅给心理咨询与治疗带来一场革命，而且深刻影响了医疗、教育、企业、司法等社会生活领域。从开始的个体咨询，到团体咨询、组织发展、人际冲突，乃至国际事务的处理，其应用范围逐渐扩大。

二、完形疗法

在罗杰斯创立以人为中心疗法的同时，皮尔斯[①]同样以人本主义理论为基础，并兼采各种心理理论，创立了完形疗法（格式塔[②]疗法）。

1. 完形疗法的主要观点

（1）完形。完形理论最基本的观点是"完形"，即强调用整体观点看人、物或事。该理论强烈反对把人的功能进行元素分解的做法，指出每一个人都期望过上一种整合的、高效率的生活，人们总是努力将其各部分协调、整合成一个健康的、有机的整体。完形疗法的目标就是促使求助者达到情绪、认知和行为方面的整合。

（2）人性观。皮尔斯提出个体的人格分成两部分：胜利者和失败者。前者很正义，很具权威也很完美，以"应该""必须"等观念来对个体进行操纵与摆布；而后者以"我想""我希望"等表达个体的内在愿望。由于胜利者和失败者都在不断挣扎，夺取控制权，这内在的矛盾与冲突，便对人造成一种持续不断的折磨。因此，完形疗法即是要协助当事人，自觉这两个不协调部分的存在，寻求解决方法，将内在分裂情况改善，以求达到身心统整为一。治疗的目的并不在分析，而是在于整合一个人不时存在的内在冲突，重新拥有个人曾经否定的部分。完形疗法假设个人能有效地处理生活上所发生的问题，特别是能够完全察觉发生在自己周围的事情，所以强调接纳原有的、真实的自己，不去被自己或他人的合理化、期待、判断、曲解所操纵，而以自己所想的、所要的、所感觉的为基础表现自我。

（3）自我觉察。完形疗法关注的核心是人的意识。意识即觉察。完形疗法认为个体有自我调整的功能，个体若能充分觉察，必然改变。自我觉察是指去发现某些事情，让个体接触到或感觉到自己正在做什么，感觉到自己的思考、动作、身体姿势等。借着觉察，个体发现真实的自我，重新整合自己。个体觉察的愈多，可做的选择也愈多，当选择以后，就必须为自己的选择负

[①]　弗雷德里克·S. 皮尔斯（Friedrich S. Perls，1893—1970），德国心理学家，完形疗法（格式塔疗法）的创始人。

[②]　"格式塔"是德文 Gestalt 一词的音译，意思为"形式""形状"，在心理学中这个词表示的是任何一种被分离的整体。格式塔也被译为完形心理学。

责任。觉察不同于内省，内省是有目的性及评价性的，而觉察只是去观察、注意而不评价。觉察应包括三个范畴：对自我的觉察、对环境的觉察、对自我与环境互动间的觉察。

（4）此时此刻。依皮尔斯之见，除了此时此刻，没有东西是存在的。完形疗法的主要理念之一就是：强调此时此刻，强调充分学习、认识、感受现在这一刻，留恋过去就是在逃避体验现在。为了有效帮助当事人接触现在，完形治疗者常会以现在式的问句问什么（what）和如何（how）的问题，而很少问为什么（why）的问题。完形疗法认为问为什么只会引导当事人去编造合理化的解释及自我欺骗，将导致当事人不停地、顽固地去思索过去，而使他们脱离了此时此刻的体验。然而，完形疗法并非不重视过去，当过去与一个人现在的重要课题有关时，过去就是重要的。当当事人谈及他们的过去时，咨询师将要求他们借着重演过去将想象带到此地，不要只是谈论那些情感，而要求当事人在此时此刻再次体验过去所体验过的情感，通过想象的历程，再度体验当初受到的伤害，进而释放该伤害。

（5）未完成事件。完形疗法的另一个重要焦点是未完成事件。它是指未被表达出来的情感，包括：悔恨、愤怒、怨恨、痛苦、焦虑、悲伤、罪恶、遗弃感等。由于这些情感在知觉领域里并没有被充分体验，因此就在潜意识中徘徊，而在不知不觉中被带入现实生活里，从而妨碍了自己与他人间的有效接触。未完成事件即精神分析所说的情结。未完成事件常会持续存在着，直至个人勇于面对并处理这些未表达的情感为止。根据皮尔斯的观察，悔恨是未完成事件中最常见、最恶劣的一种。依照他的看法，当人们悔恨时就把自己给困住了，既不愿让悔恨轻易了结，也不能做坦诚的沟通，除非把悔恨发泄出来。因此，皮尔斯主张把悔恨表露出来是必需的，未表露出来的悔恨经常会转变成罪恶感。换句话说：无论何时，当你有罪恶感时，就去找出悔恨的原因，并把它表达出来，简化原来纷乱的要求，问题自可迎刃而解。

（6）焦点与背景。完形心理学认为个体是通过"形象"（焦点）与"背景"的原则，了解其所处的环境。形成完形就是形成背景与形象的意思，无法形成完形，即形象（兴趣的焦点）与背景（忽视的部分）无法确定的人。固执的人就是一旦形成形象与背景，再也无法看出其他形象与背景的人。人的成长，主要是在达成自我实现的过程中，满足一些动机及需求。需求的出现，成为整个人环境的焦点，个人环境即为背景。一旦需求满足，形象便退回背景，而新的需求出现时，另一个形象又会产生。有了这样的概念，就可以了解当我们遭遇困难时，困难本身就是形象，如果我们只注意困难，而忽略了周围的个人和环境资源，很可能我们会理不清这个困难所隐含的意义，也很可能因此而身陷其中，夹杂不清，始终找不出解决之道。所以皮尔斯建议，凡事应从较宽广的角度去知觉、去思考，才能明白问题的意义，才会获得满足。而人的一生成长不外是形成完形之后又破坏它，破坏之后又形成它的不断形成完形的过程。其中有些完形深深印在脑海里，无法忘记，就很难形成新的完形。

2. 完形疗法的常用技术

完形疗法的技术在于帮助当事人获得更敏锐的察觉力、体验内在的冲突、解决不一致性和两极化的问题、突破构成阻碍的僵局，以解决未完成事件。在个体和团体心理咨询中，常用到的完形治疗技术包括：

（1）聚焦和保持（感觉留置）技术。关注重要感觉、意识、情绪情感的方法。当求助者某种感觉、意识、情绪情感涌现出来的时候，要求当事人集中关注并有意保持这种体验，以促进自我觉察。咨询师常常这样问："你现在正体验（感觉、意识）到什么？""保持这种感觉一段时间，看看你会意识到什么？"或者直接发问："你有什么感觉（体验）？""你认为如何？"

咨询师在求助者出现情感或情绪不愉快而想逃避的关键时刻，要求其保持着这样的感觉，鼓励他们趁机去深入探讨这些感觉背后被压抑或者被忽视了的东西。要去面对、体验这些不愉快的感觉，不仅只需要勇气，同时也要愿意忍受去除障碍时可能遭遇的痛苦。但经历这些之后，却能使人有新的成长。

（2）空椅子技术。要求当事人同时扮演生活事件中的不同角色进行互动。此技术运用两张椅子，要求当事人轮番以不同角色坐在这两把椅子上，比如，可以在其中一张椅子上扮演父母（或其他角色），在另一张椅子上扮演自己（或其他角色），然后求助者分别以这两个角色的身份不断进行对话和交流。

（3）绕圈子技术。此项完形治疗技术要求团体中的某位成员走到团队中其他成员面前，向对方说话或做某些事，目的就是要去达成面质、冒险、表达自我、试验新行为模式、促进成长及改变。

当治疗者觉得某位参与者的问题有必要使其面对团体中的每一成员时，

不妨用此技术。例如，某位成员可能说道："我已经在这里坐了好久，想参与，但又不敢，因为对这里的人无法信赖，而且我认为不值得因我而占用团体的时间。"这时团队带领者或可问他："你是否愿意现在就做一点事，以使自己更为投入，并去获得自信和别人的信任吗？"如果他回答得很肯定，那么治疗者就可建议："现在，到处去转一圈，然后到每个人的面前说：我不信任你，因为……"

（4）"我负责……"。咨询师要求求助者在每次陈述之后加上"我会为它负责"。例如"我觉得无聊，但我会为我的无聊负责"。此种技术的进行可有效拓展个人的感觉领域，同时帮助个人接纳和认识自身的情感。这项技术看似机械化，但却颇具意义。

（5）预演练习。就皮尔斯的看法，我们内心的许多想法其实都在预演中。我们常在想象世界里预演我们在现实社会中所期望扮演的角色。而当实际表演开始时，因为怕自己演不好，恐惧与焦虑便袭涌而至。由于内在的预演消耗了我们太多的精力，因此抑制了我们的主动性，也阻碍了我们去尝试新行为模式的意愿。

借助团体成员相互帮助的治疗方式，并彼此分享预演的情境，更能使当事人觉察自己内心预演的各种社会角色的行为模式，同时也更能察觉他人对自己的期望并设法去达成，或者借此察觉到自己希望被他人赞美、接纳和喜欢的程度与范围。

（6）夸张练习。要求求助者故意重复、夸大某种情感、行为等的表达方式（如动作、手势等），以使求助者更能敏锐地觉察自己的身体语言所传递的微弱信号或线索，使内在隐藏的意义更清楚地表现出来。

完形治疗的目的之一，就是要使当事人更能敏锐地察觉自己身体语言所传递的微弱信号或线索。虽然动作和姿势都能够借之传递信息，但所表达的也许并不很完全。若能要求当事人重复地夸张其欲表达的动作或手势，将可使与该行为有关的情感强化，进而使其内在隐藏的意义更清楚地表现出来。

有一些行为、动作颇适合运用此项夸张技术。诸如：表达痛苦或一些愤怒情感的动作，如抖动、弯腰、缩肩、握拳、皱眉、苦瓜脸、双手盘胸等动作，而当时却面带不一致的微笑。以抖动为例，如果当事人告诉治疗者他的腿在抖动时，咨询师可能会要求当事人站起来，更夸张地抖动双腿，然后对此动作做出说明。

夸张练习也可应用在语言行为中。如治疗者可教当事人重复说出他想掩饰的话，且愈重复愈大声，如此常能使当事人真的开始倾听自己真正的心声。

（7）躯体技术。帮助求助者意识到身体在承受情绪、意识时的功能和感受。求助者常常被要求用语言描述负性情感，同时注意觉察这些情感相应带来的某些躯体部位的感受。

（8）梦境重现。完形技术并不主张去解析梦境，而是要把梦境带至现实生活中使之重现。此时梦已不被当作是过去的事，而是要在现在表现出来。做梦的人或许正是梦境中的一部分。对于梦境的处理方式是：展现梦境，回忆梦境里的每个人、事、物及心情，然后将自己变成梦中的各个角色，尽量去表现梦境，并引出对话。由于梦中的每个人物和情节都假设是自我投射，所以做梦人为梦中各个角色及短暂际遇编造出的剧本，就是自己的内心矛盾和冲突的表现。通过这些相互对立层面间的对话，当事人就能逐渐察觉到自己内心的情感世界。

投射观念是皮尔斯梦境理论的核心。在他看来，梦里的每个人、物都代表做梦者投射的对象。他认为当事人不需要去对梦境做探索，而是要把梦当作一个剧本，然后以梦里各部分间的对话来做体验。当事人若能表演出内在对立的冲突面，也就能吸收和整合这些对立的力量。皮尔斯同时也认为，梦是人类最自发性的表现，它不仅代表着未完成的事件，也可能远超这些未完成的事务或未实现的愿望。其实每个梦都代表着一个人存在的信息和内心的挣扎，如果梦境的全部内容都能被了解与同化，则梦里的每件事物都会很容易地被察觉。在梦境重现中借由显露出的遗漏、逃避的内容及方式，最能发现人格的缺失。

（9）反转技术。当事人的某些症状和言行，常是其潜在动机及行动的反转表现。因此，在心理咨询中，咨询师可要求那些因过分胆怯而退缩的人，试着故意在别人面前扮演一个爱表现的人。有位求助者，她除了糖衣食物外对其他食物都感到厌恶，咨询师则要求她把过去的典型饮食习性"反转"，尽量表现得与过去习惯相反。她这样做之后，很快就找到了自己喜欢的不同口味，也借此方式认识和接纳了她的"消极面"与"积极面"。

（10）投射技术。投射一般是指一个人将一些自认为自身存在的，但自己又不愿承认、无法接受的动机、情感、性格特质等，投射到别人身上或外部世界去的现象（兴趣阅读1-4）。一个人往往会花费很多精力去否定自己的某些动机或情感，并把这些转嫁到别人身上。因此，当一个人排斥别人的某些行为的时候，常常是排斥他自己的表现。

在心理咨询中，当求助者说"我无法信任这个人"时，咨询师往往会建议他去扮演那个自己不信任的角色，借此让求助者觉察到自己的内在冲突。

（11）对话练习。咨询师尤其要注意当事人人格功能的分裂状况。人格功能主要可分成"胜利者"及"失败者"两极，因此治疗的重点也就在于这两者之间的拉锯上。通常胜利者代表了正直、权威、道德、命令、主宰及操纵，就好像是挑剔的、掌控一切的父母，总是用"应该""必须"等心态来做出要求，并且以灾难性的威胁来操纵别人。相反，失败者则是借助扮演受害者或者叛逆顽童的角色来抗衡对方，所表现出的是无能、无辜、懒散、歉疚、懦弱、被动、逃避、防卫的一面。这两者的争斗，有助于解释为什么一个人对承诺的事情总是难以执行，拖延的习性持续不改等。

完形疗法的对话技术在于帮助当事人获得更敏锐的觉察力，体验内在的人格冲突，突破自我阻碍的僵局，使一个人的人格功能获得整合，进而容纳其人格特质中被否定、被排斥的一面。

（12）咨询师的坦诚。鼓励心理咨询师坦诚表达自己的意见，用自我陈述、自我表达等方式促进咨询工作。咨询师可以与求助者分享自己的感受及所见，特别是咨询过程中不易被觉察但对求助者来说至关重要的信息。

在心理咨询领域，完形疗法、合理情绪行为疗法、以人为中心疗法，已经成为近年来颇受欢迎的心理咨询方法。完形疗法最大的优点就是突出心理咨询的整体性和多维性，鼓励求助者通过情感、意识、身体、行为等各方面表达和体验自己的内心冲突，咨询和治疗涵盖到了生理、心理和社会各个层面。这无疑对扩展心理咨询新路径有积极意义。

第三节　人本主义心理学的局限性

诚然，人本主义心理学的贡献是不可低估的，但是由于在人性的先天与后天、自然性与社会性等关系问题的理解上仍有偏差，人本主义心理学的局限与误区也是不容忽视的。

一是未摆脱自然主义人性论的羁绊。传统心理学大多都把人性归结为人的自然性或生物性。人本主义心理学反对弗洛伊德关于人性和社会相冲突的悲观看法，主张把人的本性及其与社会生活的关系作为人本主义心理学研究的主题。应当说这是有积极意义的。但是，人本主义心理学的核心理论，如动机论、价值论、人格论等，主要是对人性自然因素的研究，即力图揭示人的本性是由自然演变过程中逐渐形成的人类所特有的似本能的内在潜能所决定。

人本主义心理学的根本缺陷就在于，它不是从宏观的社会和自然系统角度去研究人的本性，而是从封闭的主体内在世界中去寻找人性的根源。人本主义心理学过分强调人性自然因素的作用，忽视宏观社会环境和社会实践在形成和发展现实人性中的决定性意义。马斯洛公开承认："我们认为我们的研究是经验的和自然主义的。"很显然，马斯洛需要层次的发展观是建立在"自然生长论"和生物主义的基础之上，外部条件和社会环境只获得某种辅助或配合作用的地位。

二是整个理论体系带有明显的主观色彩和"重情轻理"气息。一味强调人的情绪感受和主观经验的重要性，理性的作用退居到不重要的地位，这一点遭到了不少人的批评。"理想很丰满，现实很骨感。"痛苦和不完美恰恰是人生的宝贵财富。一味追求所谓的好情绪、好感受未必值得提倡，这反倒可能徒增人在现实面前的无力、无奈和失落、焦虑感，进而带来对现实的逃避。

三是只强调对自我负责和追求自我实现，忽视了对他人的责任、社会价值和社会规则的重要性以及个人与社会环境的和谐相容。这种理念反而会徒增人在现实面前的无力、无奈和失落、焦虑感，进而带来对现实的不满和逃避。人本主义自我实现论的根本缺陷就在于，只重视自我需求而罔顾社会需求，只强调自我实现而避谈社会实现，具有明显的个人本位主义倾向。

人本主义心理学家从存在主义哲学出发，崇尚自我，实现自我选择、自我设计，强调追寻个人价值。人本主义自我实现理论虽对激励人的主动性和创造潜能的发挥具有积极的意义，但他们往往把个人价值的实现置于社会价值实现的对立面上，即过分强调了"自我"而忽视了社会。个人实现与社会发展或社会实现是相辅相成、互为制约的，离开社会需要的自我实现，必然会流于空想或走入迷途。毕竟，这小我的观念实在太狭隘了，过于自我专注会带给人窒息之感，这绝不是人生的真谛，也非终极的目标。

美国著名心理学史家舒尔茨在评论人本主义心理学时曾指出：这个理论似乎是要把个体引到完全自私和自我放纵的生活状态上去。重点完全放在为自己而体验、感受和生活上，而没有把重点也相应地放在除了"我"和"我的"每一瞬间的新鲜体验之外的，对事业、目的或人的热爱、献身或义务上。他们想要每一个人都成为自我实现的、完全实现的、完美的人，而且当别人不是这样的时候，他们就不安了。其实，自我实现并不单纯在于个人的努力，还受制于许多社会条件。

由于人本主义心理学不是从人类社会发展的高度去观察人的动机与发展，因而它的动机金字塔的顶峰只能是个人的自我实现，但这不足以解释人类为真理而献身的崇高的精神与行为。晚年的马斯洛已经看到人本主义心理学的这个根本缺陷和矛盾，所以提出了超个人心理学观点，以弥补仅从个人出发追寻人的价值的动机论的不足。

四是缺乏实证性的检验和支持。本来，人本主义心理学家提出把实验（客观）范式和经验（主观）范式两者统合起来，这是一个很好的方法论构想。但是在实际研究中，大多偏重于现象学的描述和经验性的分析，停留于横向研究而缺乏纵向研究的检验，样本较小，实验较少，信度和效度不无问题，有力的实验支持显然不足。人本主义心理学家大多都崇尚存在主义和现象学，片面强调主我而忽视客我，过分强调理论假设、推演或类推而忽视实证研究，深深打上了主体思辨哲学和无根本体论印记。

应当承认，意动过程的研究要比认知过程更复杂、更难进行实验的控制和分析，这恐怕是人本主义心理学重视主观体验、整体分析和现象学方法而忽视和缺乏实验研究的一个客观方面的原因。马斯洛承认，他的需要层次理论很难获得精确的实验证实。他说："如果说这种理论从临床的、社会的、人学的角度来看颇为成功，但从实验室和实验的角度来看则不甚成功，那是一点不错的。它同大多数人的个人经验极为吻合，并向他们提供了一种清晰的理论架构，使得他们更能深入地体悟自己的内心生活。在大多数人看来，它具有一种直接的、亲身的、主观的可信性。然而，它却仍然缺乏实验的检验和证实。我尚未想出适当的办法在实验中对它进行检验。"

　　人本主义心理学的研究方法缺乏科学的严谨性，被试者缺乏客观标准，有些概念也缺乏一致性和明确的意义，这一点遭到不少人的批评。美国心理学家吉尔根（Albert Gilgen）对罗杰斯的人格与治疗理论的主要批评有：人生来具有自我实现倾向的假设未经证明；自我实现这一概念含混不清；求助者（或患者）中心疗法只适合于轻度心理失调患者；过于强调自我感觉良好，而忽视了对他人的义务等。个别人本主义心理学家甚至拒绝科学心理学，认为科学心理学的研究方法只能有利于对那些孤立的行为事件进行科学分析，而无助于理解人生。这种观点虽对发现人的整体研究不无价值，但企图抛弃一切科学研究方法则未免荒谬。美国心理学家史密斯（Brewster Smith）说得很好："我们不能为了达到'科学的'心理而牺牲人类的福利，也不能为了求得一种人本主义心理学而牺牲科学化。"

　　迄今为止，人本主义心理学不但没有很好地把实验范式和经验范式整合起来，反而由于人本主义心理学的研究对象局限于人的本性、价值、潜能、经验、创造力、自我实现以及自我超越等高层面的意动上，加之现象学研究方法的模糊性，因而人本主义心理学不能涵盖人的各个层面心理的全部研究领域，更无法成为心理学统一的研究模式。但人本主义范式不失为科学主义范式的一种重要的补充。美国心理学家查普林和克拉威克指出："马斯洛的动机结构和他的自我实现者的特征，都是比较广泛的概念，不可能经受惯例的操作实验分析。然而，大多数心理学家都会同意说，他已唤起对一系列曾被传统心理学家所忽视（甚至可以说轻视）的人类行为的注意……马斯洛的开拓研究有较深厚、较渊博的传统，足以和实验家的工作媲美，并作为后者的补充。"

第四章

后现代主义心理学派：
你的心对了，世界就对了

从 20 世纪末开始，一种新的心理学思想在世界上慢慢传播开来并受到学术界的关注，它便是后现代主义心理学。

从心理学自身发展看，以实验心理学为主体的科学心理学，在解决深层次的社会、文化、艺术等问题方面，一直显得力不从心。所以，后现代主义心理学的产生和发展，是心理学对现实挑战的回应。

后现代主义思想在一定程度上反映了商品经济从产业型向消费型过渡、从服务经济到体验经济延伸时期，人们对历史和现实的比较与反思，对科学与文明的审视，对线性因果论与传统二分法的质疑，对人生价值的重新估价。在有些人眼里，时代已背离了总体的发展模式而趋向于多样化，对依靠科学技术来促进社会文明进步的线型发展观表示怀疑；还有的人在缩短了时空距离的激烈竞争中感受到强大的社会压力，希望能在非理性的，甚至是在浩瀚而永恒的时间和空间系统乃至神秘的领域里得到解脱和慰藉，因此寄望于以人的精神和行为为研究对象的心理学，能够为摆脱上述种种矛盾提供有力的指导和帮助。正是这种矛盾和需要，导致了后现代主义心理学思想的兴起和传播。

第一节　后现代主义心理学的主要特征及思想

借鉴和吸收后现代主义哲学的研究成果，后现代主义心理学主要有以下三大特征。

一、反中心特征

后现代主义心理学的反中心特征，是通过反"主客二分"、反"人类中心主义"、反"自我中心论"的思想倾向体现出来的。

主体性问题一直在认识论中占据中心位置。后现代主义激起了一股反主体性的潮流。在后现代主义看来，主体性是时代的象征，一个已经过去的时代的遗迹。后现代主义甚至把人类思维一切错谬的根源，以及人类实践一切错误的根源皆归结为主客二分。因而，在后现代主义看来，要超越现代，就必须跨越主体，消解主客二分，消解主体性。然而，后现代主义反对主体性，并不意味着完全抛弃主体，而是反对认识论程式上的主客二分，即反对"把主体看成与独立的客观世界相对立"，认为"主体与客体不能像这样彼此分开"，提出人或主体不是独立于世界万物的实体，而是"本质上具体化的并且实际上是与世界纠缠在一起的"，人就是世界的成分。这是后现代主义反中心特征的理论前提和出发点。

反中心特征首先体现在人与自然的关系上，就是反对"人类中心主义"，主张重建人与自然的关系。后现代主义认为价值不是以人类为中心的，强调人与自然的同一——中国传统文化所倡导的"天人合一"理念。

反中心特征还体现在人与人的关系问题上，就是反对"自我中心论"，主张重建人与人之关系——中国传统文化所倡导的"仁者爱人"理念。"仁"是两个人即人与人之间关系的体现。

　　重建男人与女人的关系，是后现代主义重建人与人之间关系的另一重要方面，这反映在它对父权的超越和对女性权利的呵护。在后现代主义者看来，现代精神其实是一种单面的男性精神，要改变这种状况，必须同维护女性权利者积极合作。即使女权主义运动不是后现代世界到来的充分条件，但至少是一个必要条件。这显示出后现代主义要求超越性别，建立起一种相互尊重、积极负责的人际关系的决心。

　　对跨国救济、赈济灾害和饥荒的赞赏，以及对民族主义、军国主义、暴力事件和核武的谴责，是后现代主义重建人与人关系的又一重要体现。后现代主义者积极倡导创造心灵紧密联系的纽带，消除领土边境的限制，以建立新型的民族与民族、国家与国家之间的关系。

　　后现代主义批评现代世界观是个人主义的，人被视为皮肤包裹着的独立的自我。后现代主义立足于人类整体利益，主张摒弃个人主义，消除人我之间的对立。在后现代主义看来，"个人主义已成为社会中各种问题的根源"。要超越现代性，就要超越个人主义。后现代主义将人看作是一种关系的存在，每个人都处在与他人的关系之中，他们称之为"关系中的自我"，认为个人只有在人们的相互关系中才可被理解。后现代主义还积极倡导对他人做出贡献，认为这是人类本性的基本方面。与现代社会的个人主义视个人与他人的关系为外在的、偶然的和派生的相反，后现代主义强调人与人的内在关系，视个人与他人的关系为内在的、本质的、构成性的。

　　后现代主义心理咨询流派尤其推崇"对话"，认为"对话"是解释者与解释者的对话，是一种人际发生的过程，目的是试图推翻居于中心地位的认识主体，倡导不同观察者和认识者之间的平等交往关系，确认真正的对话总是蕴含着一种伙伴关系或合作关系，这实际上是以交往主体形式取代了中心主体形式。如梅洛·庞蒂[①]就继承胡塞尔、海德格尔的"主体间性"理论，进一步把主体交往置于语言交流中。他认为，在交谈中，每一个存在主体都不是封闭的，双方既说又听，相互理解，彼此自发地进入对方的视境，使我变成他、他变成我，并消除主体自我与主体他人之间的界限。

---

① 　莫里斯·梅洛－庞蒂（Maurice Merleau-Ponty，1908—1961），法国哲学家。

二、非理性特征

后现代主义者确信，非理性因素在人的对象性活动中是具有重要作用的——如欲望、动机能调动、激发人的能动性、创造性、积极性，强烈地影响主体对客体的实践和认识活动；积极的情感、情绪会使人精神振奋、意志坚毅，不懈地追求真理；兴趣和爱好则直接影响主体对认识、实践对象的取舍和解释；信念和信仰则是人认识和改造世界的重要精神支柱，人若没有或失去信念、信仰，也就失去了精神家园，失去了奋斗目标，失去了人的终极关怀或精神理想。

在理性与非理性的关系问题上，后现代主义极力反对理性主义，强调非理性的重要性，否认理性的作用，反对现代理论或理性，反对任何观念、范畴或结构的绝对性，极力强调"信念""游戏"的重要性；回避判断，提供"读物"而非"观察"，提供"阐释"而非"判决"，他们从不进行检验，因为检验需要"证据"，这是一个在后现代参照系内无意义的概念。

在对待理性的态度问题上，怀疑论的后现代主义者认为，现代理论假定了一个认识论意义上的实在，可是那个实际上并不存在。在他们看来，理论是隐匿的、失真的和模棱两可的。因此，他们不打算建构新理论，甚至不用"理论"这个词。他们要用诸如"某种似是而非的阐述的不期而遇的思想火花""获取幸福的权利"取代社会理论；肯定论的后现代主义者则摈弃以理论为中心，并且以"普通人的普通生活"和局部叙述取而代之。他们试图以对于日常生活的文本，对于局部知识，对于细节，对于偶然发生的事物，对于主观断言，对于个人和集团的直接经验等的某种反理论关注来取代现代理论。他们强调小范围的叙述，以团体为基础的叙述，而主张摈弃现代主义的宏大叙述。后现代哲学家们之所以反对理论或理性，是因为理论、理性同他们对于情绪、感觉、反省和直观、自主性、创造性、想象力、幻想和沉思等非理性因素的确信相冲突。

受此种倾向的影响，后现代哲学首先在真理问题上一改传统的理解，断言真理不是某种先天存在的严格形式，而是人造物；甚至认为，真理为真，并不是真理本身，而是我们的"信念"问题。这就把对真理概念的理解从理性的殿堂里清扫出门，而牢牢地附着在"信念"这一非理性的基石上。许多怀疑论的后现代思想家甚至认为真理是不可能或不存在的，有的只是游戏，语词和意义的游戏。人们写作或创作，不是像启蒙时期倡导的那样，是为了追求真理与知识，而是为了经验上的愉悦。

针对以实证主义为基础的现代心理学面临的危机和困境，社会建构心理学应运而生。

当今的建构主义心理学主张，世界是客观存在的，但是对于世界的理解和赋予的意义却是由每个人自己决定的——我们是以自己的经验为基础来建构事实，或者至少说是在解释事实。我们个人的经验世界是用我们个人的头脑创建的，由于我们的经验以及对经验的信念不同，于是我们对外部世界的理解便也迥异。心理疾病不是一种客观实在，而是社会建构的结果，心理咨询和心理治疗本身就是社会建构。因此，建构主义心理咨询将"意义"而不是"客观事实"作为治疗的焦点，重视"关系"对于意义的建构性与治疗作用，解决心理问题需要从关系入手，而不能从个体心理结构入手。

解构主义思潮创始人德里达[①]基于对语言学中的结构主义的批判，提出了"解构主义"的理论。他的核心理论是对于结构本身的反感，认为符号本身已能够反映真实，对于单独个体的研究比对于整体结构的研究更重要。

解构主义最大的特点是反中心、反权威、反二元对抗、反非黑即白的理论。解构主义就是打破现有的单元化秩序——这些秩序并不仅仅指社会秩序，除了包括既有的社会道德秩序、婚姻秩序、伦理道德规范之外，而且还包括个人意识上的秩序，比如创作习惯、接受习惯、思维习惯和人的内心较抽象的文化底蕴积淀形成的无意识的民族性格——反正是打破秩序然后再创造更为合理的秩序。

解构主义是对现代主义正统原则和标准批判地加以继承，运用现代主义的语汇，却颠倒、重构各种既有语汇之间的关系，从逻辑上否定传统的基本设计原则（美学、力学、功能），由此产生新的意义。用分解的观念，强调打

① 雅克·德里达（Jacques Derrida，1930—2004），当代法国哲学家、符号学家、文艺理论家和美学家，解构主义思潮创始人。

碎、叠加、重组，重视个体、部件本身，反对总体统一而创造出支离破碎和不确定感。

三、不确定性特征

不确定性是后现代哲学也是后现代心理学的另一个基本特征，这一特征主要表现在：一是反对普遍性或同一性，主张不确定性主体；二是否认语言意义的确定性，方法论意义模糊。

后现代哲学注重的是独一无二的事物而非一般性事物，是不可重复的事物而非反复出现的事物，拒绝任何广泛的和普遍主义的关于世界和历史的理论，也拒绝任何普遍主义的政治方案，甚至拒绝普遍主义的人类解放方案。维特根斯坦[①]就批判过语言领域里对"普遍性的渴望"，认为语言中的一般名词只表达一种"家族相似"，语言只不过是一种活动，人们的语言活动如命令、提问、请求、描述，都是在玩"语言游戏"。在理论倾向和言语表述上，他们大都对逻辑、严密性和客观性持敌视态度，混淆哲学与文学、科学逻辑与神话之间的界限，在语法上倾向于文学性、模糊性甚至反常性。在怀疑论的后现代主义者看来，言不尽意，意在言外，任何一个文本的无限数量的解释（意义）都是可能的，因为在极端的意义上，所有的文本意义，所有的解释，都是无法确定的，由于任何一个特殊符号都不具有最后的意义，任何一个文本也就都不存在前后一致的解释。所以在后现代哲学家那里，解释学立场是很不坚定的。

后现代哲学家着重从方法论或思维方式上提出一个多元论的问题，但也有许多后现代主义者认为不存在方法，不承认有他们务必遵守的程序规则，他们声明，就方法而言"怎样都行"。斯宾格勒[②]则认为文化应该开放，以打

---

① 路德维希·约瑟夫·约翰·维特根斯坦（Ludwig Josef Johann Wittgenstein，1889—1951），英籍奥地利哲学家，20世纪最有影响力的哲学家之一，其研究领域主要在数学哲学、精神哲学和语言哲学等方面，曾经师从英国著名作家、哲学家罗素。

② 奥斯瓦尔德·斯宾格勒（Oswald Spengler，1880—1936），德国历史哲学家。1904年获柏林大学博士学位，曾任中学教员，后居慕尼黑专事著述。他所著的《西方的没落》（2卷，1918—1922）一书曾风行一时。

破某一文化的稳定性，促使文化的发展。

从上述后现代主义哲学和心理学的三大特征可以看出，就像在整个后现代主义思潮中思想家们之间缺乏观点的统一一样，后现代心理学也是一个十分矛盾的，甚至可以说是一个庞杂的思想体系——在这里面，既存在着有价值的思想火花，如提倡对自然的关爱和对他人的贡献，但同时又夹杂着像全盘否认理性、反对普遍性观念等大量的不合理的东西。对此，需要我们认真深入地加以研究，像对待其他外来文化一样，既不能全盘照搬，也不能一概排斥，应本着扬弃的态度，取其精华，去其糟粕，以构建适应新时代的心理学理论和实践体系。

后现代主义心理学迄今为止尚未形成明晰的、系统的理论观点，但从一些主要倡导者的言论来看，其主要的思想可归纳为以下几点。

第一，反对机械论和实证主义，提倡经验论和相对主义。

后现代主义心理学家对大量微观的、控制条件下得到的实验资料感到厌烦，认为把客观性、重验性这些硬科学的实证原理，运用到心理学的研究中来本身就是荒谬的。有些后现代主义心理学家甚至认为主观与客观、主体与客体、精神与物质的区分是一种简单的二分法，他们反对决定论，倡导相对论，主张采用自我参照的现实性来代替客观的现实性。后现代主义心理学家认为，主流心理学运用自然科学的方法来研究心理学，使自己背上了沉重的包袱，主张心理学研究不是旨在探讨客观现实的本身，而是寻求一种达到良好目的的客观性共建，这种共建本身便是一种相互作用和协调的过程。后现代主义心理学还引用新物理学派的观点来否定因果律，认为世界的秩序并不是完全建立在因果律之上的。由于人们观察的方式往往会不同程度地影响到观察的结果，因此，有必要重新考虑因果决定论的普遍性、客观性和预测性。

第二，轻视低级心理的研究，重视高级心理的研究，强调心理学应尽快与伦理学、艺术、社会学接轨。

后现代主义心理学家认为，近一个世纪以来对人的低级心理过程已进行了大量的实验研究，这些在动物身上也可以看到的反射、感觉等说明不了人与人之间本质性的差异以及社会文化的发展。他们认为，心理学应着重研究人的思维、创造性、人际关系、共存意识等高级心理，心理学应尽快与伦理学、艺术学、社会学、教育学接轨，使心理学能成为用于解决复杂的社会问题，指导人的发展的活生生的科学，与人类日常生活的情景有更为密切的联系。

第三，反对还原论、简约论和拟畜性，提倡整体论、系统观以及从文化历史的角度来研究人的心理。

后现代主义心理学对行为主义的机械还原论、弗洛伊德的生物还原论以及人本主义学派的"自我中心论"的批评和加强对高级心理研究的建议是值得深思的。后现代主义心理学对一些比较心理学，尤其是动物实验的结果表示怀疑，认为这类简约性、拟畜性的研究结果只是保留一些局部的非固有的合理性，若用来推测人的心理则带有很大的冒险性。他们甚至认为借用自然科学的方法，运用实证、归纳、推理来探讨心理的普遍规律是徒劳的。他们指责科学心理学割裂了人与社会文化的关系。另外，来自不同国家、不同民族和不同阶层的心理学研究者已明确地意识到，心理学知识及其对人的心理和行为的解读是建立在特定的文化背景上的，这些知识解读能否普遍适用，便不免令人产生怀疑。

有必要一提的是，从 20 世纪 90 年代，在"后现代取向"影响下产生了后现代女性主义心理学。后现代女性主义心理学与以往女性经验主义和女性立场论相比，具有自己的理论特色。一是否定传统形而上学的二元对立。后现代女性主义心理学认为，形而上学的二元对立并非是性别中立的，而是反映着男性的有限洞见的"男性中心主义"。后现代女性主义从根本上反对西方知识结构中最为根深蒂固的两分主义（dualism），例如总要把事物分成不是这样就是那样，分成你与我、好与坏、高与低等。它提出另一种思维模式，即整合的思维模式，其中包括为女性赋予价值的模式、反对二元提倡多元的模式、差异政治的模式（其中包括种族、民族、阶级、性别和性倾向的差异）以及重视他人的模式等。后现代女性主义向传统两分论的挑战，包括了像理性与非理性、主观与客观、文化与自然这样经典两分概念的挑战。二是反对本质主义。后现代女性主义心理学否定本质的、固定的或普遍的概念，试图寻求一种多样性，强调每个人的社会、文化和历史背景的特殊性，它不仅看到性别差异，也看到女性之间社会地位和文化的差异，并把差异性和多样性看作女性心理学丰富性和生命力的标志。在后现代女性主义心理学看来，

"人不是拥有性别，而是塑造性别"——社会性别不是个体的内在特质，而是由人们之间的相互作用、语言及特定文化的话语所建构的；社会性别化的行为不是由生理性别，而是由个体的社会地位所塑造的。三是倡导多元方法论。多元方法论是后现代女性主义心理学的一个重要特点。虽然后现代女性主义心理学对主流心理学的价值中立与客观性进行了批判，但它并没有否认量的分析与实验方法。后现代女性主义心理学认为，在心理学的研究中，传统的实验方法通过实验条件的安排可以得到实验者希望得到的结论。四是批判所有的宏大叙述，主张建立局部的、分散的小型理论。在后现代女性主义心理学看来，那些强调两性差异的理论和叙述都是以男性为其标准的，忽视了女性的存在；以往的女性心理学所建构的理论也是后现代主义者所批判的元叙述。

第四，提倡超个人主义、多信息源的综合性研究。

为了使心理学与活生生的社会生活相结合，提倡用历史文化学的研究方法来研究人的心理，有人直接把后现代主义心理学界定为"能充分反映后现代社会历史文化和指导人们适应社会变迁的心理学"。不难看出，后现代主义心理学家对主流心理学基本上是否定的、批评的。后现代主义心理学家提倡远离中心化的超个人主义、多信息源的综合性研究，主张反权威、反传统的大众化、叙述化、零散化。这些思想和我们前面介绍后现代主义的哲学观、艺术观，也是一脉相承的。

一是探讨人性，主要是社会性。确切一点说，是指后现代社会中被商品化的人性。在一个完全商品化和信息化社会生活的人，时空观、价值观、历史的深度感将会产生哪些变化？例如，长期支配人们的过去、现在、将来三段时空观是否动摇？人们是否为了摆脱记忆的烦恼和历史的负荷而有意地忘却过去和淡漠未来？人们是否仅仅只是关注现在？无中心、多中心、反权威、叙述化、零散化、无深度概念是否成为这一时代的特征和发展的趋势？

二是注重语言研究，强调语言的发展本身是一种时代的标志，在人的社会发展、人际交往和思想沟通等方面起到十分重要的作用。后现代心理学认为，一切文化悠久的国家，原都存在着不同层次的语言，如贵族语言、平民语言、书面语言和口语等，但大工业的生产，尤其是彻底的商品化使语言向大众化、程序化的方向发展，不同语种的差异性在缩小，共融性在增加。尤其是计算机语言的出现，使当代语言更具有程序性、逻辑性、外壳特征，但缺乏思想性、深刻性，这是一种语言的贬值。正如福楼拜[①]指出的："我们自以为在思维，其实在不自觉地模仿和复制别人的思想。"那么，是否有必要和又将如何恢复语言的思想性、深刻性和内在的神圣性呢？这是语言心理学应解决的问题。后现代主义心理学不仅强调语言的形式和认知过程，更强调语言的内容和深层次的变化以及这种变化对人性发展的影响。强调语言的发展本身是一种时代的标志，在人的社会发展、人际交往和思想沟通等方面起到十分重要的作用。

三是注重心理投射[②]现象的研究，尤其是建筑风格、艺术观念在人们心灵深处的投射及影响。以建筑艺术为例，古典的建筑渗透着透视艺术和情景深度，也是一种"中心化""轴心化"思想的表露，例如，街中心的高塔、钟楼以及层次分明、曲径通幽的院落。现代化的建筑曾提倡标新立异的风格，而后现代化的建筑，如法国巴黎的外围新城、蓬皮杜艺术中心、大超级市场，追求的只是大众化和使用者的舒适。以绘画艺术为例，毕加索的名画《格尔尼卡》不仅以他立体主义风格而著称于世，而且也深刻地反映了西班牙内战时期法西斯分子对格尔尼卡镇居民的大屠杀，这一具有政治意义的作品便是为支援西班牙人抗战而作的。但后现代主义的绘画作品则缺乏这种深刻的、丰富的象征性。有人认为，商品物化的最后阶段是形象的破坏，是形式对内容的反叛，"买椟还珠"再也不是一个笑话，而是一种无意识的接纳。例如，各种同类产品多半是大同小异的，只能用广告的宣传来增加它的区分度。视听的强化和对广告小姐神色的偏爱是人们选择商品的主要依据。如果说，一

---

① 居斯塔夫·福楼拜（Gustave Flaubert，1821—1880），法国著名作家，出生于法国卢昂一个传统医生家庭。福楼拜的成就主要表现在对 19 世纪法国社会风俗人情进行真实细致描写记录的同时，超时代、超意识地对现代小说审美趋向进行探索。

② 这里所说的投射，准确说应该是指广义的投射。狭义的投射是精神分析学派提出的自我防御机制之一，也叫外射，一般是指个人不自觉地将自己的过失或不喜欢、不接纳的自身性格、态度、意念等，投射到别人身上或外部世界去，从而坚信和断言别人是这样的，以免除自责的痛苦。而广义的投射可以包括内射（又叫摄入或心力内投）、投射性认同等，详见兴趣阅读 1–5。广义的投射还指个体按照自己的心情、动机、欲望等去觉知情境。

本简装的小人书《我要读书》尚可把孩子感动得流泪，而五彩缤纷的电视剧却只是满足了儿童感官的新奇，并不一定有震撼童心的作用。这些都是在后现代主义社会人们所感受到的。该如何解释呢？如何矫正呢？后现代主义心理学对此想得很多。

四是提倡超个人主义的研究。20 世纪 70 年代在西方风行一时的被称为心理学第三势力的人本主义是主张自我实现的，强调人的潜能、尊严和生存价值，但这一理论只被一些努力的成功者所接受和欣赏。实际上，人总是生活在充满着矛盾和相互制约的社会，尤其是发展到资本主义晚期的后现代社会，要真正保持人的尊严，发挥自身的潜能又谈何容易。因此，有些意志薄弱的人便想通过"致幻剂"从"幻游旅行"中来体验这种自我陶醉，这便是吸毒者的主要心理特征。为了防止人们在幻境中去体验"高峰感受"，后现代主义心理学家主张减轻人们的心理压力，公然主张"超个人主义"，即把自己淡化，回归到大众与平凡之中，或以宗教性的怡然来消除自我奋斗的"焦虑和恐惧"。因此，可以认为，"超个人主义"是对人本主义的"自我实现""自我中心"论的扬弃。

应当指出，超个人心理学是 20 世纪 60 年代末美国人本主义心理学发展中兴起的一个心理学派，这一学派的兴起带出一个清晰的信号，那就是第三势力心理学正在向第四势力心理学迈进。马斯洛、萨蒂奇等认为人本主义心理学模式已不能涵盖超越水平的心理健康和意识状态，提出建立超个人心理学的构想。超个人心理学更强调超越自我或将自我超越作为一种最高级价值的社会意识。达到这一境界的人被认为主要是由忘我服务精神推动的，他同情他人的处境，能对他人的需要提供无私的帮助，改善和建立良好的人际关系。由于自我中心意识的消除，我和非我的界限完全被突破，这样的人将更关心社会利益，直至达到和全人类、全宇宙的认同。超个人心理学反映了在人性扭曲和人性异化的社会里人们对人性净化的升华和渴望，也符合人性由低级向高级发展的规律。这是超个人心理学的积极意义所在。

如果说人本主义及其之前流派的心理学都是推崇以个体的人为中心，追求个性自由和尊严的心理学，那么，超个人心理学则是超越人类个体层级，以整个人类和宇宙系统为中心的心理学。不难看出，超个人主义心理学已经开始了对系统主义心理学的可喜尝试和宝贵探索。

但是，超个人心理学尚处于酝酿、探索和初创阶段，它既没有形成完整的理论体系，又没有确定成熟的研究内容，特别是在研究方向和方法上存在着神秘主义色彩，且在许多问题上缺乏实证的研究和科学的检验。所以，目前对超个人心理学尚须进一步静观，还很难做出最后的评价和定论。

第二节　后现代主义心理学主要助人方法

后现代主义心理学并不认为剔除或修正个人的歪曲的认知，或者调整个人的情绪经验便能达到咨询的目的。相反，认为求助者必须通过自身的积极创造及与环境的互动才能建构真实的主体经验，强调对事件意义的多元化解释及事件之间的互动性。这种后现代主义哲学所倡导的主体间性、主体精神与价值以及多元化与互动性等思想，对心理咨询产生了直接影响。

后现代主义心理学咨询方法主要有焦点解决短期心理咨询／治疗（SFBC/T）和叙事疗法等。

传统的或现代的心理咨询／治疗模型均由三个要素组成：一是搞清问题成因，二是将问题归类，三是提出解决办法（图4-1）。焦点解决短期咨询只有第三个要素，即提出解决办法。叙事疗法则否认第二个要素，认为不可能也无必要将问题归类，强调每一个案的独特性。求助者的故事或叙说就是问题的成因。而要解决这些问题，就需要将原有故事加以重述。

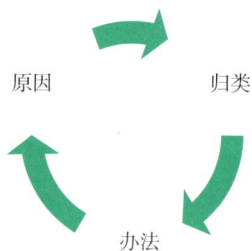

原因　　　归类

办法

▲ 图4-1　传统或现代心理咨询／治疗模型均由三个要素组成

一、焦点解决短期心理咨询 / 治疗（SFBC/T）

这世界更加美好，其中有我的贡献！

——茵素·金·柏格[①]

焦点解决短期心理咨询 / 治疗（SFBC/T）是指以寻找解决问题的方法为核心的短程心理咨询技术，是 20 世纪 80 年代初期由美国短期家族治疗参与者史提夫·笛·夏德及其韩国裔夫人茵素·金·柏格以及一群有多元训练背景（包括心理、社工、教育、哲学、医学等）的工作小组成员共同发展起来的。在几十年的发展中，SFBC/T 已逐步发展成熟，并广泛地应用于家庭服务、心理康复、公众社会服务、儿童福利、监狱、社区治疗中心、学校和医院等领域，并得到积极的肯定。

说起 SFBC/T 的创立，心理界曾经流传着一个颇有意思的小故事。

柏格发现，她所服务的家庭多半属于劳工阶层，他们对"顿悟""成长""发展"没有多大兴趣，只对怎么解决问题感兴趣。柏格说，她所受的精神分析导向的家庭治疗训练，跟这些求助者的情况格格不入，也让她倍感挫折、失败。

20 世纪 70 年代的一例求助者，促使柏格与精神分析彻底告别。

一位参加过越战的美国年轻士兵，回国后一直无法摆脱被追杀的幻想，导致在一天夜晚开枪杀死了睡在身边的妻子……

柏格对这位年轻士兵的心理辅导困难重重，只好去求教自己的督导师——美国著名精神分析学家梅宁杰。

对柏格的疑惑，梅宁杰"一针见血"地指出："你要注意自己的反移情[②]啊，他们杀死的人，可是你的同胞啊！"

柏格听罢摔门而去："我是韩国人，笨蛋，你完全搞错了！"

1. 产生背景

SFBC/T 的产生，首先是深受后现代主义（Post-modernism）特别是

---

① 茵素·金·柏格（Insoo Kim Berg，1934—2007），焦点解决短期心理咨询创始人之一。

② 反移情：精神分析术语，与移情方向相反。移情是指来访者将自己过去生活经历中某些重要人物的情感转移到心理咨询师身上的过程。而反移情则指心理咨询师把自己生活经历中某些重要人物的情感、态度和属性转移到来访者身上。

后现代建构主义（Postmodern constructivism）的影响。后现代主义反对现代主义的认识论，认为"真理"存在于语言、意义和文化之中，是人们创造出来的，并不是通过精细的求知技术发掘出来的。作为后现代主义思潮主要流派的建构主义强调："现实"并不是一个存在于人意识之外的世界，而是作为观察者的人的精神产品；个人建构的现实也不完全是个人的产品，而是深受其所处的语言系统影响，人们透过语言的过程建构个人的真实，个人的知识会驱使人们对自己的经历去建构、创造、支配及赋予意义。SFBC/T 认为个案的问题并非是独立的客观事实，而是通过与个案的交谈，在言谈间逐渐呈现出来，这个建构出来的互为主观的现实才是重要的。

其次，SFBC/T 还受到催眠心理治疗大师米尔顿·艾瑞克森①和系统观的影响。主要体现在两个方面：一方面，相信人本身拥有解决自己问题的能力，当寻求协助时，往往为眼前的问题所困扰，在以往无效的方法里不断打转，因此要善用个案已有的潜能，并且加以发挥。艾瑞克森认为治疗师应该像有机花园的园丁，充分利用求助者呈现的所有数据（甚至杂草）作为治疗的材料（兴趣阅读 4-1）。笛·夏德的团队甚至还专门举行一场有趣的丧礼仪式，宣布阻抗已死。另一方面，把心理咨询和治疗的焦点放在探讨问题不发生时的状况。如系统中有"黑"（问题发生时的互动）、有"白"（问题不发生时的互动），传统的做法是从黑的部分修改，但 SFBC/T 的做法却是从白的部分扩展——由于整个系统是固定平衡的，一旦白的部分扩大一些，黑的部分就减少一些；白的部分一点点增加，整个系统的改变就发生了（图 4-2）。

▲ 图 4-2　系统观对 SFBC/T 的影响

① 米尔顿·艾瑞克森（Milton Erickson，1901—1980），是美国百年来催眠治疗领域的泰斗，被誉为"现代催眠之父"，是医疗催眠、家庭治疗及短期策略心理治疗的权威。

📖 兴趣阅读 4-1

现代催眠之父米尔顿·艾瑞克森

催眠（hypnosis）[①]是由各种不同技术引发的一种意识的替代状态，此时人对他人的暗示具有极高的反应性，是一种高度受暗示性的状态，并在感知觉、记忆和行为等各方面做出相应的反应。

一、催眠史上的几个重要人物和派别

催眠术是一项古老而又充满活力的心理调整技术。在 18 世纪，麦斯麦[②]提出"动物磁气说"。1841 年布雷德[③]开始用催眠来麻醉、镇痛，他用凝视水晶球的方法做催眠，提出了眼神经疲劳学说，认为这是一种类似睡眠的状态，这种使人进入清醒和睡眠之间状态的方法就是催眠术。布雷德是催眠术史上极其重要的人物，所以催眠术又叫作"布雷德术"。他同

[①] 催眠（hypnosis）一词源自希腊神话中睡神修普诺斯（Hypnos，希腊语Ύπνος）的名字。修普诺斯是希腊神话中黑夜女神尼克斯之子，司掌世间万物的睡眠。

[②] 麦斯麦术是一种古老的"催眠术"，由维也纳医生弗朗兹·安东·麦斯麦（Franz Anton Mesmer，1734—1815）发现。麦斯麦从物理学家和神秘主义者 P.A. 帕拉塞尔苏斯、J.B. 范赫尔蒙特那里继承了这样的观点：电力和磁力在宇宙之间无处不在，无论任何人都会放散出一种磁石的流质，而且都可以随意运用这种流质影响他人的精神和肉体。他在临床实验时，用磁石按摩人们的身体，通磁于他们身上，或以自己作为磁力的源泉，发现常会使患者发生现代所称的催眠状态。

[③] 詹姆斯·布雷德（James Braid，1795—1860），英国外科医生，催眠术的创始人。生于苏格兰的法夫郡，逝于曼彻斯特。在他之前，麦斯麦、埃利奥特森和埃斯代尔都已发现了催眠现象，并冠之以"动物磁力"或麦斯麦术。18 世纪后期，麦斯麦的"动物磁力说"曾被斥责为骗术，因而这项技术在医学界一时声名狼藉。1841 年 11 月，布雷德亲眼看见了麦斯麦术的表演。起初他对看到的东西持怀疑态度，但最后开始相信这是一种真实的现象，需要加以解释。他把由催眠而引起的迷睡状态描述为"神经性睡眠"。麦斯麦坚持认为他的治病能力来自外界星球的力量所赋予的磁力，很显然布雷德并不同意这种解释。作为医务界的一名成员，他认定被催眠者凝视置于其视线上的可视物体，就能诱导出这种"神经性睡眠"。他由此推断出，只要让眼睑的提肌持续不断地处于伸展状态，就可以产生催眠现象。布雷德后来才意识到暗示因素才是催眠的基本要素，其学说重心乃由生理方面转到心理方面。他的理论对心理学的真正意义在于：他否定了对催眠现象的神秘化的解释，而采用以物质为基础的解释。

时还是自我暗示术的先导者，在他的倡导下，对催眠术的解释转向了心理学领域，对催眠术的研究开始多少步入了正轨。

但围绕催眠术的性质及其功用等方面的争论一直继续着。19 世纪后半叶，最有名且最重要的争论是在巴黎学派与南锡学派之间进行的。巴黎学派的代表是法国有名的神经学家沙可[①]。他认为催眠现象都是病理性的，只能在歇斯底里患者身上见效。沙可在 1893 年去世前承认他的看法是错的，但是他的研究却帮助了催眠术，使它成为医学界接受的、合法的研究范围。南锡派与巴黎派不同，他们研究催眠术，偏重于心理的方面。此派的开山人物是李厄保[②]，他也是第一个正式应用催眠于心理治疗术的人。其传人伯恩海姆[③]被认为是此派的领袖。南锡派相信所有的催眠现象，包括催眠术是由暗示所引起的完全正常的效应，90%以上的人都可受催眠，可见催眠现象是非病理性的；催成的睡眠与天然的睡眠，根本并无二致；睡眠中的暗示受感力特别强，所以观念立即实现于动作；当实施催眠术时，如果给患者提供新的看法和信仰，他们无疑会接受——这几点是南锡派的基本信条。由于伯恩海姆发现一些人即便不入睡也可接受暗示，因此他给催眠定义为：增加暗示感受性的特殊心理情境之引起。李厄保和伯恩海姆研究结果发现，有些病例经催眠后症状复发，其催眠暗示只有瞬间的影响，但有些病例的疗效似乎是永久性的。19 世纪末，南锡学派开始受

---

① 让－马丁·沙可（Jean-Martin Charcot，1825—1893），法国解剖学及神经学专家，1878 年，沙可博士主办学术大会，主张催眠是一门真实的学说，热心推动磁场理论的催眠科学研究。沙可的主张在全欧洲造成轰动，被称为"巴黎学派"。沙可发现催眠术既可促发歇斯底里症，也可以将它治愈，于是他宣称催眠是一种生理状态，只能在歇斯底里患者身上见效。沙可在 1893 年去世前承认他的看法是错的，但是他的研究却协助了催眠术，使它成为医学界接受的、合法的研究范围。

② 昂布鲁瓦兹－奥古斯特·李厄保（Ambroise-Auguste Liébeault，1823—1904），法国精神病学家，南锡学派的创始者。出生于法国洛林（Lorraine）地区法维尔（Favieres）小镇上一个经济宽裕的农民家庭，逝于法国洛林。

③ 希波莱特·伯恩海姆（Hippolyte Bernheim，1840—1919），法国心理治疗家，生于法国米卢斯，逝于巴黎。南锡学派代表人物，研究癔症、催眠和心理治疗。

到由埃米尔·库埃① 提出的"自我暗示"的影响。库埃劝告他的患者对自己说："第二天我在每一个方面都感觉到越来越好。"自此，便形成了李厄保和伯恩海姆的"旧南锡学派"和库埃的"新南锡学派"之间的区别。

在这场激烈的争论中，最终南锡派获得了胜利。其心理学的解释成为一种被普遍接受的学说，这使许多人相信催眠仅仅是一个暗示的问题。

弗洛伊德先是受教于沙可，而后又专程到南锡接受了李厄保和伯恩海姆在催眠术方面的教导，可以说他是接受了这两派催眠术的影响。从1887 年 12 月开始，弗洛伊德便集中地使用催眠疗法。通过催眠术的应用，弗洛伊德发现在人的意识背后，还深藏着另一种极其有力的心智过程——"潜意识"——由此可知，催眠术不但促使弗洛伊德提出了潜意识理论，而且还成为对其潜意识理论的有力证明。弗洛伊德虽曾深受催眠术的影响，但他不久后就由催眠术转向了他的精神分析，对催眠术本身的理论并没有做出多少贡献。

后来，在俄国生物科学家巴甫洛夫带领一班人多年系统深入的研究下，催眠有了长足的发展，催眠真正成为一门有理有用的应用科学。现在，在很多国家有名望的大学、医院里，都设有催眠研究室，并积极开展把催眠应用于医学、教学、产业等领域的可行性研究。

二、现代催眠之父米尔顿·艾瑞克森

米尔顿·艾瑞克森（Milton Hyland Erickson，1901—1980）在心理治疗史上是一位独具影响力的人物，是世界闻名的医学催眠大师，常因奇迹般治好了那些被认为是"毫无希望"的患者而闻名遐迩，因而他被认为是一位最具创新力和灵活性的心理治疗大师和催眠治疗家，被誉为目前为止世界上最伟大的沟通者和"现代催眠之父"。艾瑞克森为催眠取得合法的地位做出了不可磨灭的贡献，正是经过他的努力，才让催眠不再是"严肃的学术殿堂中的跳梁小丑"，使催眠疗法成为心理学领域里一门独立的学科。

① 埃米尔·库埃（Émile Coue，1857—1926），法国心理学家、医生、教育家。

艾瑞克森虽然没有师承于名家，但他自我锤炼而成为 20 世纪催眠界的领导人物。艾瑞克森对心理治疗的了解冠乎群伦。他彻底地颠覆传统，替催眠和心理治疗注入新的元素，在发展新的催眠诱导方式与应用上有非凡的创见。他是一位实用主义者，沉迷于人类的韧性和无限的潜能。发展出了自然催眠法，擅长将故事和隐喻治疗用在催眠中，提出每个人都有解决问题所必需的资源。许多人认为，若说弗洛伊德对心理治疗的贡献在于理论，艾瑞克森的贡献则在于治疗实务。艾瑞克森所研发的治疗方法已在全球被广泛应用，并公认对许多高效的心理治疗法起着重大的影响，这包括：短期策略心理治疗、家庭系统治疗、策略性家庭治疗、焦点解决短期咨询 / 治疗（SFBC/T）等多项主流治疗系统。他所发明的技术多过任何一位执业医师，而且他还有一些发明至今仍然没有被清楚地阐释。

艾瑞克森有着身体上的严重疾病，他的肩膀曾经是一高一低的。他为了像常人一样，就站在镜子面前，用自己独特的催眠理论，硬是把肩膀基本恢复成常人的模样，不过也因为这样，他的脊椎骨受到了严重的损伤和扭曲。艾瑞克森 17 岁时曾患脊髓灰质炎，一度严重至头部以下皆无法动弹，却因病而发展出绝妙的观察与沟通天赋，洞悉人性及人行为背后的心理动机。艾瑞克森十分清楚自己的身体状况，他常常说脊髓灰质炎是他遇过关于人类行为的最佳导师，他接着说："我不介意疼痛——我不喜欢其他的替代方式。"除了自我催眠之外，他还将自己重新架构（reframing）的技术用在自己身上。或许他与患者互动的成功尝试，有一部分是来自他一直将他的技术用在自己身上。他用强大的意念使自己活到了近 80 岁——他活到 79 岁，比他自己预期得久得多。直到过世前一周，他还在积极不懈地生活着。

他是天生的色盲，然而他不仅没有受此限制，反倒善用它来表现丰富的个人风格。他经常穿紫色衣服，因为这是他最喜欢的颜色；他的办公室里有许多紫色的装饰品，学生也经常送他紫色的礼物。他还是一个音盲。随着肌肉不断萎缩，他的视力出现复视的情况。他的听力也受损。他靠着少许的肋间肌和半个横膈膜来呼吸。他有脊柱关节炎、痛风和轻微的肺气肿。由于他的手臂已经无法活动自如，他经常要用较灵活的左手扶着右手来写字。他的腿疾已严重到无法行走，只能很短暂地支撑自己，再靠轮椅移到办公室的椅子上——约在 1976 年，他已经不能够那么做了，只能完全依赖轮椅。然而他没有怨恨命运或自暴自弃。艾瑞克森满意他所拥有的现况。当他 70 多岁的时候，早晨对他而言尤其痛苦，通常他要耗费很大的力气来穿衣服和刮胡子，因此他在看患者前都要小睡一会。早晨也是他一天中最疼痛的时段，他的脸显露出承受着极大的痛楚，然而他能很开放地谈论他的身体问题："今天凌晨四点，我觉得我应该会死掉。中午的时候，我很高兴我还活着，我从中午一直高兴到现在。"

艾瑞克森虽然承受着巨大的身体折磨，他却是一个非常非常懂得感谢生命的人，这方面的人格特质，大大地增添了他身为一位治疗师和老师的说服力。艾瑞克森极富幽默感与赤子之心，"讲故事"是他的专长，在他具启发性的治疗故事中，巧妙引导当事人改变意识，导致行为的转变。许多聆听艾瑞克森故事的人极可能在多年后，发现自己依然笼罩在故事的气氛中，他们的行为与态度就此永远改观。

作为"策略派"心理治疗的创始人，艾瑞克森认为：语言所能表达的东西是很有限的，人谈得越多，越不能自拔。如果心理治疗的目的是使人有所改变，则少谈为妙。艾瑞克森小时候在农场长大，有一次见他的父亲拉牛前行，用尽力气，那牛就是不动。父亲叫艾瑞克森来帮忙，艾瑞克森抓着牛尾巴，向相反方向一扯，牛就乖乖地向前走了——"策略派"的道理，就是怎样找到那一下"扯力"，然后令人不知不觉地就范。

他本人曾用这样一个故事说明他的治疗方式：在我还是一个孩子的时候，一天，一匹不知名的马游荡到我家住的农场。没有人知道这匹马从哪里来，因为它没有任何可以供辨别的记号。毫无疑问，不应该留下这匹马，它肯定属于别人家。我父亲决定送它回家。他骑上这马，把它领到路上，相信马有回家的本能。只有在马离开大路去吃草或走到田地里时，父亲才去干涉一下——在这些情况下，他总是很坚定地把它领回到路上。这样，这匹马很快回到它的主人手里。主人再次看到他的这匹马，感到很惊讶，问父亲："你是怎么知道这匹马是从这儿走的，怎么知道它属于我？"父亲答："我不知道，但这马知道，我所做的只不过是让它一直在路上。"

他的方法综合了他"不寻常"的人格特质和操作风格，让一般的治疗师不容易移植、消化和运用。对一般人而言，将艾瑞克森的方式结合到自己的治疗工作中存在着相当大的困难。他对很多细微的生理反应的识别与区分等等，在理论被提出之前，连他自己都不了解其中的道理。所以一般人要想学习他的催眠模式，实在很困难——这也正是虽然他已去世41年，但在催眠领域至今仍然没有人能超越他的原因。

一次，有15位催眠治疗师结伴拜访艾瑞克森大师。当这15位催眠治疗师说完欲向大师请教的问题之后，大师才开口说话——最奇怪的是，大师所说的这段话是对所有人讲的，但是在场15位催眠治疗师，竟然都认为大师是针对自己所提的问题所做的回答，而且每个人都收获非常丰富。

下面摘取艾瑞克森几个经典案例以飨读者。

案例一："我不是耶稣！"

艾瑞克森认为人人都有再生性资源。所以他从不逆着个案，而是采用个案已有的资源去转化他们。据说曾经有一个自称是耶稣的精神患者，艾瑞克森先问了他好几次"你真的是耶稣吗"，他都回答得十分肯定。艾瑞克森不再说话，开始往患者所在的屋里搬来两个大木头，还有锤子和钉子，开始做起十字架来。患者一直呆呆地看着，突然明白过来，大声地说："我不是耶稣！我不是耶稣！"

案例二：青年戒毒

有一次，艾瑞克森大师应警方之托，对一位多次进出戒毒所戒毒无效的19岁青年施行催眠治疗。从这位青年进入大师房间开始，到最后离开，艾瑞克森只讲了短短的两句话——第一句是在青年进房间，走到大师面前时，大师说："请坐。"第二句是在双方十余分钟的沉默之后，大师说："好了，你可以走了。"奇妙的是，这位青年居然就这么戒掉了毒瘾。

案例三：越战老兵戒酒

一位美国老兵，在越战中屡获战功，后因腿伤回国。回国后，因政府对其补偿不够，便心生不满，可又无可奈何，于是终日沉溺于酒中。每次他喝醉之后，便会述说美国政府的种种不是，或是打骂家人。采取各种方式戒酒后，均无明显效果。

家人得知艾瑞克森在运用催眠进行精神治疗，征得这个老兵的同意之后，安排他来到艾瑞克森的治疗室接受催眠治疗。

老兵每次来时，总是将其在战场上获得的所有勋章全部挂在胸前，满满的很多。艾瑞克森用一些常规催眠戒酒方法治疗了几次之后，老兵的酒量似乎不见减轻，反而有所加重。直到有一次，老兵又来接受治疗，他依然拿着酒瓶絮絮叨叨、骂骂咧咧。这时，艾瑞克森似乎不能忍受了，他一把抢过老兵手里的酒瓶，摔在地上，然后把老兵胸前的勋章一把扯下，用力扔在地上，又用脚狠踩了几下，然后愤怒地指着老兵说道："你走吧！回去喝你的马尿吧！在你每次端起酒杯时，就请为艾瑞克森的健康长寿干杯吧！"然后，艾瑞克森便离开了。

老兵气急败坏地回家后，每每端起酒杯，便愤愤不已，因为艾瑞克森不仅扔了他心爱的勋章，而且还踩了几脚，简直是对他人格的侮辱："让我祝福他健康长寿，门都没有！"于是老兵便将酒杯扔了。

三个月之后，老兵成功地戒了酒。

案例四：给农夫治尿频

这是一位62岁的退休农夫，只有初中毕业，但是他却相当有智慧，而且阅读能力良好。他拥有迷人的、外向的气质，但却很不快乐，心中充满了怨恨、痛苦、敌意、猜疑以及绝望。

大约两年前，他开始出现尿频的症状，这使他非常沮丧苦恼。几乎每半个小时，他就会想上厕所，而且尿急的感觉非常痛苦。他根本没办法控制，而且一不小心，就会尿湿裤子。无论是白天或黑夜，情况都是一样。这使他睡不好、吃不好，生活也因此大受影响。他只敢在附近有厕所的地方活动，而且随身携带一个装有数条裤子的手提箱，以备不时之需。他说他带进治疗室的箱子里，就放了三条裤子。而在启程来这里之前，他已经上了一次厕所，在路上又上了一次。在进入办公室之前，他又上了一次，而在开始与治疗师谈话时，他又要求去上厕所。

他说他已经看过100个以上的医生，访遍各个知名医院。他已经做过40次以上的膀胱内视镜检查，照了无数张X光片，做过无数次检查，包括脑电图和心电图，每一次得到的结果都是他的膀胱很正常。数不清有多少次他总是被要求一两个月后再回来接受进一步的检查。而且，也数不清有多少次，医生总告诉他，完全是因为他自己的胡思乱想，他完全没有任何问题。

他把他的问题告诉了许多报纸医药专栏的作者，其中一些专家给他回了信。不过他们总是引用一些陈腔滥调的医学报告，说他的问题是一种少见的器官性疾病。但没有人建议他去寻求心理方面的协助。

而他自己朝着这方面寻找答案。在看了两本充满误导性错误信息，而且有骗人嫌疑，所谓的自我催眠的书后，他找到那些舞台秀催眠师，希望能获得帮助。他前后共找了三位，每位催眠师都是说一些无关痛痒的话，进行了一些暧昧的治疗，毫无效果可言，但索价不低。

经过一连串的错误尝试之后，他不但变得更加痛苦和绝望，心中充满怨恨及敌意，而且不止一次认真地考虑过自杀。一个加油站员工建议他去找精神科医生看看，并推荐了一位曾在周日报约上发表过文章的治疗师。这正是他会来找治疗师的原因。

在完成自我介绍之后，他靠向椅背，手臂交叠着，并且以挑衅的语气说道："现在，开始催眠我，治疗我的……膀胱吧！"

在这个患者述说他的情况时，治疗师全神贯注地听着，除了双手偶尔会去做一些小事情，比如改变桌子上物品的位置，或者把闹钟的钟面转离患者的视线。当他听着患者痛苦地说着自己的治疗经历时，脑子里也正在想着要用何种治疗方法来治疗一个如此不快乐、憎恨医学治疗，而且有着如此挑战难度的患者。他显然不太可能会对治疗师说的话以及做的事有所回应。

当治疗师在思考这个问题时，他想起了有一个晚期癌症患者，忍受着巨大的痛苦，而治疗师对他进行疼痛控制治疗时的情形。那位患者正是一个类似的例子，对其施以催眠治疗是相当困难的，但终究还是成功了。显然这两个患者都有过想自杀的经验，都充满了恨意和敌意，而且都对催眠抱有极端轻视的态度。因此，当这个患者以挑衅的口吻说"催眠我"时，治疗师并没有手足无措，只需要将用于另外一个患者的技巧用于这个患者身上就可以了。达到催眠治疗的状态后，在合理的期望下提出有用的暗示、指令等，患者便会加以接受，并回应地做出动作，而这些都是与患者的真实需求及行为潜能相符合的。

对这两个患者所实施的催眠治疗，唯一的不同便是其中的治疗素材。其中一个患者的重点是在膀胱的机能及上厕所的时间间隔；对另一个患者而言，则是让他的身体能没有疼痛地安睡、进食，与家人共聚，在不需要住院治疗的情况下，能在没有痛苦负担的情况下享受生命中快乐的日子。

就实际的口头治疗而言，使用的技巧就是将指令分散——

"你知道的，我们可以把你的膀胱想象成每十五分钟便需要排空，而非半小时……要这样想并不困难……表能走得比较慢……或是比较快……其中的误差可能有一分钟……甚至是两分钟、五分钟……或者想着你的膀胱是每半个小时……就像你往常那样……有时可能是三十五、四十五分钟……也可能是一小时……这其中的差别是什么……三十五、三十六分钟，四十一、四十二、四十五分钟……差别并不大……这样的差别并不重要……四十五、四十六、四十七分钟……都是一样的……有很多次，你可能得多等一分钟或两分钟……或像是一或两个小时……你可以这么想……你能再这么想……四十七、五十分钟，这其中的差别是什么……开始想，没有什么太大的差别，根本都不重要……就像五十分钟、六十分钟，只是几分钟的差别而已……每个人都能等上半个小时，就能等上一个小时……我很了解……你现在正在学……学这个没什么不好……事实上很不错……想想看，如果有人排在你前面，你就必须等……你等……可以再来一次……再来一次……只要你愿意……一小时又五分钟……一小时又二十五分钟……这其中的不同是什么……或者甚至是三十分钟……想象是五十分钟，一小时又五十分钟……一分钟，两分钟，一小时，两小时，这其中有什么不同……你还有几十年的时间来做这样的练习，可以练习得更好……你可以利用所有……为什么不用它……你能做到的……可能会带给你很大的影响……甚至不用去想到它……为什么不让自己在家里享受这份惊喜……好主意……没有什么让惊喜更让人愉快的了……一个出乎意料的惊喜……看看你能控制多久……这就是个惊喜……比你所想象的还要久……

甚至更久……好的开始……愉快的开始……持续下去……"

"现在，你何不忘记刚刚我说的话，只要放在心里就好，要放好，不要丢了也不要去管番茄的事……不要去想其他的事，只要想对你的膀胱有好处的事——相当好，感觉很好，美好的惊喜——瞧，为什么你不去体验轻松的感觉呢？"

"现在醒过来，比早上醒来时还要清醒（最后的几句话是对患者所下的有力指令，要患者从催眠状态中醒过来）。然后，你可以轻轻松松地散步回家（要患者回家，但非患者意识可明显分辨的），什么事都不要想（要患者忘记催眠及自身问题的指令，而且能让患者无法察觉已在治疗室中待了一个半小时）。等一个星期后，早上十点你再来这里（进一步催化患者的意识错觉，让他以为除了定下这个约会外，其他什么事也没做）。"

一个星期后，这个患者又来了，并兴奋地叙述了在他回家后，他打开电视，并尽可能以坚强的意志力延后小便的时间，他看了一部两小时的电影，并在广告时喝了两杯水。他决定再等上一个小时，之后他发现膀胱已膨胀到不得不上厕所，这时他看看手表，发现自己竟然已经等了四个小时。

患者靠向椅背，对催眠师快乐地微笑着，显然是希望能够获得赞美。但是几乎立刻的，他突然靠向前，脸上出现相当震惊的表情，并以惊讶的语调说着："我都想起来了，直到现在我才想起来，我竟然完全忘记了这件事。对了，你一定是催眠了我。你说着一大串种番茄的事，我试着要去抓住其中的重点，而接下来我所知道的事就是我走路回家。现在回想起来，我在你的办公室一定待了一个小时以上的时间，走回家又花了我一个小时，所以不是四个小时，我至少有六个小时没有上厕所。仔细想想，还不止如此。这是发生在一个星期之前的事。而现在我才回想起来，我一整个星期都没有再遇到问题，睡得好，不用再起来上厕所。说起来好笑，一个男人早上起床后，他的整个心思都放在这个约会上，想着要说一些事情，以至于忘了已经过去了一个星期。当我告诉你去催眠我时，你一定费了很大的心力。我真的很感谢你，我要怎么报答你呢？"

重点是，这个个案成功了。在剩余的时间里，我们只是在闲谈，我并借此观察这位患者是否还有任何的问题存在。结果是没有，而且几个月的时间过去了，也都没有再发生任何问题。

案例五：仙人掌治酗酒

有一位酗酒者来找艾瑞克森，并叙说其与酒精的渊源："不论我父亲或母亲两方面的父母均嗜酒如命。我的父母与岳父、岳母也都是离不开酒瓶的酒鬼。我的妻子酗酒，我自己更曾经试过十一次酒精中毒的精神错乱现象。我实在厌倦了与酒为伍的日子。对了，我的弟弟也是不折不扣的酒鬼。对你而言，这八成称得上是祖传的酗酒案例，但不知你有什么解决之道？"

艾瑞克森问起他的职业，他说："当我清醒时，我在报社工作。酒精则是从事这份工作的危机所在。"艾瑞克森表示："这样吧！既然你希望我针对这历史悠久的问题想个办法，我建议你去做一件似乎不对劲的事——请到植物园去看看那些仙人掌，赞叹那些可以在缺水缺雨情况下存活三年的仙人掌。此后，自己好好反省。"

许多年后，一位年轻女孩突然到访："艾瑞克森博士，当你初识我时，我年仅三岁，三岁那年，我就随父母搬到加州去了。如今，我住在凤凰城，想借机来看你到底是何方神圣。"艾瑞克森："那你可得仔细想清楚，不过我很想知道你何以专程跑来评头论足。"她解释道："会将酗酒者送往植物园观察植物，以借机引导他们不依赖酒精生活的人，即是我渴望亲眼看见的伟人。自从你将我父亲送往植物园后，我的父母就再也没碰过酒了。"

案例六：非洲紫罗兰皇后

一次，艾瑞克森到美国中南部的一个小城讲学，一位同僚要求他顺道看看他独身的姑母。同僚说："我的姑母独自居住在一间古老大屋，无亲无故，她患有极度的抑郁症，人又死板，不肯改变生活方式，你看有没有办法令她改变？"艾瑞克森到同僚的姑母家去探访，发觉这位女士比形容中的更孤单，一个人关在暗沉沉的百年老屋内，周围找不到一丝生气。

艾瑞克森是位十分温文的男子。他很礼貌地对这位姑母说："你能让我参观一下你的房子吗？"姑母带着艾瑞克森一间又一间房间看去。艾瑞克森真的是要参观老屋吗？那倒不是，他是在找一样东西——在这老婆婆的毫无生气的环境里，他想找寻一样有生命气息的东西！终于在一间房间的窗台上，他找到几盆小小的非洲紫罗兰——这屋内唯一有活力的几盆植物。

姑母说："我没有事做，就是喜欢打理这几盆小东西，这一盆还开始开花了。"

艾瑞克森说："好极了！你的花这般美丽，一定会给很多人带来快乐。你能否打听一下，城内什么人家有喜庆的事，结婚、生子或生日什么的，给他们送一盆花去，他们一定会高兴得不得了。"

姑母真的依艾瑞克森所言，大量种植非洲紫罗兰，城内几乎每个人都曾经受惠。不用说，姑母的生活大有改变，本来不透光的老屋，变得阳光普照，充满色彩鲜明的小紫花。一度孤独无依的姑母，变为城市中最受欢迎的人。在她逝世时，当地报纸头条报道：全市痛失我们的非洲紫罗兰皇后。几乎全城人都去送葬，以报她生前的慷慨。

案例七：谁才是真正的耶稣基督？

在精神病房内，我曾遇见过两位耶稣基督。他俩成天逢人即宣告："我是耶稣基督。"并且一再强行留住他人聆听他们的解说："我才是真正的耶稣基督。"

我迫使这两位自称是耶稣基督的约翰和艾伯特共同坐在一条板凳上，并对他们说道："请你俩坐在这儿。你们均声称自己是耶稣基督，现在，约翰，我要你向艾伯特解释，是你而非他，才是耶稣基督；艾伯特，也请你告诉约翰，你是真正的耶稣基督，他并非是耶稣基督，你才是。"

自此，他俩成天坐在板凳上，忙着向对方解释自己才是真正的耶稣基督。过了一个月后，约翰前来对我说："我明明是耶稣基督，而那位疯狂的艾伯特却说他才是耶稣基督。"我乘机指出："约翰，你知道吗？你所说的话和他所说的话一模一样，他所说的话与你所说的话也如出一辙。我认为你们两人当中一定有一个人疯了，因为这世上只有一个耶稣基督。"

约翰仔细思索了我说的话一星期之久。他事后表示："我所说的话与那疯狂的傻子完全相同。他如此疯狂，而我竟与他说同样的话，这一定意味着我也十分疯狂。我实在不愿变得如此疯狂。"我说道："老实说，我并不认为你是耶稣基督。既然你不愿变得如此疯狂，我可以安排你去医院的图书室内工作。"

他在图书室工作了数星期后来对我说："有件事实在不对劲，每本书的每一页内容中全都有我的名字。"他边说边翻开一本书，向我展示约翰·桑顿（John Thorton）的英文字母。在每一页的内容中，他均能找到自己的名字。我同意他的说法，并向他指出每页内容中所出现的米尔顿·艾瑞克森（Milton Erickson）的英文字母。除此之外，我还请他帮我找到了休夫·卡麦克（Hugh Carmichael）医师、吉姆·葛里顿（Jim Glitton）、戴夫·夏克（Dave Shakow）的名字。事实上，我们可以在那书页上找到任何他想到的名字。约翰随后说道："这些字母其实并不属于任何名字：它们属于所代表的英文字！"我附和道："完全正确。"约翰继续待在图书室内工作。六个月后他康复回家，终于摆脱了精神病患的身份。

案例八：垃圾事件

孩子对幼年的记忆一向模糊，但我却对他们所发生的每件事记忆犹新。

罗勃某天向我宣告："我已长得够大够强壮，足以承担每天晚上将垃圾拿出去的工作了。"

我表示怀疑，他却坚定地为自己的能力辩护。我随即表示首肯："好吧，你可以从下星期一起负责这项工作。"

星期一及星期二两天，他如期执行任务。星期三却忘了垃圾这回事。星期四时，经由我提醒后，他按时将垃圾拿了出去，但接下来的星期五与星期六又忘了所负的责任。因此，星期六晚上，我刻意提供许多精彩刺激的游戏，令他玩得兴高采烈又精疲力竭。除此之外，我还特别附赠一项特权，让他随自己意愿爱玩到多晚就玩到多晚。到了午夜一点钟时，他终于表示："我想我该上床睡觉了。"

我由他自由上床入睡，到了半夜三点时，我因某种巧合醒了过来，随即前去叫醒罗勃，并满脸歉意地向他表示忘了提醒他当天得将垃圾拿出去。我恳请他立即穿上衣服将垃圾拿出去，他十分不情愿地下床更衣。我则再次向他致歉，他依言将垃圾拿了出去。

完成任务后，他重新换上睡衣上床睡觉。我确定他睡熟后又再度唤醒他，这回我的态度显得更加内疚与抱歉。我告诉他，我实在不知道怎么会有包垃圾被遗漏在厨房内忘了拿出去，他可不可以再次下床更衣，将那包被遗漏的垃圾拿出去？他不得不遵命行事，将那包垃圾拿出屋外丢入小巷内的垃圾桶中。他随即走了回来，却一路陷入某种苦思当中。当他到达后院门口时，竟又急急返身折回小巷，查看自己是否确实关好了垃圾桶的盖子。

进屋后，他又稍事停留，并大略扫视了厨房一眼，这才安心走回卧室。我仍站在那儿对他频频致歉。他终于上了床，自此之后再也没有忘记将垃圾拿出去的任务。

事实上，罗勃清楚地记得此事。当我提及将写出这一故事时，他甚至在回忆过程中发出了痛苦的呻吟。

案例九：尿床的 12 岁男孩

艾瑞克森曾治疗一名会尿床的 12 岁男孩。艾瑞克森首先谈到他长大后会有多高多壮，引导他想象未来。艾瑞克森说："你会比你爸爸还要高大吗？"男孩也开始被这个形象吸引，于是艾瑞克森开始独白，然后演变成引发催眠状态的导语。他对男孩说，现在是星期一，第二天晚上，他的床单可以一直保持干爽吗？艾瑞克森认为不可能，这孩子也一样，任何有点头脑的人都会这么认为。那么到星期三，他的床单可以保持干爽吗？艾瑞克森同样非常怀疑。事实上，他认为这孩子这星期内可能都会尿床，并预计这孩子下星期一的床单也会是湿的，但他对一件事有点困惑。这孩子的床单会不会出乎意料地在下星期三保持干爽？或者可能在下星期四？这孩子得等到星期五早上才能知道。他也指示这孩子在周五下午回报结果是哪一天。这孩子下星期再来时，兴高采烈地告诉艾瑞克森他猜错了。结果不是星期三或星期四，而是连续两天。

艾瑞克森回答，连续两天没尿床不表示他能一直保持床单干爽，于是再次开始独白，现在是一月中旬，他不知道这孩子能否在一月底前学会不尿床。但他想他不可能这么快就学会，并提醒男孩二月很短，他不知道这孩子会从什么时候开始一直保持床单干爽，是三月十七日的圣帕特里克节①，还是四月一日的愚人节？艾瑞克森说这孩子也不知道，但是他强调这不干他的事，这孩子什么时候学会保持床单干爽，以后再也不关他的事了。

案例十：六岁的偷窃狂

一对夫妇前来向我求助，他俩十分绝望地问："我们该拿才六岁大的女儿怎么办？她偷我们的东西，她也偷我们朋友以及她朋友的东西。当她与母亲上街购物时，她又会偷店里的东西。我们才送她参加专为女孩举办的娱乐营一天而已，她就带回来了其他女孩的东西——有些东西上面还清楚写着原来主人的名字。她编造许多谎言，声称母亲买了许多东西给她，而那些偷来的东西全都是属于她的物品。有任何方法可以整治这般年纪的偷窃狂与年仅六岁的骗子吗？"

我告诉他们，我自有办法，随即写了封信给这个小女孩：

"亲爱的海蒂，我是你六岁大的成长小精灵。每个孩子都会有一个成长小精灵，但却从来没有人看见过这个小精灵。因此，你也从来没有看见过我。或许，你会想要知道我的长相如何。我在头顶上、前额上以及下巴上都长着一些眼睛。如此一来，我才能清楚地看见我所负责看守的孩子所做的一切事情。

如今，我看着你慢慢地学会了许多事情。我对你热衷学习的态度深感满意，而有些事情似乎比某些事情难学许多。此外，我也有许多耳朵。我的耳朵却不长在头顶上，否则它们将会干扰我的眼睛进行观察。我有些耳朵长在脸颊的旋转关节上，我因而可以自由调整它们的方向，借以聆听四面八方传来的信息。我也有些耳朵长在颈部、身体侧面以及那些后腿上面。此外，我的尾巴上也长满了耳朵。尾巴末端的耳朵则是最大的一个——正巧位于尾巴的旋转关节上（请你的父亲告诉你旋转关节是个什么样的东西）。那么我才可以自由转动这个大耳朵的方向，好能听见你所说的每一句话，以及着手进行每件事情过程中所发出的嘈杂声。

我共有三只左前脚与一只右前脚。一般说来，我多半凭借着靠外侧

---

① 圣帕特里克节是爱尔兰人为了纪念守护神圣帕特里克（St. Patrick）而设立的节日。

的两只左前脚向外行走。内侧的左前脚一共有三十二个指头，这也正是为什么我的字迹如此丑陋的缘故，因为我老是不记得该用哪些指头夹住铅笔才对。当然，你可想而知，我运用左前脚的速度得比运用右前脚快上两倍，否则无法维持直线前行。此外，我还有七只后脚——三只在左侧，三只在右侧，两侧行进的速度因而颇为平均。我向来喜欢光着脚丫子到处行走；你也知道，凤凰城的夏天有多么炎热。因此，我常只在两只后脚上穿鞋子，其余则一律打赤脚。"

一段时间之后，我受邀参与小女孩七岁的生日宴会，我不得不谢绝对方的盛情，因为我是个六岁小孩的成长小精灵，对七岁小孩的成长事情所知甚少。然而，却是这个属于六岁小孩的成长小精灵，一路看顾她、聆听她，伴她走过六岁时光。属于小精灵的故事彻底矫正了她的行为。

在提供有助于孩子发展健全良知的资讯过程中，艾瑞克森刻意避免使用有关"禁止""应该"，以及规范之类的描述。他以其一贯的态度强调学习的价值。在最后这个案例中，六岁的小女孩已被父母标示为偷窃狂，艾瑞克森却并未被卷入这一有关偷窃的"动力系统"中。相反，他认定小女孩需要的是一个内化的超我。于是通过写信与对方产生共鸣的方式，提供小女孩所缺乏的内在监护人物与自律系统。此处他采取的立场，与案例八"垃圾事件"和案例九"尿床的 12 岁男孩"如出一辙——均以一种有趣的方式（而非怒气冲冲地）呈现教训。事实上，在所有关于训诫的故事中，艾瑞克森的态度总是坚定却并不严酷——即使某些读者可能认为他的方法其实颇为严厉，或有如进行意志之战。事实上，他的真正目的是，协助孩子发展出属于个人的自主意志与自律精神。

SFBC/T 的产生也同心理咨询与治疗本身所存在的一些问题有关。首先是来自对心理咨询和治疗理论依附的迷思。SFBC/T 试图摆脱心理学对西方主流文化的单一依赖，探索出符合时代要求和实际需要的心理咨询和治疗的理论及方法。其次是来自对心理咨询和治疗效果至上的推崇。有效果胜过有道理。最后一点，传统的心理咨询和治疗通常耗时较长、花费较大，随着人们生活节奏的加快，经济、时效的心理咨询与治疗成为社会的共同期待。

2. 基本理念

在后现代主义思潮下萌发的 SFBC/T 与传统的心理咨询与治疗方法有很大的差别。传统的咨询是以问题为导向（problem-focused）的咨询，视咨询师为专家，咨询过程主要聚焦于寻找求助者的病症与缺失所在，深入探讨求助者固有的问题形态，并且追溯问题的成因与过去的一切。而 SFBC/T 则是以解决为导向（solution-focused）的咨询，视求助者为解决自身问题的专家，探讨求助者的目标、资源、例外正向经验与未来远景，尽可能以最少的咨询次数，达到效益（efficient）和效率（effective）并重。

J. R. 伯纳姆（J. R. Burnham，1966）曾做了一项有趣的实验，研究实验者对实验结果的预期所产生的影响力。他请实验人员教老鼠走迷宫，有一半老鼠经开刀移除了一部分的脑，另一半也有同样的手术切口，却没有移除任何脑部组织。对不知情的人而言，这些老鼠看起来都一样。实验人员被告知这项研究的目的是了解脑部损伤对学习的影响。有些实验人员被告知拿到的是脑部受损的老鼠，但实际上老鼠大脑没有损伤；有些被告知拿到完好无损的老鼠，其实拿到的是脑部受损的老鼠，有些则拿到标示状况与实际相符的老鼠（包括损伤及未损伤的）。实验结果如下：

（1）脑部受损的老鼠其表现低于脑部没有损伤的老鼠。

（2）实验人员认为脑部受损但实际上完好无损的老鼠，其表现低于被认为没有损伤的老鼠。

（3）实验人员认为完好无损但实际上脑部受损的老鼠，其表现微高于被认为脑部受损但实际上完好无损的老鼠。

第二与第三项结果最吸引我们的注意。这项研究清楚地显示，实验人员的期望会影响实验结果。老鼠实际的脑部损伤情况对实验结果的影响，还不及实验人员对实验结果预期的偏见所带来的影响。这里指的不是作弊，而是实验人员本身的预期会不可避免地影响到他的实验行为和对实验数据的认知。

SFBC/T 的基本含义：聚焦于解决的短期心理咨询 / 治疗。目前多数学者认为，短期咨询不只是咨询次数较少或时间较短而已，最重要的是咨询师需要具备时间敏感性（time-sensitive），并使咨询具有时效性（time-effective）。焦点解决短期咨询认为咨询的次数与时间没有必要进行预设，不期待有所谓的连续，视每一次咨询都是第一次，也是最后一次，即每一次咨询就是一个相对独立的咨询。所以，这里"短期"的含义，一是要最少地切入求助者的生活，并寻求方法尽快地结束咨询；二是把咨询视作一个支持性事件；三是此方法不意味着比其他疗法所花次数更少，而是意味此种方法有一些特殊的准则。

SFBC/T 的基本特色：认为没有所谓的症状，所以不以病理学的角度来分析求助者问题成因，因为病理性的标签并没有办法导致求助者的改变，只会让求助者被卡在所谓的问题里。SFBC 非常重视求助者的成功经验、力量、资源、希望、小的改变及合理可行的目标，辅导过程往往有趣、愉快，且聚焦于解决问题而非问题的本身。

一位母亲非常担心青春期的女儿。她说女儿似乎很抑郁，因为她很多时候都单独待在房间里，就算跟家人一起吃晚餐，也都很安静，而且一吃完就似乎迫不及待想回自己的房间。母亲做出这种情况下常见的反应，为了想帮忙而询问女儿："你还好吗？有什么事？你觉得抑郁吗？"为了避免这类询问，女孩就变得更加退缩。

咨询师问这位母亲如何分辨"抑郁"和"青少年常有的情绪低落"。她想了一下，说她从没想过女儿可能只是情绪低落，这种新认识让她大大松了口气。下次当她发现女儿独自在房里安静看书时，就没有多想，自己也窝在沙发上看一本好书。女儿发现母亲没有站在门口察看，觉得有点异样，出于好奇，便下楼看看是怎么回事。女儿的出现增强了母亲认为女儿健康无虞的新认知，正向循环因此开始。

SFBC/T 的基本态度：其基本态度是正向的，一是以积极的视角，关注求助者身上正向的资源；二是以朝向未来、朝向目标的积极态度促使改变的发生。焦点在于什么是可能的、可以改变的，而非什么是不可能的、难以改变的。

三国时期思想家刘劭在其著作《人物志》中写道：何谓观其所短，以知所长？夫偏材之人，皆有所短。故：直之失也讦，刚之失也厉，和之失也懦，介之失也拘。讦也者，直之征也。厉也者，刚之征也。懦也者，和之征也。拘也者，介之征也。是故，观其征之所短，而其材之所长可知也。

SFBC/T 的基本观点：集中表现在对问题的观点、对改变的观点以及对求助者和咨询师的观点三个方面。

——对问题的观点。首先，认为问题和症状同时具有正向功能。其次，着重问题的解决，而非对原因的探讨。

——对改变的观点。第一，凡事必有例外，例外带出问题的解决。第二，对问题进行重新建构，能够引发求助者的改变。第三，重视小改变，小改变引发大效应。

——对求助者和咨询师的观点。第一，求助者是有能力、有资源的问题解决者，即相信求助者本身就具有改变现状的资源。第二，"双专家"观点：求助者是最了解自身问题的专家，咨询师是解决问题"专业过程"的专家。咨询师只是"引发"求助者运用自己的能力和经验发生改变，而不是"制造"改变。第三，不存在抗拒的求助者，只有固执、不懂得变通的咨询师。

SFBC/T 的基本假设：

（1）事出并非有因。

许多问题发生的因果关系常常很难确定，问题往往是互动下的产物，原来的因演变成后来的果，后来的果又变成因，不断循环下去。如果一味进行因果分析，容易陷入"鸡生蛋，蛋生鸡"的矛盾之中。在心理咨询与治疗中与其耗费时间去寻找原因，不如指向目标，用探究此时此刻可以做些什么的问句，取代探究事情原因的问句，尽快寻找解决之道。通常不需要知道抱怨的内容、原因或功能，也能解决抱怨。

一对夫妻因沟通不良、天天吵架而前来求助。先生说："关系不好都是老婆凡事挑剔！"太太说："都是先生常常忽略我，才会挑剔！"先生接着说："老婆挑剔，我才会忽略她！所以原因还是老婆！"——这种探究问题原因的讨论常会陷入鸡生蛋或蛋生鸡的逻辑矛盾中，最后反而瘫痪了解决问题的可能。

（2）问题症状同时也具有正向功能。

一个问题的存在，不见得只呈现出病态或弱点，有时也存在正向功能。夏德认为给某种行为贴上某个症状的标签是武断的，同样的行为在其他情景中或赋予不同的意义，它们可能变成适宜的和正常的。

孩子在学校打架滋事、问题不断。深入了解其家庭背景之后，老师发现孩子的父母早已离婚，互不往来。只有在孩子闹出事情时，父母双方才会同时第一时间赶来学校，并坐下来商量解决孩子的问题。孩子非常希望父母有一天能重修旧好，所以他试图通过打架滋事来实现他的目标。

（3）合作与沟通是解决问题的关键。

SFBC/T 认为在言谈的过程中，求助者和咨询师的关系是一种合作互动的关系。SFBC/T 强调以"建构解决之道的耳朵"倾听求助者述说出的故事，通过配合求助者的声调、感情和用语，一步步进入求助者的世界做积极的行动引导，促进求助者的进一步改变，协助他们搜寻并创造新的意义，产生新的想法与行为。并且认为：没有失败，只有回馈；没有抗拒的求助者，只有不知变通的咨询师。咨询师与求助者合作的方式应是正向与未来导向的，支持求助者，通过正向的目标引导方式，并对模糊的陈述予以具体化。SFBC/T 还特别强调要让治疗适合求助者，而不是让求助者来适应治疗习惯。在他们看来，无论是咨询师还是求助者都是专家——咨询师是解决问题"过程"的专家，求助者则是最了解自身问题的专家，只有两者互动合作，才有机会使问题迎刃而解。

（4）不当的解决方法常常是造成问题的根本。

SFBC/T 假设症状或问题通常是人们试图解决问题但却"形成不适当的习惯模式"所导致。问题本身不是问题，而是由于解决问题方法不当，才导致问题成为问题，甚至会带来更大的问题。因此，SFBC/T 的治疗策略不是问题导向，而是解决发展（solution development）导向。它认为治疗师在面对每个问题时，应考虑问题的多面性及特殊性，发展弹性的问题解决方法，并且相信求助者有能力、有责任找出适宜的解决方法。

国外某公交车司机因为精神不好，无法专心开车，就想到借助服用提神药物提神。结果药物带来心悸等一系列不适症状，导致在驾车途中出现更大的问题，最后这位司机不但面临失去工作的窘境，还将面临法律追责。

（5）求助者是解决自身问题的专家。

SFBC/T 认为求助者有能力自己解决问题，治疗应从强调求助者的优点而非缺点着手。这一理念突出表现在 SFBC/T 技术使用的实用性与灵活性上，因人而异，没有统一的模式，主要关注求助者的特性、力量与偏好。SFBC/T 不以精神病理的缺点看待人类行为，不去深究问题行为的根源，而是相信求助者本身具备所有改变现状的资源，强调利用求助者本身的资源达到改变的目标，提供机会让求助者去积极发现改变的线索。SFBC/T 认为问题解决的方法来自求助者本身，治疗师的任务只是"引发"求助者运用自己的能力及经验实现改变，而不是"制造"改变。

（6）从正向的意义出发。

SFBC/T 强调求助者的正向力量，而不是去看他们的缺陷；强调他们成功的经验，而不是失败；强调求助者的可能性，而不是他们的限制性。SFBC/T 从正向的角度拟定咨询和治疗目标，强调做些什么能够促使问题解决，使求助者有勇气走出抱怨和自责，停止负性的对话与想法，转向正向积极的认知和行动。

（7）雪球效应。

蝴蝶效应：一只南美洲亚马孙河流域热带雨林中的蝴蝶，偶尔扇动几下翅膀，可以在两周以后引起美国得克萨斯州的一场龙卷风[①]。

SFBC/T 看重小的改变，小改变是成功的一半。一方面，当小的改变发生时，就会引发环境和系统的变化，只要维持小改变，就会累积成大改变。另一方面，小的改变可以增强求助者行动的信心与动机，尤其是小改变是求助者曾经发生过的成功例外时，则行动起来就更容易（图 4-3）。所以，SFBC/T 引导求助者看到小改变的存在，看重小改变的价值，促进小改变的发生与持续。对此，SFBC/T 通过提出赋予求助者以积极想法与行为的目标，来强化求助者已有的成功经验（无论这些经验是多么微小），帮助求助者意识到他们对自己的问题拥有比想象中要大得多的控制力。

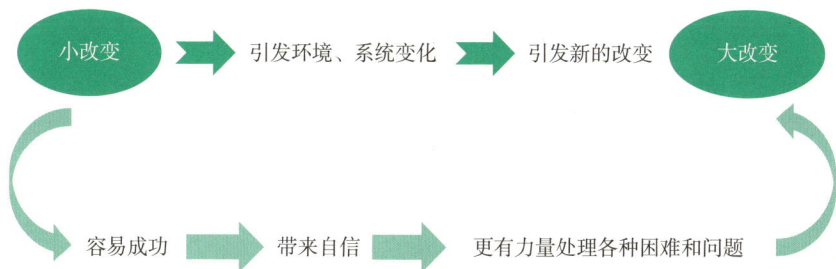

▲ 图 4-3　小改变引发大效应

---

① 蝴蝶效应（The Butterfly Effect），由美国气象学家洛伦兹提出。1972 年美国科学发展学会第 139 次会议上，洛伦兹发表了题为《可预测性：巴西一只蝴蝶扇动翅膀，能否在得克萨斯州掀起一场龙卷风》的演讲，他认为，一个微小的初始条件变化可能导致一连串逐渐放大的改变，最终导致完全不同的结果。

（8）凡事都有例外，有例外就有解决办法。

SFBC/T 认为凡事都有例外，只要有例外发生，就能从例外中找到解决方法。例外是指问题没有发生或严重程度较低、发生次数较少等不被求助者注意的特定情境。SFBC/T 认为，求助者所抱怨的问题一定会有例外存在，只是当事人深陷问题之中难以自拔，导致全盘否定自己。咨询师的责任是协助求助者找出例外，引导求助者去觉察问题没有发生或不那么严重时的情况，从而引导求助者凭借自己的能力和资源，找出问题解决的可能性。

常用的寻找例外的问句有：

"何时问题不会发生？"

"曾做过什么事会使你心情好一点？"

（9）重新建构求助者的问题，引发改变。

咨询师引导求助者思考在工作生活中"想要什么"而非"不想要什么"，这样可以使求助者停止抱怨，开始关注问题的解决，找到行动的方向和目标。

咨询师可以引发求助者建构一个问题得以解决的情境，然后与其讨论达成目标的几种解决方案，找出最有效的行为，并鼓励求助者即刻采取行动。

咨询师的一个主要任务是帮助求助者感到他们的状况一天比一天好，越来越满意，这常常包括使行为正常化和为行为重新建构新的意义。

（10）时间及空间的改变有助于问题解决。

很多的问题，随着时间及空间的改变，就可能不再是问题。

一对夫妇前来寻求协助，妻子渴望能够拥有自己的空间并外出就业，不再完全以丈夫的意见为主。丈夫却无法接受她的改变，两个人开始在生活中有了争吵。太太觉得丈夫霸道，完全不考虑她的需要；丈夫觉得太太很自私，有时晚上还要工作，孩子没人照顾。同时，咨询师也针对时间向度询问两人，结果发现妻子如果能在丈夫下班之前回到家中，丈夫也可以试着接纳妻子外出工作。通过改变时间及空间，这对夫妇寻求到了解决的方向。

3. 基本流程

SFBC/T 有其基本流程设置，主要围绕两方面内容：其一是在求助者的主观架构中，设定出正向可行的目标；其二是以例外为根基，发展出多元的问题解决策略。其基本流程如下。

第一阶段：建构解决的对话阶段（时间约 40 分钟）。

这一阶段的主要内容和任务包括：目标架构、例外架构和假设解决架构（图 4-4）。

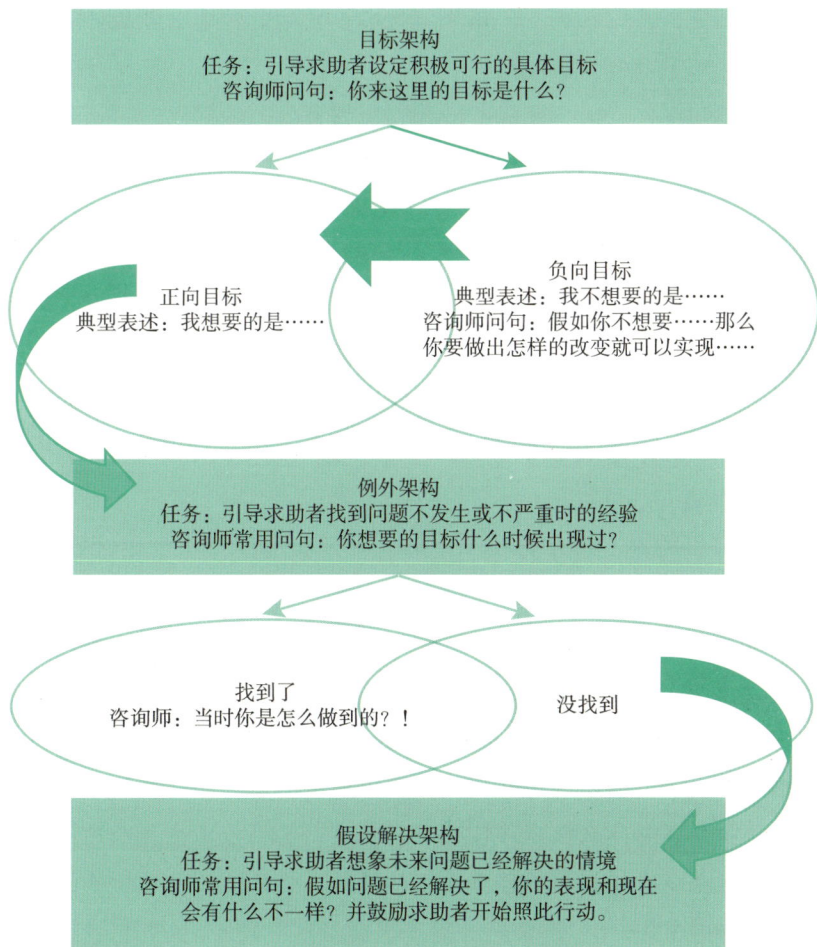

目标架构
任务：引导求助者设定积极可行的具体目标
咨询师问句：你来这里的目标是什么？

正向目标
典型表述：我想要的是……

负向目标
典型表述：我不想要的是……
咨询师问句：假如你不想要……那么你要做出怎样的改变就可以实现……

例外架构
任务：引导求助者找到问题不发生或不严重时的经验
咨询师常用问句：你想要的目标什么时候出现过？

找到了
咨询师：当时你是怎么做到的？！

没找到

假设解决架构
任务：引导求助者想象未来问题已经解决的情境
咨询师常用问句：假如问题已经解决了，你的表现和现在会有什么不一样？并鼓励求助者开始照此行动。

▲ 图 4-4 建构解决对话阶段流程

（1）目标架构。主要包括正向开场与设定目标。

这一阶段通过询问求助者的求助动机，提供求助者描述问题的机会。咨询师需要询问一些问题的性质和事件的细节，但不追究问题的成因，在倾听求助者诉说的同时，计划着如何使咨询对话尽快朝聚焦解决的方向前进。

SFBC/T 良好目标要求具备 6 个特征。

——正向的语言。用"会"去做什么、"会"去想什么的表达方式，而非"不会"去做，"不会"去想什么的叙述。

求助者：我不想在和妈妈意见不一致时对她大喊大叫。

咨询师：那么，你希望在和妈妈意见不一致的时候怎么做呢？

求助者：坐下来平心静气地商量交流……

——动态的方式。用一连串的行动、想法来动态地描述想要达到的目标。

求助者：我想和妈妈和平相处。

咨询师：当你和妈妈和平相处时，你会有什么不同的言语或行为表现呢？

求助者：和妈妈一块逛逛街啊、买买菜啊、做做饭啊，顺便一块聊聊工作上的一些事情。

——即时的行动。求助者可以立即开始或继续进行下去的一些行动。

求助者：我想，等我高中毕业，离开家去读大学，我和我妈的问题就能解决了。

咨询师：如果你已经开始往考大学这个方向准备，你想你对妈妈会有什么不一样的反应？

求助者：那我会把长期想对妈妈说的很多话，包括感谢、愧疚等心情，都说给她听。

——具体化。具体的言行表现以及内在想法等。

求助者：我要更好地倾听我妈妈对我说的话。

咨询师：具体要怎么做，才能让妈妈注意到你很愿意去倾听她的诉说？

求助者：放下手机，暂时停下手头的事情，坐到她的身边。

——由小改变开始。小改变是指在求助者控制范围之内的，或付出较小的努力就可以完成的目标。

求助者：我希望我和妈妈有不同意见时能够做到心平气和。

咨询师：当你能够心平气和地面对和妈妈的不同意见时，你想你第一个可以做出的改变是什么？

求助者：认真听她把想说的话说完，不去打断。

——用求助者自己的语言。

焦点解决短期咨询的基本精神在于这是一个包括改变、互动与达成目标的整体过程。也可以被称为消费者模式，即让求助者选择、决定自己的目标，协助求助者实现他自己想要的目标，而不是将所谓正确的咨询理论强加在求助者身上。所以，良好的咨询目标应该是求助者自己想要达成的目标，而不是咨询师认为求助者"应该"达成的目标，或咨询师自认为是对求助者好的目标。

（2）例外架构。引导求助者找出自己所认为的问题没有发生的时候，或者自己想要的目标、解决方式早已存在的事实、经验等。

求助者（大一男生）：我一看到别人抱书去学习，心里就紧张、焦虑，觉得自己被落下了，自己学得太少了。

咨询师：那你什么时候看到别人学习时，自己不会感到紧张、焦虑呢？

求助者：就是自己制订好计划，专心学习时，就不会感到紧张、焦虑了。

（3）假设解决架构。邀请求助者去假想如果问题已经解决或目标已经达成时的情境，如自己会是什么不同的样子，跟现在会有什么不同的言行表现等，并鼓励求助者依照假想已经实现的情境去做（可从小改变做起）。

咨询师：假设你和丈夫之间所有的隔阂都已经消除了，你和现在会有什么不一样的表现？

求助者：那我就会恢复对他的信任和爱，然后像以前一样经常听他说说心里话，陪着他一起散步、遛弯……

第二阶段：休息阶段（约10分钟）。

这个阶段的任务包括：咨询师可以跳离咨询场景，回顾对话过程，或与协同咨询师一起研究，梳理出在第三阶段反馈给求助者的内容。求助者也有机会回顾和思考在第一阶段与咨询师的对话，从而可能会有新的感受、体验与发现。

第三阶段：正向回馈阶段（约10分钟）。

这个阶段的主要任务包括：评量和赞美、信息提供、家庭作业等。

（1）评量和赞美。一是评量求助者的进步。指导求助者自己评量是否满意于寻求解决之道的过程与结果。二是咨询师把自己所看到或感受到的求助者身上积极正向的方面告诉求助者，同时给予真诚的肯定、鼓励和赞美。所谓振奋性引导，即咨询师以一种兴奋喜悦的声调、动作、表情或语言，散发出支持、鼓励的信息。

SFBC/T 相信，鼓励和肯定可以支持求助者走更稳、更长的路。引导求助者从正向的角度重新看待自己，改变以往认为自己什么都没做、什么也做不好等负性评价，转而发现自己还是能够做一些有用之事的。使求助者走出被批评、被否定的恐惧，看到和挖掘自身资源，提高为自己负责的意愿和能力，激发进一步行动的力量。

（2）信息提供。为求助者提供相关问题的心理学解释、理论说明及研究成果等，引导求助者正确认知自己及其所遇到的问题，或者为家庭作业提供行动脉络。

（3）家庭作业。家庭作业作为会谈的补充和咨询效果的巩固，促进求助者进一步明确目标，鼓励其在工作生活中尝试更多的改变。

可结合求助者不同情况布置不同类型的家庭作业：

——对于尚未形成具体目标的求助者，可邀请其观察自己在生活中最希望实现的目标是什么；

——对于已形成具体目标，但还无法形成具体行动的求助者，可邀请其观察生活中较为接近目标的行为，或向他人观察学习；

——对于想采取行动，但又有些犹豫的求助者，可邀请其观察何时自己会比较想去行动。因为行动本身在求助者看来或许是难度较大的一步，而观察对求助者来说则是一个相对安全、容易实现的小步骤；

——对于已经能够清晰表述自己能力范围内可以完成正向或例外行为的求助者，则鼓励其继续多做这样的正向或例外行为；

——对于认为例外事件的发生是超出自己能力控制范围的、偶发的或无法解释的求助者，可邀请其有意地多尝试这些例外行为，或者，在某段时间里"假装"自己做到或正在做这些行为，看看会发生什么；

——对于因咨询时间尚短，还没有找到例外或其他信息的求助者，可就求助者所能接受的程度，鼓励其去"实验"或"假想"问题已经解决或正在被解决时自己会做些什么，然后在下一次咨询时告诉咨询师这样做所带来的不一样的结果。

笛·夏德团队在迈向焦点解决咨询模式的过程中，有一个里程碑式的重大发现：一些固定的家庭作业或处方具有惊人的效果，他们称之为"公式作业"。无论当下应对的抱怨是什么，某些家庭作业都具有显著的效果——同一种介入法对尿床的孩子和抑郁的成人同样有效。他们认真研究了一项特定作业，即"第一次会谈的公式作业"：

从现在到下次会谈之前，希望你仔细观察并在下次汇报：在你的生活（或家庭、婚姻、人际关系等，根据求助者情况任选一项）里，有什么事情正在发生，而你希望能继续发生？

4. 主要技术

SFBC/T 所用的技术十分相似，其目的都在协助求助者体验行为、知觉以及判断的改变。经由体验已经发生的小的改变，维持、扩大并积累成大的改变，并充分利用求助者既存的力量和资源达到改变的目标。

答在问处。SFBC/T 颇具特色的提问技巧，往往会在咨询师和求助者看似简单的"一问一答"对话过程中，产生出奇妙的咨询和治疗效果。

（1）正常化（普遍化、一般化）（normalizing）。

提示求助者的情况具有正常性和普遍性，一般人通常也会遇到，是发展过程中出现的暂时性困扰，而不是病态的、变态的、无法控制的灾难。

求助者：我的孩子一定是厌学症啦，我快要疯掉了！

咨询师：你的孩子近来没有去上学，让你最近的心情不太好。许多孩子在感到上学有困难时，父母都会这样担心。

（2）咨询前改变（pre-session change）。

求助者在第一次咨询之前已经存在一些改变的事实。咨询前改变是求助者已经具备的力量与资源，只是等待发现、提醒与开发。

求助者：自从上次打电话预约咨询之后，因为一位朋友的关系，我酒喝得比较少了。

咨询师：哦，多告诉我一些，你的意思是什么？

求助者：我整天喝酒，喝烈酒。我插队①的时候开始喝，买便宜的酒喝，我一直喝。

咨询师：嗯。从上次打电话预约之后，你是怎么做，让自己酒喝得比较

---

① 插队，意为安插在农村生产队，通常是指 1980 年以前中国城市知识青年"上山下乡"的一种模式。

少一些？

（3）预设（暗示）性询问（presuppositional question）。

咨询师使用一些暗示性语言，用以影响、改变求助者的知觉，引导求助者朝着正向、积极、未来、解决的方向思考和行动。

他对男孩说，现在是星期一，第二天晚上，他的床单可以一直保持干爽吗？……那么到星期三，他的床单可以保持干爽吗？……这孩子的床单会不会出乎意料地在下星期三保持干爽？或者可能在下星期四？这孩子得等到星期五早上才能知道……（详见兴趣阅读4-1　现代催眠之父米尔顿·艾瑞克森，案例九：尿床的九岁男孩）

在这个案例中，艾瑞克森表示，他想把这孩子的注意力引导到别处。"我不希望他总想着尿床，我希望他想着遥远的未来，他可能做得到的事，而不是想着我今晚要怎么办——尿床。"这个案例说明艾瑞克森治疗中的未来导向，以及如何利用假设前提和预料未来创造解决方法。他引导这孩子集中注意力在保持床单干爽，以及什么时候开始可以一直保持干爽。他说这孩子什么时候学会一直保持床单干爽，再也不关他的事，则是要把责任推回给这孩子和他拥有的能力。

（4）评量询问（scaling questions）。

利用数值评量（如0~10或0~100），引导求助者将抽象模糊的内容进行量化，使求助者可以清晰地看到自己的当下状态、未来状态以及改变状态，将短期目标、长期目标具体化。

咨询师：你说你失眠，现在给你一个刻度表，上面0代表你根本睡不着，100表示你睡眠非常好，告诉我你现在处于哪个刻度？你睡眠改善后希望能达到哪个刻度？你希望通过这次咨询上升几个刻度？

（5）振奋性引导（cheer leading）。

咨询师在求助者旁边为他喝彩、加油、支持与肯定，尤其是在求助者找到例外和解决方法时及时使用。

只要是表达对求助者的支持和鼓励都算是一种振奋性引导，如：

——真好！

——真棒！你是怎么做到的呢？

——你是怎么想出来的？你很有创意，想出这么一个好方法！

（6）赞扬（Compliment）。

对求助者身上表现出来的任何正向力量，咨询师都及时给予称赞、表扬（表4-1）。

咨询师赞扬求助者时要留心对方的反应，以准确了解赞扬对求助者的意义。如果赞扬没有获得求助者认可，或引起对方反感，咨询师应及时找机会改变赞扬的内容或方式。

咨询师：你这些年来为家庭的辛苦付出，给我们留下了深刻的印象。

表4-1　心理咨询中可用于赞扬的常用词语

内容	常用赞扬词语
认知方面	有觉察力的、有独立见解的、为他人着想的、思维缜密的
情绪情感	有自控力的、正常的、理性的、性情中的、有爱心的
意志行为	有计划的、有决心的、有意志力的、有创意的、有挑战性的
人格方面	善良的、包容的、合作的、有个性的、与人为善的

（7）最先迹象（first sign）。

引导求助者关注并具体描述最先出现的改变迹象，以此展开朝向解决的行动步骤。

咨询师：如果父母发现你变得比较成熟了，你觉得他们会首先注意到你的哪个变化？

（8）奇迹询问（miracle questions）。

引导求助者思考自己想要的，而不是不想要的，使求助者充满对未来的憧憬和信心。经由戏剧性的奇迹问句，开始建构解决和达成目标的行动过程。

导向未来的问句：明天什么将会不一样？

过渡性问句：一个奇迹发生，使你来这里的问题解决了，你会怎么样？

重新聚焦：假如所有问题都解决了，你的生活和现在会有什么不一样？

水晶球问句：如果在你面前有一个水晶球，可以看到未来，想象一下，当你的问题解决了，你会看到你的生活有什么不一样？

结局式问句：如果这是最后一次的会谈，当你离开这个会谈室的时候，你会希望看到自己变成什么样？

（9）关系询问（relationship question）。

引导求助者想象、思考重要他人对自己、对事件和对改变的各种看法，借以启发求助者跳出自身框架，从更大的系统背景下看待问题、勾勒目标、促成改变。

求助者：我希望我对工作的态度积极一点。

咨询师：当你的工作态度比较积极一点的时候，你想你的同事会看到你和平常有什么不同？

（10）例外询问（exception questions）。

问题不会一直在发生，总会有例外存在。"例外"是找到解决之道的"马前卒"——与其教给求助者新的，不如扩展他已经会的。

咨询师的一个重要任务，就是协助求助者找到例外，引导他看到所抱怨的问题没有发生或没那么严重时这个世界的样子，从而充分认清自身已经具备的资源、优势和力量。

注意围绕例外事件的各种细节（who，what，when，where，how）展开例外询问。咨询师应及时发现、总结和赞扬求助者所找到的例外内容。

咨询师：能不能讲一讲在这段失眠的日子里，有没有不失眠的情况。

求助者：好像有那么一次，记得是比较容易入睡的。

咨询师：好棒！能不能具体谈谈当时是什么情况导致你容易入睡的？

（11）应对询问（coping questions）。

启发求助者看到、挖掘自己在困难和逆境中表现出的生命力、适应性、坚韧性及应对能力。

当求助者无法确认任何例外时，咨询师可使用应对询问，引导求助者发现自己在困境中做了什么努力而没有使情况变得更糟，使其快速走出抱怨、自责。

求助者：我每天还是那么抑郁，做什么事情都没有兴趣。

咨询师：我能了解你有很多理由使自己感到抑郁——但让我很敬佩的是，你是怎么坚强生活过来的，你是怎么做到能够在每个早上起床来面对新的一天的？

（12）EARS询问（Eliciting、Amplifying、Reinforcing、Start again）。

这是一个环环相扣、层层扩展的"滚雪球"过程：

E（Eliciting）：引导求助者探寻例外。

A（Amplifying）：详述、扩充例外，探讨例外发生与问题发生时两者有何不同、例外是如何发生的、求助者在例外发生时扮演的角色等。

R（Reinforcing）：巩固、肯定、强化求助者在例外发生时所感受到的力量和成功。

S（Start again）：再次询问、探寻例外：还有什么是比较好的？

咨询师：

引出例外（E）：上次谈完到今天为止，发生了什么比较好的事情？

详述例外（A）：你说，上个礼拜你觉得你的工作态度比较积极一点，当你的工作态度比较积极一点的时候，你想你的老板会看到你和平常有什么不同？

巩固强化（R）：在你们的关系上发生这么多的事，你又已经做了那么多，像你这样的付出是很可贵的，不是吗？

再次探寻（S）：其他还有什么是比较好的？

（13）任务／家庭作业（tasks/homework）。

在每次咨询之后，可以根据咨询进展以及求助者的具体情况，给当事人布置家庭作业，如建议求助者继续寻找例外事件、进行自我探索、对已经找到的有效行为进行正强化，以及时巩固强化咨询效果。也可留一些针对性的作业任务——

行动任务：继续照此多做一些……

改变任务：做点不一样的尝试……

观察任务：观察希望持续发生的事情……

关于布置任务／家庭作业的一些方法技巧，除了曾在本节介绍过的"公式介入法"，还有"充分利用法"——笛·夏德团队认为根本不存在所谓阻抗这种东西，他们认为求助者都是真心想改变的，任何抗拒改变的"杂草"、症状、僵化的信念、强迫行为等，都可以共同构成解决的元素。据此他们发展出了"决策树"，用以帮助咨询师对应找到能让求助者合作、认真做家庭作业的方式：

——如果求助者遵照咨询师要求完成作业，则继续直接给予任务，增强改变；

——如果求助者修改了作业内容，则咨询师可提供容易改变的任务，包括多种可能的选择或模糊的空间；

——如果求助者没有完成作业，咨询师则不再给予确定的作业，而考虑改用其他方式；

——如果求助者的做法刚好与咨询师建议相反，则咨询师可以让其做出与建议完全相反、却朝向解决的行为。

求助者反映在每次咨询后变得更加抑郁。

咨询师：也许抑郁的存在有其特殊的意义，所以最好不要改变太快。

二、叙事疗法

把这个学说定义成一种世界观是不是比较好呢？也许吧，可是即便如此，还是不够。也许该说它是一种认识论，一种哲学，一种人的承诺，一种策略，一种伦理，一种生活等。

——麦克·怀特

1. 叙事疗法的诞生背景

叙事疗法是后现代哲学思想影响下的心理咨询流派之一，主要由澳大利亚临床心理学家麦克·怀特（Michael White）及新西兰的大卫·爱普斯顿（David Epston）在 20 世纪 80 年代发展起来。

后现代主义相信事实真相取决于语言的使用，并且大部分受到人们所处的背景环境的影响。后现代主义以否定、超越西方近现代主流文化的理论基础、思维方式、价值取向为基本特征，以"去中心"和"多元化"、提倡差异性与创造性为基本精神。

在这样的哲学背景下，麦克·怀特和大卫·爱普斯顿在长期的家庭治疗实践中发现，来访者症状背后的原因是复杂的，而且往往是由来访者自己主观建构的，并且经常是不同角度的人看问题的真相也不一致。同一个来访者的问题，不同治疗流派的治疗师的解释是不一样的。因此，各种心理治疗流派用语言建构出来的心理治疗假说，只能是冰山一角的反映，充其量只能如同盲人摸象般得出片面的认识。他们认为，个人的经验从根本上来说是模糊的，也就是说它的意义不是天生的或是显在的，而是要通过多重的解释才能够显现出来的。因此，他们认为问题是被保持在语言中的，所以问题也可以通过叙事在谈话中溶解。据此，一种富有后现代主义精神的心理疗法——叙事疗法诞生了（表4-2）。

表4-2 现代主义、后现代主义心理学与叙事疗法

现代主义心理学	后现代主义心理学
追求事物恒定的结构，表现出对客观对象的依赖和对理性的信仰	对非理性的张扬和对非逻辑的推崇
认为所有事物和现象都由深层的元素构成，这些元素都可以被分析、分类，有非此即彼的逻辑和理论，这些真相具有绝对的权威	主张超越传统的非此即彼的二元逻辑，不认为存在着静态的两极对立，主张存在的是两极之间的运动
崇尚客观的事实真相。认为真相不会因为观察的人或观察方法不同而有所改变	相信主观的事实真相。认为事实真相会随着所使用的观察方法和历程不同而改变，事实真相取决于语言的使用，并且大部分会受到人们所处的背景环境的影响
传统心理咨询/治疗方法	叙事疗法等

关键：对事件意义及自我认同的看法

为什么叙事疗法这一新的治疗取向会在澳大利亚和新西兰兴起，而不是在美国或欧洲等其他地方？这可能与澳大利亚、新西兰的历史文化有关。澳大利亚移民居多，很多家庭的孩子在一个国家出生，在另一个国家长大，成年后可能在两三个国家工作过，这样的生活体验可能导致以下两个文化特征：认同感的发展和对权威的怀疑。对个体而言，主要表现为对权威的挑战，例如种族特权、等级、性偏好等传统问题，这有利于个体自我认同感的发展。事实上，文化存在论是叙事学的基础，不崇拜权威、平等主义的文化传统与后现代思潮的结合，最终促进了叙事疗法的兴起。

来看一下叙事疗法两位主要创始人的经历。

麦克·怀特，1948年出生于澳大利亚一个普通工人家庭。怀特离开学校后的第一份工作是做办公室文案，之后做过庭院美化师，很快他发现自己对机器并不感兴趣，反而对操作机器的"人"有浓厚的兴趣。后来，20岁出头的怀特接受了社会工作的训练，并开始受到家庭治疗法的吸引。于是他在阿德莱德的皇家儿童医院找到一份工作：社会工作者。就是在这家

医院做心理咨询的过程中，怀特发现在心理治疗实践中有很多不平等的现象，例如医院管理的等级制度，参与研究的患者被当作"物体"（object）而非人等等，这些现象促使怀特决心挑战权威。怀特认为人的生活是通过叙事组织起来的，故事不仅仅是一面反映生活的镜子，相反，生活是在叙事的过程中被组织并得以建构的。怀特认为，这就是为什么人们都有这样的习惯，即通过讲故事的方式来向他人表达对生活的体验。怀特还认为，一个家庭背后有很多的因素，如历史、社会、文化等，这些构成了家庭的框架。他的创造性思想成为叙事治疗的基本原则，即治疗师必须努力去理解当事人的个人信仰、自我概念以及社会关系，这才能够鼓励当事人——无论是个体还是家庭重新建构一个新的、更具适应性的、更有效的互动模式。怀特的贡献不仅在于他提出了叙事疗法的原则，更重要的是他对于当事人战胜消极情绪所持有的坚定不移的乐观态度，这也是叙事治疗师必须具备的潜质之一。

怀特的合作者大卫·爱普斯顿出生于加拿大。他最初学的是人类学，后来移居新西兰。与怀特一样，爱普斯顿也是先供职于奥克兰的一家公立医院，研究儿童与青少年问题，之后转到私人机构工作。家庭治疗对爱普斯顿产生了较大的影响，人类学的背景使爱普斯顿对个体所处的社会关系较为敏感。同时，他关注文化对个人信仰的影响。

怀特和爱普斯顿都出生于第二次世界大战结束后的第一个生育高峰期，这一代人在童年时期的活动均不可避免地沾染了一定的政治色彩，成长过程中也伴随着一种对核武器及战争的恐惧。这一代人更有可能挑战现有的社会准则，他们反对政治权力的统治。两人对当时心理治疗界盛行的一些权威意识持反对态度。更有趣的是，两人的妻子都是女权主义者，从他们的作品中，我们很容易看到他们的妻子对他们工作方向的影响以及对他们的支持或是挑战。

2. 叙事治疗的基本含义及理论假设

所谓叙事疗法，是指咨询师通过倾听来访者的故事，运用适当的技术与方法，使问题外化，帮助来访者找出遗漏片段，从而引导来访者重构积极故事，以唤起来访者发生改变的内在力量的过程。

叙事疗法认为，人类活动和经历更多的是充满了"意义"的故事，咨询师在咨询的过程中需要唤起来访者生命中曾经活动过的、积极的东西，以增强其改变的内在正能量。叙事疗法的重点，就是要帮助来访者重新检视自身的生活，重新定义生活的意义，进而使来访者实现自己希望的生活。

叙事疗法的基本假设主要有：

（1）人不是问题，问题才是问题。

（2）每个人都是面对自己生命挑战的专家。

（3）来访者见咨询师时，早就自疗一段时间了。

某一天，一个自杀未遂者来到咨询室。咨询师会怎样看待他？

传统咨询师1：问题很严重了，错过了最佳的治疗时间，早点来会更好一些。

传统咨询师2：曾想到自杀，一定有很多苦，好可怜的孩子！

叙事咨询师：曾经想到死，但还是活下来了，一定做过很多努力，挺不容易！

（4）来访者的许多问题都是种族、阶级、性取向、性别等文化环境所营造出来的。

大学生小雨总是因为自己胖而自卑，害怕男朋友因为她胖而抛弃她，总是很焦虑。咨询师会如何看待她？

精神分析取向咨询师：她的自卑可能源于童年的一些记忆，要看看她童年有没有什么创伤。

认知取向咨询师：小雨自己的认知有偏差，胖并不代表没有吸引力。

叙事咨询师：以瘦为美，是一种主流文化，小雨就是受到这种主流文化的影响而感到自卑的。

（5）"寻求帮助"的概念会造成来访者低估自己的能力，限制他们自我资源的运用。①

传统咨询师1：你好！有什么可以帮你的吗？

---

① 基于这一理念，本书叙事疗法部分没有采用《国家职业标准·心理咨询师》中"求助者"这一概念，而改用了"来访者"的称谓。

传统咨询师 2：你好！你都有哪些问题需要谈？

叙事咨询师：你好！今天来这里想讲些什么呢？

（6）人的一生当中，总有几天不被问题影响的经验，问题是不会百分之百操纵人的。

一位中年男子，婚姻失败，事业受挫，感叹"为什么我的生活总有那么多的不顺和曲折？"咨询师对他的看法是什么？

传统咨询师 1：性格决定命运，看来是他的性格中有什么弱点决定了他总是那么不顺，那我还是来看看他是什么性格的人。

传统咨询师 2：他是挺不顺的，但生活中这样经历的人很多，他把问题看得太严重了，应该让他知道他的问题其实很普遍。

叙事咨询师：尽管他现在看起来事事不顺，但在他的经历中总有比较顺利的时候，我要陪他一起寻找那些部分。

（7）咨询师的责任是塑造尊重、透明和好奇的环境。

叙事疗法认为，咨询师的任务不应该是改变来访者信念和认知，没有一个咨询师能真正了解来访者自己的认知，也不需要了解。

传统咨询师 1：咨询师的主要任务是改变来访者的信念和认知，帮助来访者找到解决问题的办法。

传统咨询师 2：咨询师的任务是找到来访者问题的原因所在，帮助来访者制订问题解决的行动计划。

叙事咨询师：咨询师的任务是塑造尊重、透明和好奇的咨询环境。

（8）意义并非事先存在，而是由我们透过交流的交互作用创造新意义。

人是需要意义的。找到了意义，就找到了方向，找到了力量。

来访者在咨询中谈到了他的童年：父母意外早逝，寄养在亲戚家的他失去了许多同龄孩子应有的幸福。咨询师如何看待他的这段生活故事？

传统咨询师 1：一个人童年的创伤经历对他的人格发展有相当深远的负向影响，当这些影响被分析和了解后，会有助于个案人格的完善。

传统咨询师 2：童年的经历是无法改变的，一个人无法选择自己的童年，过去的就让它过去，只要好好面对现在就好了。

叙事咨询师：童年的创伤事件对他造成了伤害，但是这段经历也许有积极的影响，我要陪伴他从这些问题的故事中构建新的意义。

3. 叙事咨询师的角色和态度

（1）放空。

放空是指叙事咨询师应站在"不知道"的立场，而不是从"我已经了解你"的专家立场和来访者对话——这里的"不知道"不是指咨询师真就一无所知、什么都不懂，而是指咨询师懂得的是与咨询历程有关的知识，而不是别人的生活内容和意义。

放空要求咨询师做到不以专家姿态自居，不带有先入为主的想法，不做概念化的"标签"，相信来访者是自己生命故事的专家，能够用充满好奇的问话，发现来访者生命故事的独特之处。

（2）合作。

要求咨询师不做指导者、控制者和谁的责任人，而是做一名互动、共享的陪伴者，创造一种轻松和互相滋养的关系。

（3）尊重。

营造尊重、好奇、透明的咨询氛围。不是专注于来访者改变与否，而是专注于对来访者生命故事的欣赏和感动，对来访者的生命故事保持好奇，真诚开放自己的想法和情感。

（4）珍惜。

珍惜来访者的各种态度、问题，珍惜来访者所有的想法、故事，真正让来访者感受到自己是面对生命挑战的专家和主人。

4. 叙事治疗的三大技巧

（1）外化。

人不等于问题。外化的要旨就是做到把人和问题分开（图 4-5）。

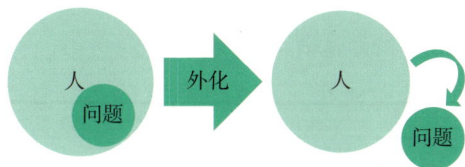

▲ 图 4-5 外化示意图

外化是叙事疗法中一个重要的技巧，其意义和作用在于：

第一，可以有效降低来访者因问题产生而引起的焦虑、抑郁等情绪，以及由此带来的压力感、无力感和挫败感。面对感到"严重得要命"的问题，外化能够让来访者静下心来，找出更为有效的应对措施。

第二，让来访者用不一样的思维模式和珍惜之心去看待、贴近问题及自己身上的宝贵特质，从而开启对自己、对问题新的意义的认识，发现更多的可能性。

第三，启发来访者跳出自己看自己，跳出问题看问题，提供与问题正视、对话的可能性，使来访者得以从问题纠缠之中实现抽离，更全面准确地认识问题、解决问题。

第四，使来访者有机会感觉自己是面对问题的专家。

咨询中找到可以外化的点，是叙事咨询师的基本态度和功力。原则来讲，什么都可以外化——感知觉、情绪情感、气质性格、行为习惯、经历、事件、关系、社会评价、文化习俗等，都可以拿来外化。

外化的常用技巧如：

——将一些形容词改成名词形式。

来访者：我经常会感到害羞，为此我都快烦死了！

咨询师：这个害羞出现时会给你带来什么影响？比如，哪些影响是令你满意的，哪些影响是你不满意的？

——对问题、情节等进行命名。

来访者：我们的婚姻已经出现了很大裂痕，我现在真的不知道该怎么做……

咨询师：如果现在我邀请你对你所说的婚姻裂痕起一个小名或者绰号，你觉得应该称呼它什么比较贴切？

——拟人化。

来访者：我真的不想继续这样不开心下去了……

咨询师：这个"不开心先生"是怎么捉弄你的？它通常最喜欢在什么情况下来拜访你？

（2）解构。

解构就是邀请来访者探索问题、感受、想法等的来历，以及它们的影响力和结果，邀请来访者看到自己是如何被建构的，以提供从不同角度、观点来看自己故事的机会，从而引出其他可能的叙事。

解构的最终目的是发现特殊意义事件，让那些不被人看到的"支流故事"浮现出来——这个过程还有一个说法叫"打开包装"。

解构有两个要点：一是解构的聆听，二是解构的问话。

1）解构的聆听是以放空、外化、好奇的态度去倾听，时刻保持对来访者用词的关注与贴近。

来访者：我好苦……同龄人该有的活力我没有……

咨询师：你说到自己好苦，那个"苦"的感觉是什么，可不可以多说一些？同龄人该有的活力对你来讲是什么？

2）解构的问话，可以分为问题历程问话、问题影响力问话、探索特定文化影响的问话、问题策略及与问题关系的问话等。

——问题历程的问话。这种问话关注于问题、感受、想法的来历以及最近的发展。可以从以下几个方面来问：问题是怎么来的（how）？问题具体是什么（What）？问题出现在哪里（where）？问题是什么时候出现的（when）？问题是跟谁在一起出现的（who）？最近有没有什么变化（What）？

如来访者谈到自己很焦虑，咨询师就可以这样设计解构的问话：

那个焦虑是如何进入你的生活的？

你说的"焦虑"具体指什么？

那个"焦虑"通常在什么时候比较容易来烦你？

和什么人在一起的时候那个"焦虑"容易来找你？

那个"焦虑"近来有没有什么变化？

——问题影响力的问话。此类问话关注于问题、感受、想法、宝贵特质等是如何影响来访者的过去、现在、将来以及与他人关系的。

来访者，35岁，女性。孩子学习不好，觉得自己做母亲是失败的，一直很压抑。

咨询师：孩子学习不好是做母亲的失败——这样的想法是怎样影响到你作为一个母亲的感受和言行的？

——探索特定文化影响的问话。文化是人创造的，文化又影响着每一个人。作为社会性的人，我们的认知风格、行为习惯、叙事方式等，总是难以脱离特定文化、习俗的影响。

来看两个咨询师针对同一来访者同样问题的咨询过程。

来访者，女，22岁，因为自己的肥胖，总担心会被男朋友抛弃。

咨询师甲（传统咨询师）——

来访者：我总觉得，有那么一天，我男朋友会离开我……

咨询师甲：可不可以多说一些？

来访者：有哪个男人会喜欢一个胖女孩儿？像我这样的身材……唉，我总有一种预感，男朋友不会永远喜欢我的。

咨询师甲：听起来你的意思是说，没有一个男人会喜欢胖女孩儿，所以很担心男朋友有一天也会离开你。

来访者：是，是这样的，总为自己的胖而感到自卑。

咨询师甲：那老师要让你看看自己的逻辑了，是不是所有的胖女孩儿都嫁不出去，都被男朋友抛弃了？或者说，世界上所有的男人都娶了一个身材苗条的妻子？

来访者：……也不是那样的——不过，我还是挺自卑的，挺羡慕那些瘦瘦的女孩子，穿衣服也好看，也讨人喜欢。我要是瘦一点，也不用担心男朋友会离开我。

咨询师甲：你的意思是，只要自己瘦一些，男朋友就永远不会离开你了……

来访者：至少我不会像现在这样担心了，唉……

咨询师甲：其实，你的思维里总有一些不合理的信念，一些绝对化的、糟糕之极的想法，是因为这些想法才导致你有现在的情绪的。

……

咨询师乙（叙事咨询师）——

来访者：我总觉得，有那么一天，我男朋友会离开我……

咨询师乙：可不可以多说一些？

来访者：有哪个男人会喜欢一个胖女孩儿？像我这样的身材……唉，我总有一种预感，男朋友不会永远喜欢我的。

咨询师乙：男人不喜欢胖女孩儿，这样的想法是怎么来的？

来访者：社会上都这么看的……

咨询师乙：社会上的人是怎么看胖女孩儿的？

来访者：现在是以瘦为美的时代，胖女孩儿穿衣服很难看啊……没有瘦女孩儿受欢迎啊！

咨询师乙：大家对胖女孩儿这样的看法是怎么影响你对自己的看法的？你希望自己怎样被看到？

来访者：（思考）……怎么影响？其实——有时候，我觉得自己蛮可爱的，因为没有外在的优势，所以，平时我会特别特别努力……

——问题策略及与问题关系的问话。叙事疗法认为，问题是有生命的，有它自己的生存策略。咨询师与来访者一起探究问题是靠着哪些策略才得以生存下来的，以及探讨来访者希望与问题保持着什么样的关系。

这样的问话通常是以拟人的方式呈现：

愤怒是如何用计策控制你的？都用了什么计策？

如果愤怒会说话，它会对你说什么？

你对自己的看法，有哪些是自卑说服你的？

在你的生活里如果自卑替你做决定，它会带你走向何方？那是你期待的方向吗？还是你宁可自己来做决定？

如果现在抑郁就站在那里，你会如何形容和它的关系（如：和抑郁手拉手，改造抑郁，抑郁偶尔来拜访一下，骑在抑郁背上等）？你喜欢那样的关系吗？如果不喜欢，那你希望和抑郁保持怎样的关系？

你知道还有谁被忧郁围攻吗？你想忧郁是如何去影响那些人的生活的？

（3）重写。

重写就是寻找来访者主流故事之外的支流故事，通过丰厚这些支流故事，挖掘出来访者故事中的特殊意义事件，然后把这些特殊意义事件串联起来，万涓成河，形成来访者故事中新的行动地图和意义地图，从而重写来访者的生命故事，使来访者构建起积极正向的自我认同。

重写主要有三个理论点和五个技术，分述如下。

①重写的三个理论点。

——特殊意义事件。特殊意义事件是新故事的入口，是任何不合主流故事的事件，或与主流故事相矛盾的事件，也可以是一个梦想、一份约定、一种特质等，它可以是很不起眼的一件小事，可能来自过去、现在和未来。

找出特殊意义事件可以帮助来访者探索问题故事中的例外，并为建构新故事的开端来铺路。

来访者媛媛（化名），女，40岁。谈到在她童年时看到爸爸把妹妹送人的故事时，来访者说："我那时候就是想我一定要好好学习，我一定要给妈妈争一口气，让爸爸觉得女孩子也是有用的，女孩子也是可以养家的，女孩子将来也是可以赡养他们的，女孩子并不比男孩子差。"

——行动地图。怀特童年时喜欢看地图骑自行车在城市里穿梭，他把看图骑车的个人生活哲学，发展出了叙事疗法的行动地图和意义地图技术。

把特殊意义事件的细节（What、Who、Where、When、How）串联起来，形容来访者故事的行动地图——可以是行动，也可以是一个想法，一个表达，以此为线索让来访者从自己的故事中看到自己艰辛、顽强、努力等宝贵特质。

——意义地图。把行动地图在不同时空赋予的意义串联起来，就形成一个意义地图。

咨询师：想到这些特质都是妈妈给你的，让你感受到你的勤奋、认真、接纳、隐忍等宝贵特质——这对你这个做女儿的影响是什么？

来访者：就是因为妈妈活得那么不容易，一方面我觉得像妈妈那样是好的，对这个世界、对周围的人是好的，但是我突然有一种愿望——我要解放自己，我不能再活得像妈妈那样委屈自己。

②重写的主要技术。

——挖掘特殊意义事件。挖掘特殊意义事件就是咨询师引发来访者思考自己故事中宝贵的、不容易的地方或是不被问题所影响的时候。特殊意义事件不是由咨询师决定的，而是由来访者决定的。特殊意义事件不一定是已经存在的事件，也可以是来访者和咨询师在咨询过程中建构出来的。

咨询师：在教养孩子的过程里有很多挑战，你付出很多，给他找最好的学校给他补习，可是孩子的学习成绩根本没有多少改变。我看到的是你这位母亲的难得，一位在困境中一直想办法的母亲。所以我想请你说说，你这位一直在困境里想办法的妈妈，最难得的地方在哪里？

——丰厚特殊意义事件。当来访者看到自己的宝贵之处（经历、表现等）时，咨询师就要对这些特殊意义事件进行丰富，使它变得更加立体、生动、富有力量，或借机引发出新的更多意义的故事。

——见证的问话。也称时空转移问话，是启发来访者将过去、现在、未来不同时空中的自己，去见证来访者新的故事和新的自我认同，以使得来访者的行动地图更有意义。

咨询师：我很好奇的就是，童年的你这么辛苦地一路走来，可看到长大的自己，在大学里念书的自己，可以感受到自由，可以打排球，还被老师欣赏——我想问，当那个童年的你，看到自己在大学里能比别人做更多的事情时，会想些什么或者说些什么？

——联结的问话。将来访者在咨询过程中提到的不同主题进行联结。

咨询师：你刚刚提到了，你一直想要过艺术家般的生活，这和你现在讲的自由有什么样的联结？

——迁移的问话。在陪伴来访者发现自己的资源、力量以及宝贵特质以后，再引导来访者带着这种不一样的感觉，去看原来面对问题和困难时感到无力的自己，逐步帮助来访者发展出新的积极的自我认同。

咨询师：带着这种有力量的感觉，你想对那个面对问题不知所措的自己说些什么呢？

在实务工作中，重写是一个循环的过程，如果觉得特殊意义事件的力量不够强，则会重新找一些点进行丰厚、见证、迁移，这样循环往复，直到让来访者看到自己生命的力量。当然，重写主要是一个创造性的过程，在实际咨询过程中，并不一定严格遵守所谓的一些技巧，也可以根据实际情形，灵活创造出一些故事重写的方法。

三、家庭、组织、人格系统自和谐心理咨询

现在请你想象一个场景：你正坐在一辆满载乘客的公交车里，车里的乘客或坐或站，或谈天说地或做"低头一族"……突然间，全体乘客齐刷刷身体前倾，有的跟跟跄跄摔倒在地，有的把手里提的水果撒得满车厢都是，一片狼藉——这时你脑子里出现的第一反应是什么？

没错，乘客是无辜的，一定是这辆车出现了某种状况——比如急刹车，而与乘客的主观意愿和自身状况无关！

无论我们是否愿意承认，一个人不可能脱离自己所在的系统，就像一个人不可能提着自己的头发把自己提起来——我们在自己的家庭系统中获得并

延续生命，在某个（些）组织系统中获得生存及发展，在自己的人格系统中获得持续一生的成长。

家庭、组织、人格系统自和谐心理咨询，是本书主编在家庭系统排列的基础上，从家庭、组织、人格系统这三大维度，充分整合以人为中心疗法的共情、后现代主义心理咨询的"问题外化"等技术，发展出的一种新型实用的心理咨询方法。

家庭、组织、人格系统自和谐心理咨询（简称系统自和谐心理咨询或系统咨询），是以心理学和辩证唯物主义基本原理、中国传统文化精华为主要理论依据，遵循家庭、组织、人格系统基本规则，通过角色代表的共情反应以及系统自和谐运作机理，直观呈现系统中存在的各种不和谐状态及其相关成员心理行为问题的系统性根源，重建系统和谐状态，根本解决人在认知、情绪、行为等方面的问题和困扰，实现人和系统全面发展的一种新型心理咨询方法。

系统咨询师即运用系统咨询等相关技术与方法，从事心理学助人工作的专业人员。

系统的观点为解决人类在认知、情绪、行为方面的问题和疑惑，提供了一个全新的视角——一种系统的、全局的、根源性的解决之道。很多问题，当我们从现实层面和意识层面经过烦琐的推理、周密的测算而一筹莫展、不得要领或者收效甚微时，从系统的角度来找寻解决之道，或许可以柳暗花明。

比如，你非常希望做一个内心祥和的人，可却总是难以自控地出现莫名的焦虑、郁闷和烦恼，"道理我都懂，可就是做不到"……

比如，你已经把全部精力都付出给家人，可是，大人孩子却丝毫不领情，甚至处处和你"对着干"……

比如，你在工作生活中努力与人为善，可是却处处"点背"，感觉命运总在和你开着不公平的玩笑……

比如，你为自己的人生事业付出了艰辛的努力，可是却经常"事与愿违"，每次都和成功"擦肩而过"，导致离你的奋斗目标越来越远……

或许为了解决以上种种疑惑，你"遍访名家"，几乎尝试了所有的心理咨询技术，但是收效甚微、于事无补……

还或许，以上情况所幸你都没有遇到，你只是想让自己破茧成蝶、人格完善、人生辉煌、境界远大、运筹帷幄、洞察秋毫……

也或许，你是一名心理学助人者，你迫切需要了解各种心理咨询技术都必须遵从的"道"，从而使你的助人工作"逢山开路、遇水搭桥"，顺风顺水……

那么，建议你不妨用系统的观点，来找寻问题的根源，找到解决的办法。

所谓系统的观点，就是让我们不仅看到一棵棵树木，更可以看到丛林。

系统咨询的方法，用来解决家庭系统中存在的问题和困扰，即为"家庭系统咨询"；用来解决组织系统中存在的问题和困扰，即为"组织系统咨询"；用来解决人格系统中存在的问题和困扰，即为"人格系统咨询"。

家庭、组织、人格系统咨询的具体作用如下。

家庭系统咨询：从家庭系统的维度，帮助当事人解决婚姻家庭问题、家庭成员互动、情感问题、收养赡养、家庭暴力、两性沟通、性身份障碍、老年临终关怀、儿童心理行为障碍等；

组织系统咨询：从组织系统的维度，帮助当事人解决组织重大决策、组织评估、团队管理、目标制定、绩效提升、人员选拔使用、人事变动、凝聚力建设、组织内部教育训练等；

人格系统咨询：人格即宇宙，宇宙即人格。适用于人与人、人与物等各种关系的影响互动，个人成长，人格完善，自我觉察与探索，社会适应，能力提升，职业生涯规划，人生重大抉择，身心健康维护，认知、情绪、行为等方面出现的困扰等。

在具体操作中，家庭、组织、人格三大系统咨询可以单独进行，也可以交叉或者先后推进。而人格系统咨询既是系统咨询的出发点，更是系统咨询的落脚点和终极目标。

"善心者师心不师圣[①]"。家庭、组织、人格系统自和谐心理咨询的所有操作规程，都是在大量真实咨询案例基础上的提炼和总结。系统自和谐心理咨询从理论到实践都是"站在了巨人的肩上"，是整合古今中外一切关于"心"的有价值的研究成果，克服心理学研究应用领域长期存在的理论和实践相脱

---

① 出自《关尹子·五鉴》。

节的弊端，真正使心理学有料、有用、有效，最大限度满足大众对心理学飞速增长的需求。特别需要说明的是，系统自和谐咨询的生命力就在于，这是一门在心理咨询实践中应运而生的整合的心理咨询技术，更是一门需要在实践中不断"扬弃"、不断修正、不断发展的心理咨询方法。如果这一粗糙之"砖"，能引来精美之"玉"，能激起更多人对家庭、组织、人格系统自和谐规律的关注和研究兴趣，从而帮助到更多的人，那将是该技术最终的目的和最大的意义。

1. 系统咨询的三大理论基础

家庭、组织、人格系统自和谐心理咨询以心理学和辩证唯物主义基本原理、中国传统文化精华为主要理论依据。

（1）心理学理论基础：自和谐是心理现象的本质。

精神分析理论认为，人的心理包括意识、前意识和潜意识三部分。后期，弗洛伊德对以三种意识为核心的人格结构学说做了修订，提出人格由本我、自我和超我三部分组成。精神分析的主要任务，就是努力致力于平衡个体"三识"和"三我"的各种冲突，实现其和谐共处。

荣格的分析心理学认为，自性（self）是集体潜意识中的核心原型（如同太阳是太阳系的核心），是统一、组织和秩序的原型。其作用是把其他所有原型及其在意识和情结中的显现，都吸引到它的周围，使它们处于一种整合、统一、和谐的状态，即自性实现。荣格认为这是人性所要达到的最高目标。因此分析心理学的方法论实质上是一种整体论和系统观，体现出荣格对系统主义心理学的宝贵思考和探索。

以马斯洛等为代表的人本主义心理学认为，自我实现是指个体的各种才能和潜能在适宜的社会环境中得以充分发挥，实现个人理想和抱负的过程，亦指个体身心潜能得到充分发挥的境界。马斯洛认为这是个体对追求未来最高成就的人格倾向性，是人的最高层次的需要。"自我实现"是马斯洛人格理论的核心，他认为可以将其定义为"在个人内部不断趋向统一、整合或协同动作的过程"。

后现代主义心理学是主张超个人主义的——体现在人与自然的关系上，就是反对"人类中心主义"，强调人与自然的同一即"天人合一"，倡导生态文明，主张重建人与自然的和谐共生；体现在人与人的关系上，就是反对

"自我中心论"，主张"仁者爱人"①，提倡"己所不欲勿施于人"，把全人类视作一个命运共同体，以此重建人与人、人与世界的和谐关系。

后现代主义心理学高度重视系统观的影响。后现代主义心理学并不认为剔除或修正个体的歪曲认知，或者调整个体的情绪经验便能达到咨询的目的。相反，认为求助者必须通过自身的积极创造和与系统的互动才能建构真实的主体经验。后现代主义心理学将科学实证与理性思辨结合，内省观察、现象学与动力心理学相结合，东方智慧与西方超个人主义心理学相结合，这样可以整合各心理学流派并且扩大心理学的影响力。后现代主义心理学所倡导的超个人主义心理观，以及多元化、系统性和互动性等思想，对心理咨询产生了直接影响。

（2）辩证唯物主义基本原理：自和谐是事物存在和发展的本质。

马克思辩证唯物主义是博大精深的科学理论体系，对系统自和谐心理咨询的研究和应用无疑有着非常重要和宝贵的理论及实践指导意义。

——世界的物质统一性原理。自然界、人类社会和精神意识，尽管他们表现各异，特点不同，但都根源于物质，都是物质的一种存在方式或机能。世界上的一切发展、变化和过程都是物质运动的具体表现，其原因在物质世界自身。时间、空间是运动着的物质存在形式。宇宙中各种运动形式按照从低级到高级、从简单到复杂、从无序到有序、从混乱到和谐的方向演化和发展。

——世界普遍联系原理。世界是万事万物相互联系的统一整体。在无限的宇宙中，联系不是个别事物之间暂时的、特殊的关系，而是一切事物、现象和过程所共有的客观的、普遍的本性。任何事物都不能孤立存在，都同其他事物发生着联系。任何事物都是统一的联系之网上的一个部分、成分或环节，都体现着普遍的联系。人们不能否认和割断事物之间的客观联系，也不能主观臆造联系。规律是事物运动过程中本身固有的本质的必然的联系。

——整体和部分关系原理。整体（系统）和部分（个体）二者不可分割，相互影响。整体（系统）的性能状态及其变化会影响到部分（个体）的性能

---

① 出自《孟子·离娄下》第二十八章。

状态及其变化。部分（个体）也制约着整体（系统），甚至在一定条件下关键部分（个体）性能会对整体（系统）的性能状态起决定作用。

——内外因辩证原理。唯物辩证法认为，事物的内部矛盾（即内因）是事物自身运动的源泉和动力，是事物发展的根本原因，它是第一位的，决定着事物发展的基本趋向；外部矛盾（即外因）对事物的发展起着加速或延缓的作用，是事物发展、变化的第二位的原因。

——个人与社会的辩证关系原理。人类结成社会而生活、存在和发展。个人与社会是辩证统一的关系。一方面，个人与社会相区别，不能等同。个人与社会相比较，社会更为根本，起着决定作用。另一方面，个人与社会相互依存，密不可分。个人是社会中的个人，社会是由个人组成的社会。人的生存离不开社会，人的发展更需要社会提供种种条件。任何一个社会的存在和发展，都是所有个人及其集体努力的结果，一切个人活动的总和构成社会的整体运动及其发展。个人活动对社会发展产生能动影响，社会的发展要靠全体社会成员自觉努力才能实现；个人活动受社会环境和社会发展规律的制约。

另外，辩证唯物主义关于事物发展状态和趋势原理、矛盾辩证关系原理、实践和理论辩证关系原理等，都为系统自和谐心理咨询工作提供了非常好的认识论和方法论，值得系统咨询师认真学习和准确把握。

（3）中国传统文化的核心智慧：自和谐是天地人和之"大道"。

中国传统文化源远流长，博大精深，其中蕴含着丰富而宝贵的系统观和和谐思想。

——中和之道：理性与情感的和谐。中和之道主要表现在理性与情感的合一上。人们的喜怒哀乐是人的自然属性，是情感的表现，为了追求与天道、天性合一的至诚、至善、至仁、至真的人性，需要对情感加以约束和限制，所以《中庸》[①] 说："喜怒哀乐之未发谓之中，发而皆中节谓之和"，只有"致中和"，才能"天地位焉，万物育焉"。

---

① 《中庸》是一篇论述儒家人性修养的散文，原是《礼记》第三十一篇，相传为子思所作，是儒家学说经典论著。

——天人合一：人与自然的和谐。在人与自然的关系上，中国传统思想主张"天人合一"，强调人类应当认识自然、尊重自然、保护自然。老子说："人法地，地法天，天法道，道法自然"，就是强调人要以尊重自然规律为最高准则，以崇尚自然、效法天地作为人生行为的基本依归。庄子说："天地有大美而不言，四时有明法而不议，万物有成理而不说。圣人者，原天地之美，而达万物之理"[①]，也是强调人必须遵循自然规律，顺应自然，与自然保持协调，从而达到"天地与我并生，而万物与我为一"[②]的境界。"夫大人者，与天地合其德，与日月合其明，与四时合其序……"[③]这种"天人合一"的宇宙观，都在强调主体与客体的统一，主张有机地、系统地去看待天地间的万事万物。

——阴阳和合：宇宙万物的和谐。"一阴一阳之谓道"[④]。阴阳和合集中体现了中国传统文化中的和谐精神。天地万物的生存发展，都遵循着阴阳相合的原理。"阴阳者，天地之道，万物之纲纪，变化之父母，生杀之本始，神明之府也。"[⑤]老子说："道生一，一生二，二生三，三生万物。万物负阴而抱阳，冲气以为和。"[⑥]一幅太极图，最能代表中国文化中的阴阳观念：阴与阳相互交汇，相互包含，相互转化，阴中有阳，阳中有阴，相生相长，生生不息。阴阳和谐一直是中国人孜孜以求的一种人生佳境和大美憧憬——阴阳和谐，则日月同辉、山水相依、琴瑟和鸣、张弛有道、进退有礼、长幼有序、夫唱妇随……

——仁者爱人：人与人的和谐。如果说老子思想集中体现了人与自然的和谐，那么孔子的思想则集中体现在人与人的和谐关系上。"仁"是孔子提出的最高道德原则、道德标准和道德境界——"仁"，二人也，即"人与人"之间的和谐关系。孔子一生都在研究人际关系，不但提出了"和为贵"的价值取向，而且提出了仁、义、礼、智、信、忠、孝、悌、恕、让等一系列道德

---

① 出自《庄子·知北游》。

② 出自《庄子·齐物论》。

③ 出自《周易·文言传》。

④ 出自《易经·系辞上》。

⑤ 出自《黄帝内经·素问·阴阳应象大论》。

⑥ 出自《道德经》第四十二章。

准则。"君子和而不同，小人同而不和。"①准确地说，儒家所倡导的"和"，绝不是毫无原则的"一团和气"，而是致力于建立一整套严格完善的理想人际关系秩序，以此来保障人与人、人与家、人与国、人与人格的和谐相处。

2. 系统咨询与系统排列的不同

为便于初学者正确理解和使用系统咨询技术，本书主张将系统自和谐心理咨询与系统排列加以区分。

系统自和谐心理咨询与系统排列，都是采用团体心理咨询的形式，通过选择角色代表等为主要方式来进行工作，这是两者的相同之处，但其不同之处也是显而易见的——所以说，系统咨询是对系统排列的"扬弃"②。

——理论依据不同。系统排列主要以现象学为哲学依据。系统自和谐心理咨询则是以心理学和辩证唯物主义基本原理、中国传统文化精华为主要理论依据。"无论是现象学还是存在主义都没有达到可能与马克思主义进行建设性谈话的这一维度。"③

作为扎根在中国丰厚文化沃土基础上的中国家庭、组织和人格系统，更是遵循着中国系统特有的基本规律和解决之道，烙上深深的中国印。

按照海灵格家庭系统排列的规则设置，西方系统排列师在处理有关收养问题案例时，通常是比较生硬地让养子脱离收养家族系统，回归到亲生家族系统。但在中国的传统文化中，"养大于生"，被收养人同时属于生和养两个系统。

——工作层面不同。家庭系统排列把工作层面定义在潜意识层面，认为系统排列是借助集体潜意识来工作的，这本身就是违反心理学常识的。集体潜意识是荣格分析心理学术语，是指一个家族中世世代代的成员通过基因遗传方式而保留下来，却在个体一生中从未被意识到的人格层次。在以团体心理咨询为主要形式的系统咨询过程中，不论是团体成员还是被选中的角色代表，和求助者根本就是分属于不同的家族系统，是"两条道上跑的火车"，何

① 出自《论语·子路》。
② 扬弃，德语aufheben的意译，音译为"奥伏赫变"，是一个哲学名词。意指任何事情都有好的和坏的一面。扬弃是继承和发扬旧事物内部积极、合理的因素，是抛弃和否定旧事物内部消极的、丧失必然性的因素，是发扬与抛弃的统一。
③ 张庆熊，2014。

来彼此之间的联系和作用？

另外，海灵格认为"潜意识联系"并非遗传上的联系，而是心灵的联系，这也有悖于荣格的集体潜意识理论。

很显然，系统咨询的工作层面，应该定义在系统意识（超意识）而不是潜意识层面[①]。

——工作机理不同。由于在理论依据方面的先天局限，一些系统排列师不得不借助甚至故弄玄虚地大谈"神""灵""魂"乃至"宇宙能量"的作用，在国内引起越来越多的质疑和讨伐之声，在理论和实践上正在把系统排列引向绝路。

系统自和谐心理咨询的工作机理主要体现在两方面：一是坚信系统自和谐规则是事物本身固有的客观规律，把它作为系统咨询唯一正确的理论解读和工作依据。二是通过角色代表的共情反应，直观呈现系统中存在的各种不和谐状态及其相关成员心理行为问题的系统性根源，重建系统和谐状态，根本解决人在认知、情绪、行为等方面的问题和困扰，实现人和系统全面发展。

共情一词源自希腊文 empatheia（神入），原来是美学理论家用以形容理解他人主观经验的能力。共情是人生而俱有的一种能力。共情是人与人之间在认知、情绪、情感、意志以及人格等心理现象上的一种和谐共振。亚当·斯密[②]在《道德情操论》中认为，同理心（共情）是仁爱道德的重要基础，"有时候，某种情感好像就在一瞬间便从某个人倾注到另一个人似的，事先完全不必知道究竟是什么情况在主要当事人身上引起了那种情感"。

——工作的出发点和落脚点不同。系统咨询着重研究家庭、组织、人格三大系统及其相互关系，认为这三大系统囊括了生命赖以出生、生存、生长的全部系统。个体在自己的家庭系统中获得并延续生命，在相关组织系统中获得生存及发展，在自己的人格系统中获得持续一生的成长。三大系统既互相制约，又互相促成。三大系统既相对独立，又层层相依，除此之外，再无

---

① 关于系统意识的介绍，参见本书第五章。

② 亚当·斯密（1723—1790），英国经济学家、哲学家、作家，经济学的主要创立者。代表作品：《国富论》《道德情操论》。

其他（图 4-6）。

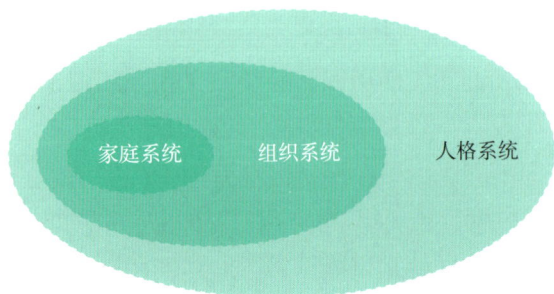

▲ 图 4-6　家庭、组织、人格三大系统关系图

系统咨询技术，用来解决家庭系统中存在的问题和困扰，即为"家庭系统咨询"；用来解决组织（团队）系统中存在的问题和困扰，即为"组织系统咨询"；用来解决人格系统中存在的问题和困扰，即为"人格系统咨询"。

人格即宇宙，宇宙即人格。在具体操作中，家庭、组织、人格三大系统咨询可以单独进行，也可以交叉或者先后推进。而人格系统咨询既是系统咨询的出发点，更是系统咨询的落脚点和终极目标。

——基本理念及职责定位不同。针对家庭系统排列出现的误区，系统咨询师坚持把"五不一唯"（不主观、不妄断、不操控、不探秘、不神道，唯物主义）作为基本工作理念，最大限度借助和激发系统和当事人自身力量来实现助人。

系统咨询师以对生命的高度信任、尊重和敬畏，把自己定位成一个旁观者、陪伴者和协助者，尽可能少地介入到当事人系统中去，把改变的责任和权利充分留给系统成员自己。

3. 系统咨询的工作流程、阶段及特点

（1）系统咨询工作的准备。

1）参与人数及场地要求。参与系统咨询工作的人数可多可少，通常在20~50 人比较适宜，特殊情况人数也可增加至数百人（前提是不影响系统咨询师以及全体成员对工作现场的清晰观察和彼此言语交流）。

系统咨询场地要求大小高低适中、光线柔和、温度适宜、环境安静、地毯洁净，配备带有靠背、高度适宜的舒适座椅。场地大小依据参与人数多少

确定，通常以不感到太过局促和太过空旷为宜。

参与成员大致围坐成一个圆形或椭圆形。中间留出足够宽敞的空间供上场代表自由移动（图4-7）。

▲ 图4-7 系统咨询工作现场：参与成员围圈而坐

2）必要的准备及清场。参加系统咨询的成员，被选中做角色代表后，或需要随意移动位置和坐立，或因咨询需要可能站立较长时间，所以建议穿着宽松舒适、行动自如的衣服。咨询过程中，要求全体成员将手机调至静音或关机，除非必须不能随意进出和走动，不要取笑、打闹或议论私语，以一种对生命的高度敬畏、尊重和对助人工作的神圣责任感，全身心投入到系统咨询工作之中。

为避免因对系统咨询工作不理解甚至误解，从而影响到咨询工作的正常进行和咨询效果，在系统咨询正式开始之前，有必要根据到场成员的知识和经验，对即将展开的系统咨询工作进行必要的理论和技术讲解、答疑。一定要让大家知晓，系统咨询不是心理剧，没有现成的脚本，不需要场上代表的刻意表演，更不要依据自身的生活经历和对角色的理解，对系统咨询进行主观评判和干扰。系统咨询怎么进行，完全凭借场上代表最真实的共情反应——随时涌现出的感知觉、情绪情感、行为反应、身体生理反应等。

"五不一唯"原则是确保系统咨询顺利进行和取得效果的生命线，强调次数再多也不为过。

接下来就是必要的清场练习，以下指导词供参考。

现在请你选一个最舒适的姿势坐在你的椅子上，放下你手里所有的东西，让你的后背很舒服地靠在椅背上，让你的双脚很自然地踏在地板上。

现在你可以闭上你的眼睛，也可以在下一刻闭上你的眼睛……当你闭上眼睛的时候，你的身体就进入了很专注、很舒适的放松状态……

现在关注你的呼吸，深深地吸气，缓缓地呼出，感受到你的呼吸一次比一次深、一次比一次慢、一次比一次悠长……你每一次的吸气，都把大自然所有的氧气、所有的滋养统统吸进你的身体。这些新鲜的滋养渗透到你的血液，输送到你全身的每一块肌肉、每一个器官、每一个细胞，这样你的身体就变得更加舒适、放松；你每一次的呼气，都把你体内所有的疲惫、所有的杂念、所有的不开心统统呼出你的身体，消失得无影无踪……

继续关注你的呼吸，下面我们将进行一次身体上的完完全全的放松……

放松你的头皮——头皮的每一块肌肉都在放松……

放松你的额头——额头的每一块肌肉都在放松……

放松你眼部周围的肌肉——每一块肌肉都在放松……

放松你的面颊——面颊的每一块肌肉都在放松……

放松你的鼻子——鼻子的每一块肌肉都在放松……

放松你的两只耳朵——两只耳朵的每一块肌肉都在放松……

放松你的嘴唇、下巴——嘴唇、下巴的每一块肌肉都在放松……

放松你的脖子——你脖子的每一块肌肉、每一块骨骼都在放松……

放松你的两只肩膀——你的两只肩膀仿佛卸掉了很重很重的担子，一下子变得非常非常放松，每一块肌肉、每一块骨骼、每一块皮肤都在放松……

放松你的后背——后背的每一块肌肉、每一块骨骼、每一块皮肤都在放松……

放松你的前胸——你前胸的每一块肌肉都在放松……

放松你的两只胳膊——你的上臂、手肘、前臂的每一块肌肉、每一块骨骼、每一块皮肤都在放松……

放松你的两只手掌——你的手心、手背都在放松，你的每一根手指都变得非常非常放松……

放松你的腹部，放松你腹部的每一个器官——你腹部的每一块肌肉都在放松，每一个器官都在放松……

继续向下放松你的臀部、你的大腿——臀部和大腿的每一块肌肉、每一块骨骼都在放松……

继续放松你的两条腿——你的膝关节、小腿、脚腕都在放松，每一块肌肉、每一块骨骼都在放松……

继续放松你的两只脚——你双脚的脚掌、脚心都在放松，你的十个脚趾都在放松……

现在你的整个身心都已经完完全全放松下来了。继续关注到你的呼吸，听我从3倒数回1——在我每数一个数字的时候，你的呼吸会更加平稳，你的身体会更加放松和灵敏，你的内心也将变得更加专注而宁静。当我倒数到1的时候，你就带着你身体的这一份放松和灵敏，带着你内心的这一份专注而宁静，慢慢睁开眼睛，回到我们的工作现场……3、2、1，欢迎回来！

（2）系统咨询的主要工作流程。

第一，求助者（或被授权人）有一个需要处理的具体事项，并明确希望达成的目标，同时准备好用系统咨询的方式予以解决。

这里的被授权人，是指经求助者明确授权，有权利了解和介入求助者系统的人，比如已与求助者建立了咨求关系的心理咨询师（治疗师）。

很多时候求助者未必清晰自己想要的目标，或者把咨询目标放在试图改变别人上。对于第一种情况，咨询师应耐心地与求助者进行摄入性会谈，以帮助求助者明确自己的咨询目标（例1、例2）。对于第二种情况，咨询师有权利终止咨询（例3）。

【例1】

咨询师：你的咨询目标是什么？

求助者：我在和人相处特别是和领导相处时不自在。

咨询师：那你希望自己怎么样？

求助者：希望提升攻击性，显示自己强大，面对领导不害怕。

咨询师：你认为提升攻击性就可以让你很好地与人相处？

求助者：我的意思是希望自己在面对别人指责时可以强大一点。

咨询师：举个被人指责的例子。

求助者：曾经有人评价我为"呆萌"……

全场笑，有人说："这是说你可爱的意思。"

求助者：我就是想……当我在面对别人时，可以让对方感觉到我是强大的。

咨询师：如果对方也是这样想的呢？

求助者：（沉默）您把我绕进去了……那就解决我更好地融入人群的问题吧。

【例2】

当事人叙述了父亲和原生家庭的诸多问题，希望通过系统咨询帮助到父亲。

咨询师问当事人：你认为我们有权利改变你的父亲吗？

当事人：没有。

咨询师：那你为什么要做这个咨询呢？

当事人思考一下说：其实我自己的生活也受到很大的影响。

于是咨询师同意进行她申请的系统咨询。

【例3】

求助者为了不过多牵扯自己的工作精力，希望弟弟和弟媳能放弃外出工作的机会，留在家中安心照顾生病的母亲。咨询过程中，求助者本人及其代表遭到了弟媳家人代表的一致谴责，咨询师及时终止了该咨询。

第二，求助者（或被授权人）在工作团体中选择一些人代表家族（或组织、人格）系统中的相关角色（可以是具体的人，也可以是抽象的感知觉、情绪情感、事物事件、人格特征等），并逐一将代表推送到场中某个位置。

在系统咨询的工作现场，所选出的代表可以向大家公开其所代表的真实角色身份，也可以出于保护当事人隐私的考虑，而对某些角色的代表用特定的代号（如Ａ、Ｂ、Ｃ或１、２、３等）来指称。实践证明，场上代表甚至连同咨询师，即便事先并不知道各个代表（包括本人）所代表角色的具体情况，也丝毫不会影响到系统咨询工作的进行，更不会影响系统咨询的效果。

在武汉的一个系统咨询研修班工作现场，有学员向笔者提议，是否由她自己来挑选出共三个家庭的九位代表，这些代表全部都用代号来指称——除了这位学员自己，场上所有人（包括我）都不知道这九位代表所代表的真实角色（比如谁是爸爸、妈妈，谁是儿子、女儿等）。出于研究的目的笔者答应了这位学员的提议。

年龄、性别各异的这九位代表，在场上经过了较长时间的分分合合，最后稳定地组合为三组、每组三人。有代表还十分肯定地对旁边的代表发出感慨：

"我完全可以肯定，你才是我的妈妈！"

"我现在才知道，原来我们才是真正的一家人！"

挑选了这九位代表的学员确认：全体代表对自己以及其他家庭成员的感觉，完全准确，无一差错。

第三，求助者（或被授权人）坐回去做一个旁观者。

这一点很重要。有的求助者在把代表推上场以后，不是退回来把场上主导权交给代表，而是试图干涉、引导或评判场上代表的表现，对此咨询师必须及时制止。

第四，咨询师提醒场上代表将注意力关注到各自的位置、面向所带来的感知觉、情绪情感和生理反应，并适时询问每个代表的感受。咨询师通过代表的真实回馈，发现和探寻解决之道——某些特定的位置、语句或互动模式等，均被证明有助于达成系统和谐状态。

在系统咨询工作中，咨询师唯一可以依据的参考点，只能是场上代表自发而真实的感受。咨询师绝不可以凭个人的主观判定和好恶，想当然地去干涉或者操控系统的流动。

第五，在某个特别的场景，所有代表都感到轻松、舒适，整个系统也归于平衡、和谐；抑或系统开始出现朝向解决的能量点，咨询工作则会停在这个画面上。

例：经过相当长时间的等待和死寂状态，坐在地上的代表陆陆续续站了起来，纷纷说："这样不行，我需要站出来做点什么……"咨询师将咨询停在了这个画面上。

第六，咨询师建议求助者（或被授权人）站在自己代表的位置，将这个画面吸收在心里，然后向各位代表拿回自己的角色。

一场系统咨询所需的时长，咨询师是难以预计的，只能根据场上的真实呈现来决定。通常一个咨询过程需要数分钟或数小时。

需要说明的是，系统咨询是面向整个系统的全局性、溯源性工作。大量案例都在证明，系统咨询的功效不仅仅体现在对求助者本人的帮助上，求助者所处的系统及其系统成员都会得到必要的帮助。每一位被选中的角色代表以及参与系统咨询工作现场的陪伴者、观摩者，实质上是在参与着助人的工作，也都会在这一特殊的助人工作中获得较大收益。

在系统咨询中做过角色代表的人常常发现，自己所代表角色的某一点突然触动到了自己的现实生活，自己也会从中得到深刻的启发和领悟。一位学员在处理与前任男友关系的一场系统咨询中被选为求助者本人的代表，咨询结束后，她说："我的现实生活中也有类似这样的关系需要处理，现在我一下子知道该怎么去面对这段关系了，心里好清爽。"

（3）系统咨询的三个阶段和系统自和谐运作机理。

一个完整的系统自和谐咨询过程，借助场上代表自发而真实的共情反应，以一种朝着自和谐方向自然有序流动的方式进行。

第一阶段：呈现。系统自和谐心理咨询省却了烦琐而烧脑的推理、测算和逻辑分析等，而将系统内部的各种不和谐状态直观地呈现在阳光下。

在系统咨询工作场上，代表所表现出的共情能力常常是令人叹服的，值得系统心理学深入研究和探索。

一位代表在场上十分肯定地说："我妈妈流产过的孩子绝对不只是她自己说的五个，而是七个！"作为妈妈的当事人在咨询师耳边悄悄说："我确实还流产过两个孩子，但是那两个孩子不是我现任老公的，所以我刚才没好意思说出来。"

第二阶段：流动。系统朝着自和谐方向自发而有序地流动。在这个环节，咨询师可以根据场上具体情况，在不违反系统基本规则的前提下，对代表进行适度启发和引导，也可以为找寻解决之道而进行一些方向性的探索，但注意应该控制在最小范围和程度——实践证明，在很多系统咨询过程中，即便咨询师不介入，在时机成熟或时间足够的情况下，系统也完全可以达成自和谐状态。

咨询师：你现在试着离开这个系统远一些，或者转过身去，看会怎么样？

所有代表：他离远了，我突然感觉很难受，浑身更加无力。

咨询师：好，那请你转过身来，面对大家，开始慢慢走近……

第三阶段：和谐。找到解决之道，达成系统和谐。

系统这种自然而有序的流动，靠的是每一个系统都具有的自和谐运作机理，我们将其称之为"三驾马车"：动力、事实和规则（图4-8）。

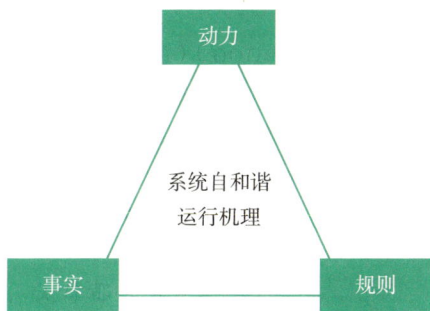

▲ 图4-8 系统自和谐运行机理

动力 系统本身具有自和谐的基本动力，咨询师需要以高度尊重、谦恭的态度跟随系统的动力流动，切实做到不操控、不主观、不妄断。

如果系统自身条件成熟，也就是其内部具备了朝向解决的足够动力，即使系统咨询师不加以任何引导或者干预，也完全可以凭借自身动力达成和谐状态。

事实 很多时候，人们出于种种考虑及目的，会人为地去否认、隐瞒甚至歪曲一些基本的人、关系、真实事件和感受等，比如：不被社会道德、法律所接纳的人和关系，刻意隐瞒对系统具有实质贡献的人和历史，以及伴随出现的一些被打压、被摧残、被扭曲的认知和情绪感受等，这是导致很多家庭、组织、人格系统出现失衡的重要原因。这个时候，将真实的事件、感知觉、情绪情感及其准确表述带入系统，是重要且有意义的介入。

咨询师引导当事人代表对前任配偶代表说：通过曾经的一段婚姻还有孩子，我们之间彼此连接着，这是事实。

咨询师引导继任丈夫对前任说：没有你的离开，就没有我现在的位置；我珍惜你留给我的位置和责任，同时也把你的责任还给你。

规则　无论是家庭、组织系统，还是人格系统，系统自身所固有的规则均是朝向解决的强大能量来源，决定性的解决步骤常常由此产生。

孩子对父母（长辈）是小对大的关系，咨询师可引导孩子对父母（长辈）说：

——您是大的；我是小的。

——我尊重您和您的命运，我将您的责任和命运还给您。

——请友善地看待我。

而父母（长辈）对孩子则是大对小的关系：

——我是大的；你是小的。

——如果你爱我，就请尊重我自己的命运。

——我拿回我的责任，也把你的责任留给你。

夫妻（伴侣）之间的关系，是平等关系：

——（通过孩子/婚姻等）我们之间彼此联结着。

——我和你一起承担这份责任/命运。

——我选择你作为我的丈夫/妻子，我为我的选择承担责任/后果。

——你只是很多男人/女人中的一个。

为方便对照理解，本节把家庭、组织、人格系统的规则用表4-3进行汇总。需要注意的是，三大系统的这些规则，并不是孤立发挥作用的，更多时候这些规则是同时对系统产生影响和作用的。

系统自身固有的规则就像一只看不见的手，对系统内所有成员起着制约、规范和统领的作用。主动觉察并把这些规则应用在我们的生活和工作中，则会减少很多不必要的纠缠和烦恼，达到事半功倍的效果；反之则可能使我们处处碰壁。作为一名心理助人者，也可以把这些系统思维和规则意识，整合运用到各种理论流派的心理咨询实践中，这通常能帮助我们走出困境，柳暗花明（兴趣阅读4-2）。

表 4-3　家庭、组织、人格系统基本规则一览表

系统 \ 状态	和谐状态	不和谐状态
家庭系统	**平等归属：**每个人都有平等归属的权力，每个成员在系统中都有属于自己的位置，并且以同等的方式被其他成员看到、尊重和接纳	**认同：**如果有成员被排除在外或遭受系统不公平待遇，系统中则会有人（通常是晚辈或后到者）认同并追随其命运，以此提醒系统的缺失。认同也包括被排除成员认同系统内某成员位置，以期满足对系统的归属感。如果认同对象不止一个，称为双重或多重认同
	长亲有序：先进入系统的人站在优先的位置，后进入系统的人按照前后（代际）或顺时针（兄弟姐妹或配偶关系）排序并承担相应责任	**僭越：**发生序位和责任的越位、错位，介入别人的位置并承担本不属于自己的责任。如果主动介入、承担本不属于自己的位置和责任，称为主动僭越；如果被强行赋予本不属于自己的位置和责任，属于被动僭越
	各担其责：每个人都需要对自己的心理、行为以及由此产生的后果（包括感知觉、情绪情感、态度及个人境遇、命运等）完全担当，系统及其成员对此应该尊重和允许	**承接：**如果有人不能对自己的心理、行为及其后果等完全担当，则会有其他成员无辜承接本不属于自己的感知觉、情绪情感、态度及行为方式等，造成心理及行为方面的困扰或障碍
组织系统	目标导向	各自为政，一盘散沙
	组织优先	个人利益凌驾于组织利益之上
	责能优先	有令不行，有禁不止；能者不上，庸者不下；只讲民主，不讲集中等
	施受平衡	付出多，获益少；或获益多，付出少
	尊重事实	否认真实和真相
	满足归属	某些人被排除在系统之外
人格系统	自我接纳	难以接纳自我和接纳他人，表现为程度不同的神经症性反应、抑郁性反应、躁狂性反应等
	成长优先	人格系统各种要素不分重点、不分主次、不分先后，甚至本末倒置，打压成长的"有功之臣"，严重消耗自我成长、自我和谐的内部动力
	抑强扶弱	某些人格成分恃强凌弱、好强固执、支配攻击等，剥夺了其他人格成分的平等归属权
	阴阳相谐	乱贴标签或错贴标签、求全责备、盲目乐观或者盲目悲观等
	中庸之道	做事缺乏定性和耐心、善变、偏执激进或木讷迟钝、情绪失控、知行不一、学而无用等

📖 兴趣阅读 4-2

系统咨询案例：家有高考生

案例类型：家庭、组织、人格系统自和谐心理咨询

系统咨询师：李不言

记录整理：邵玉鹏

绘图：李慧芳

求助者为中年女性，自述儿子面临高考却沉溺游戏，还和女同学"早恋"，让自己非常担心，想通过咨询让孩子能够专心学习。

1. 儿子、游戏与女同学

咨询师请求助者选择三位代表：儿子、游戏（当事人选择了一位女性成员做游戏角色的代表）、"早恋"的女同学（以下称女同学）。

儿子看了游戏一眼，说很喜欢她，想靠近她。觉得女同学很亲切。

游戏："好紧张啊，心跳得比较快……但是他说喜欢我的时候，我就瞬间放松了。"

女同学："看着他，有一种熟悉的感觉。"

儿子拉着女同学和游戏站在一起。

儿子看看女同学，又看看游戏，开心地说："她们俩都在我身边，我很开心。"

女同学的双手止不住地动来动去，疑惑地说："我想做点什么，但是我又不知道要做些什么。"

游戏："女同学讲话的时候，我就有一种很想把她推开的感觉。"说完就把女同学推到旁边去。

女同学："我知道了，我应该让他远离游戏，但是我不知道怎么做……"

女同学把儿子从游戏身边拉过来："我想让他跟我在一起，这样更有安全感，不想让他老跟着游戏。"

儿子（拒绝地）："我不想离开游戏。"说完又走回到游戏身边，得意地说："在游戏的身边我很骄傲！拥有她们两个，我感觉非常自信！"

2. 我不想靠学习太近

咨询师请求助者选择学习的代表上场，求助者选择了一位男性代表。

儿子（抵触地）："我不想靠学习太近，有点距离挺好的。"

游戏（心烦地）："学习闯进来，感觉到很突兀，他和我们不是一个世界的。"

女同学（不安地）："我看他（指儿子）和游戏在一起，我心里好像很难过。"

学习（茫然地）："我感到很茫然……我和他们不是一个世界的，所有的人都看起来很陌生，我和他们没有联系，我在这儿不舒服……"说完走到更远的地方。

游戏（窃喜地）："他走得更远，挺好！"

儿子也说挺好。

女同学（惋惜地）："我觉得很可惜，他们（指儿子和游戏）一直在一块儿，觉得儿子很可惜。"

3. 这个游戏像一个活人？

咨询师请求助者选择自己和丈夫的代表上场。

求助者代表上场后低着头，迷迷糊糊地说："我头昏脑涨的……"说完，看看丈夫。

儿子（不安地）："妈妈上来有点心慌、心虚……也觉得头沉。"

求助者代表："我觉得儿子很没有力量，随时就要倒下去一样……"

游戏："我想去安慰他（指儿子）。"

求助者代表："对女同学和学习没什么感觉。觉得丈夫像木头一样，看着他也没什么感觉……"

求助者代表试图去逗引丈夫。丈夫没反应，走到学习身边站定。

求助者代表（嘲笑地）："那是儿子的学习，你怎么跑到那儿去了？你看学习也是呆呆的样子……"

儿子（紧张地）："游戏在我身边有安全感，不想独自面对妈妈，看着妈妈的时候有压力。"

求助者代表（无辜地）："我没做什么吧。"

女同学："妈妈上来时有一种想哭的感觉，他们离学习太远了……"说完走过去站在儿子身边。

求助者代表："女同学过来靠近儿子，我的头又晕了……我想要把儿子和游戏分开……"

游戏（幸灾乐祸地）："她（指求助者代表）根本没力气把我俩分开！我很得意。"

求助者代表（慢吞吞地）："这个游戏像一个活人？……儿子看起来没有一点儿生气。"

4. 觉得我应该退出了

咨询师请求助者选择自己第一个孩子（堕掉的女儿，以下称女儿）的代表上场。

求助者代表（摸摸头）："我一看到丈夫头就晕。看着女儿，倒没什么。"

女儿（紧张地）："我不敢看妈妈。"

儿子（欣喜地）："我看姐姐比较亲切。"

求助者代表："现在我看儿子有点活人气了……"

儿子（气愤地对求助者代表）："你老指责我！"把脸转过去。

游戏对求助者代表（埋怨地）："你看他脸都转过去了，你还说……"说完安慰儿子别生气了。

求助者代表："看到游戏去安慰儿子，我又觉得头晕了……"

女同学："有点儿头晕……一直想做点儿什么……他（儿子）的情绪很影响我……"

学习（气恼、嘲讽地）："我不想待在这儿了，想远离他们！他们的世界和我没有关系，这一切太乱了……起初还有个念头，想和女同学一起去他（指儿子）那儿，但后来又不想了……这个母亲太可笑了，无理！不讲道理！不可理喻！我也不喜欢和爸爸站在一起。"

丈夫（冷冷地）："我的左肩发凉。"说完，走过去把女同学拉到妈妈身边，把女儿拉到学习的身边，和自己站在一起。

求助者代表（气愤地对丈夫）："你把女同学送到我这儿干什么呀？！"

儿子扭过身去，背对着妈妈："我觉得被孤立……我想带着我的游戏离开。"

咨询师引导求助者代表试着向儿子靠近一点。求助者代表讨好地笑着走过去面对儿子和游戏。

儿子（无可奈何地对求助者代表）："你想说什么就说什么吧……"

求助者代表："我不想说啥。"

女同学："妈妈走过来，我的后背发凉。"

女儿（同情地）："我关注女同学，觉得这个女同学很可怜，她要是陷进这个圈子里更可悲。我也不喜欢学习。爸爸在我旁边挺好的，但我觉得爸爸应该去弟弟那边，那边更重要。"

游戏："我突然觉得腿发凉，很心疼他（儿子）……想让他和妈妈好好相处，觉得我应该退出了。"

儿子（烦躁地）："两腿发麻，不想让妈妈靠近我。"

5. 老师来了

咨询师请求助者选择老师的代表上场。

老师走到一边，难受地说："我不舒服，右腿发麻，看着这一切，就跟看西洋景似的……"

学习（奇怪地）："我喜欢老师，想和他在一块儿，但是他却走到一边去了，这真是太让人纳闷了！"

老师："我到这儿是想全方位看到场上，想看看这里到底是啥情况？"

6. 这个未来不是我想要的

咨询师请求助者选择儿子未来的代表（以下简称未来）上场。

未来走到学习身边。

求助者代表（喜悦地）："未来上来，我好像松了一口气——儿子有未来了！"

儿子（不安地）："我感觉压力很大，不想到未来那儿去……也不想让老师看到，我也不想让老师关注我……"

女同学："未来上来我也有点儿压力，但又说不上来……"

游戏（嘲笑地）："我觉得妈妈说儿子有未来了，太可笑了！你们看妈妈的行为举止，她应该关注儿子呀，怎么去看老师和未来呢？！"

丈夫（冷淡地）："妻子看着我感觉很不舒服！他们母子俩对视的时候，我不讨厌这个妈妈了；除此之外，我不喜欢这个妈妈。"

儿子（大声地）："这个未来不是我想要的，我不喜欢她，我觉得她是妈妈的未来！"

丈夫走过去拉着女儿走到游戏和儿子身边。学习也走到老师和女同学中间。可女儿和游戏相继走开，退到场边缘。

女儿（同情地）："刚开始看到弟弟挺高兴的，后来这么多人上来他开始皱眉头。我不希望老师关注他……我心里有点想让老师关注我。我感觉到这个未来对我有威胁。"

女同学："这个姐姐刚才说我陷进来会很可悲，我有点儿想哭。未来上来的时候我想离开这儿。学习过来，我还比较有安全感。"

7. 儿子的未来

咨询师起身走到一名一直在打盹儿的女性学员面前，对她说："你是儿子自己想要的未来！"并把她推在场上大家都能看到的位置（此代表以下简称"儿子的未来"）。

丈夫毫不犹豫地把儿子从游戏身边拉过来，推着儿子去面对儿子的未来。

游戏（指责地）："爸爸从来都没有笑过……爸爸强行把我推开，又强行把儿子推到他的未来身边，都没有问这到底是不是他想要的未来……唉，我现在又想去安慰儿子了。"

老师（有些气愤地）："这个爸爸把孩子们推过去推过来，这个孩子就总是低着头，家长也不知道去安慰孩子，这个家长太武断了！我挺关注女儿的……"

女儿走出场外。

丈夫（分辩地）："内心里觉得这都是我的孩子……希望儿子和他自己想要的未来在一起。我不是推开游戏，是游戏自己离开的。"

游戏反驳爸爸："就是你强行把我们分开的！……（幸灾乐祸地）我有一种看笑话的感觉……"

老师（对丈夫）："你不管做什么，能不能关注一下孩子的感受？你推着他就像提小鸡儿似的。看看这位母亲，也是木木的。你们都不去考虑孩子的感受吗？"

求助者代表："儿子和他自己的未来站在一块儿感觉挺好的。"

游戏想把儿子拉到自己身边。儿子的未来护着儿子："游戏想把儿子拽走，我想保护他。"

女同学："爸爸去拽孩子，我又开始难受了，他一说话我就有点想哭……"

咨询师问现在儿子的感受。

儿子（提高声音）："终于轮到我了吗？……没有人注意我的感受吗？……我很渴望爸爸过来，爸爸是什么表情都无所谓。游戏走的时候，我有一点点沮丧，但我还是想在爸爸身边。虽然，和爸爸在一起还不太适应，但我还是想和爸爸在一起。游戏走就走吧，有爸爸在，我也不敢去找游戏了。大家都觉得是爸爸强行把我拽到未来这儿的，其实，我内心是很开心的，我对其他都没有什么感觉了，能和自己的未来在一起什么都不重要了……"

丈夫听到这些，上前拉着游戏与儿子和儿子的未来拥抱在一起。

儿子（幸福地）："这种感觉最好，我需要爸爸。"

这时，站在一边的学习在地上坐下来。

求助者代表："不对，还有人呢。"说完把女儿拉过来和丈夫他们拥抱，"我还是觉得不想要游戏……"

儿子："其实这时候游戏已经无所谓了。"

丈夫（冷静地）："我觉得游戏还是在这儿比较好。"

老师（疑惑地）："我觉得女儿好像很勉强似的……"

求助者代表："这是我家孩子，你少管！"

老师（讥讽地）："是你家孩子？这孩子（指女儿）一个人在旁边那么久了，你管都不管，还说是你家孩子？！"

女儿："我希望弟弟好，我不想过去伤害他。虽然我也想和爸爸在一起，但是我知道，只要我过去了，就有可能伤害到弟弟。我对妈妈好像心里有怨恨。我离大家远一点儿会比较好。这个弟弟自己的未来挺好的。"说完，女儿想离开。求助者代表拉住女儿不让她走。

女同学（止不住流泪）："他们发言我总是有一种冲动想哭，我的感触很深……说不清是可怜他还是怎样，就是觉得心酸……"

老师（气愤又难过地）："我的鼻子有点发酸……这个女儿为弟弟能和他的未来在一起起到了一定的作用。这一家人到底是怎么回事儿？想一出是一出！父母不应该强拉别人……一家人，抱在一块儿，把游戏也抱进来，却把女儿放在一边，表面上看着挺祥和，其实是不可理喻！"

8. 谢谢你！请把我们的一切交给未来

咨询师请求助者代表面对丈夫。

求助者代表抬起头（不屑地）："最熟悉的陌生人？……不排斥他，但是也没啥感情。"

丈夫（冷冷地）："我的感觉是一样的……但是我觉得孩子的未来比什么都重要。"

咨询师建议丈夫给求助者代表深深鞠躬。

儿子站在爸爸旁边，说："我想和爸爸一样鞠躬，我想学我爸爸的样子。我从一开始都很讨厌妈妈。我喜欢爸爸，当爸爸鞠躬的时候，我忽然觉得我也要尊重妈妈了……"

求助者代表（抽泣）："看到他头发也白了，有些心疼……让他起来算了。"

咨询师引导丈夫对求助者代表说："谢谢你为这个家的付出！我想说我理解你，从现在起，我们一起承担养育儿子的责任。"

求助者代表哭泣着上前拥抱丈夫。儿子也过来拥抱爸爸妈妈。

女儿（疑惑地）："我不知道这是真的和谐还是表面的和谐，我只觉得弟弟太懂事了。"

咨询师请女儿面对自己的爸爸妈妈，然后引导求助者代表和丈夫一起对女儿说："你是我们亲爱的孩子。请原谅爸爸妈妈没有承担好自己的责任，导致你不能活在这个世界上，我们向你表示深深的歉意！从现在开始，爸爸妈妈拿回属于自己的责任，我们会把你放在心里一个非常重要的位置。爸爸妈妈永远爱你。"

女儿："爸爸挺不容易的……对妈妈的怨恨也减少了很多。"咨询师引导女儿给爸爸妈妈鞠躬："你们大，我小。如果你们爱我，就请尊重我自己的命运。现在我把我的责任拿回来，也把你们的责任还给你们。"

求助者代表上前拥抱女儿。

儿子（有感而发）："本应该是姐姐承担的责任，却让我自己承担，但我又承担不了，所以我就选择了逃避。我希望姐姐回来。"

咨询师引导儿子给姐姐用心鞠躬："我尊重你是我的姐姐。没有你的离开就没有我今天的一切，真诚地感谢你！从现在起，我把你放在心里一个重要的位置。因为我爱你，所以我会尊重你自己的命运，现在我把你的责任还给你，也把属于我自己的责任拿回来。"

女儿："弟弟的压力有点大，他有点扛不住……可以让弟弟和自己的未来站一起，就会有力量了。"

儿子："我心里轻松些了。"

咨询师继续引导女儿对儿子说："我很高兴有你这样的弟弟。如果你爱我，就请尊重我自己的命运。从现在起，我拿回属于我自己的责任，也把你的责任留给你。"

儿子："我比刚才更有力量了。"

咨询师建议女儿用舒适的姿势坐在求助者代表和丈夫的前面，然后引导儿子面对父母和姐姐用心鞠躬，说："你们是我的父母和姐姐，你们大我小。因为我爱你们，所以我尊重你们自己的命运。你们之间的事情是大人的事情，和我无关。从现在起，我把你们的责任还给你们，我只承担我自己的责任。"

儿子（轻松地）："身上很热，很舒服。"

咨询师请儿子与游戏面对，引导儿子对游戏鞠躬："谢谢你曾经的陪伴。现在我对你没有感觉了，但我要谢谢你。"

游戏："你开心了，我就可以走了。"

　　一直坐在旁边的学习这时站起身来，和老师站在了一起。咨询师引导儿子给学习和老师的代表长时间用心鞠躬："现在我看到你们了！"

　　老师（欣慰地）："看到他（儿子）有力量，我挺高兴的。我还是挺喜欢看他的。"

　　儿子（对老师和学习）："感谢你们一直没有放弃我。现在我知道自己该做什么了。"

　　咨询师请儿子面对自己的未来。

　　儿子（鞠躬）："看到你我很开心，你是我的未来。"

　　儿子的未来（微笑着）："起初觉得这个孩子特别无力，后来觉得他的肩上的压力慢慢变小了，现在感觉出他的开心是发自内心的。"

　　一直站在一旁的未来代表（求助者自己所选）说："这个孩子不喜欢我，一直皱着眉头看我。这个妈妈很强势，想掌控一切。现在这个场上跟我没有什么关系了。"说完走到边缘处。

　　咨询师请儿子站在自己爸爸妈妈和姐姐前面，转身看着前面很远的地方。

　　女同学（轻松地）："他得到解脱，我就很高兴，他不开心我就想哭……现在觉得都放下了，会越来越好的。"

　　咨询师引导儿子对女同学说："谢谢你，我会做更好的自己。"给女同学鞠躬。

　　儿子（对女同学）："从一开始我对你都不执着。你在我的生命中可有可无，有了也挺好，没有也没什么太大感觉。"

　　女同学（淡然地）："我知道了，是我一直在关注你。你轻松了，我就觉得挺好的。"

　　咨询师引导儿子再次对女同学鞠躬："谢谢你！请把我们的一切交给未来。"

　　咨询结束（图4-9）。

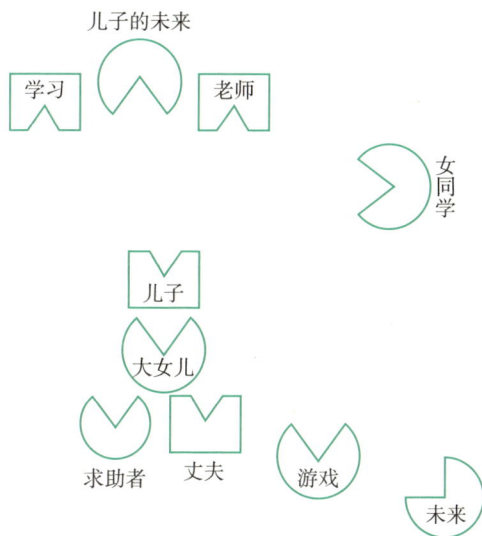

▲ 图 4-9 和谐的解决画面

注：方形和圆形分别表示男性和女性代表，缺口朝向为代表面向。

第三节 后现代主义心理学的可取之处及其局限性

作为目前心理学的最新势力，后现代主义心理学是对传统心理学的一场革命，有其可取之处。第一，后现代主义心理学强调以整体论、系统观来看待人，看待人的心理现象，看待心理学家的研究工作，这符合科学研究的系统性原则和发展性原则。第二，后现代主义心理学对现代心理学所固守的原则主义或普遍化倾向的批评，是对西方心理学中的教条主义和唯理性主义的反叛，在认识论上，具有进步意义。第三，后现代主义心理学反对心理学中的方法主义取向——传统心理学理论和研究都强调以方法为核心，心理学家选用最方便最有统计学味道的方法来做研究。后现代主义心理学认为这与心理学的发展方向本末倒置。这是一种比较清醒的看法，对当前流行的方法主义可起一定校正作用。第四，后现代主义心理学十分重视人与人的心理差异，如价值观的不同、人格的差别等，这比较符合对人性的具体看法，也在一定程度上突出了个体的主观能动性，因此对心理学的研究是有利的。第五，呼吁和强调心理学的社会参与意识和心理学家应具有的社会责任感，提倡心理学在建构世界新文化上的独特贡献。这一点，无疑是十分正确的，对我国心理学理论和实践也有很大的借鉴意义。

　　作为新兴起的和正在发展完善中一个心理学流派，后现代主义心理学的局限性也应该引起重视。

　　第一，后现代主义心理学的社会基础是西方第二次世界大战后三十年复杂多变的多元化政治格局，其哲学基础仍然难以摆脱西方资本主义的个人主义价值观，这必然导致其心理学理论的局限性和错误性。

　　第二，后现代主义心理学怀疑一切、批判一切的做法，是一种历史虚无主义的反映，小视了心理学历史发展的连续性，实际上是一种不科学的态度。

　　第三，它过分夸大了人的心理的差别性，而且将研究者的差别也加以放大，对人类心理的共同性持淡薄和怀疑的立场，是不正确的。

　　第四，它对科学研究方法尤其是实验法的指责过于极端，因为实验法等科学方法在心理学的发展史中已被证明具有较好的研究功能，其对心理学的贡献也是心理学家有目共睹的。

　　第五，用辩证唯物主义和历史唯物主义的观点来看，后现代主义心理学一不留神就会滑向唯心主义心理学和虚幻主义心理学的泥潭，极易在理论和实践上把心理学引入误区，对此必须要加以警惕，注意甄别和扬弃。

第五章

结语：
让心理学回家

1984 年在墨西哥召开的世界心理学会上，大会执行主席、原联邦德国心理学家克利克说："近五十年来心理学基本上是按照伽利略①的模式建立和发展起来的，现在到了重新反省的时代。"

J. P. 查普林和 T. S. 克拉威克在 1960 年出版《心理学的体系和理论》一书时，曾豪迈地宣称：未来心理学家的任务是最终发现一种能整合一切观点于一体的统一的原理；或者，一位具有牛顿或爱因斯坦的高大形象的天才会带给心理学一个全面的理论结构，它具有物理学与化学中原子论那样的整合力。

查普林等人的美好宣言能否实现？心理学能不能从理论

---

① 伽利略（Galileo Galilei，1564—1642），意大利数学家、物理学家、天文学家，近代实验科学的奠基人之一。

到实践，彻底走出各执一词、莫衷一是、无所适从的尴尬怪圈？

心理学能不能从根本上摒弃门派之见，让林林总总的研究成果"和为贵[1]"，共同为实现人类的美好梦想做出自己应有的更大贡献？

第一节　心理学的故乡在中国

西方近代科学理念移植中国，是近百年间的事情。借鉴西方文化而产生的中国心理咨询职业，迄今为止还只是十几岁的"少年"[2]。但耐人寻味的是，在中国人潜心向西方学习心理学理论和技术的同时，不断有西方心理学家宣称：心理学的故乡在中国！

催眠术创始人布雷德等人都有一种想法，那就是其实心理学的第一个故乡在中国。

分析心理学创立者荣格根据《易经》[3]中"太极生两仪，两仪生四象，四象生八卦"理论，把人格类型划分为"两种倾向、四种机能和八种类型"，提出了著名的人格类型理论（见兴趣阅读1-7：荣格的人格类型理论）。

沙盘游戏技术创始人多拉·卡尔夫[4]把中国文化作为沙盘游戏技术的主要理论基础。

---

① 出自《论语·学而》。

② 2001年《心理咨询师国家职业标准（试行）》的出台向外界放出信号，中国的心理咨询开始走向合法化、正规化。英国BBC广播电台、美国公共全国广播电台、美国新闻周刊和日本朝日新闻等媒体纷纷前来采访，用好奇的口吻告诉全世界："中国人也有心理咨询了""中国人的选择增多了"。

③ 《易经》即《周易》，是中国传统经典典籍之一，相传系周文王姬昌所作。

④ 多拉·卡尔夫（D. Kaoff，1904—1990），瑞士心理分析家。自幼对中国文化特别是道家思想感兴趣，45岁开始正式学习心理学。她把洛温菲尔德的"游戏王国技术"与荣格分析心理学相结合，同时把东方哲学思想融会在儿童心理治疗实践中，创立了沙盘疗法。1966年，完成了她关于沙盘游戏治疗的唯一专著《沙盘游戏》。为了区别洛温菲尔德的"游戏王国技术"，卡尔夫用"沙盘游戏"来命名自己的理论与实践。

即使是作为认知心理学代表的学者加德纳[①]，以及以情感智力理论而闻名的学者戈尔曼[②]等，也都直言不讳中国文化心理学对他们的影响，尤其是"心"的心理学的意义与价值。

还有，人本主义心理学主要代表人物罗杰斯关于"人性本善"的基本假设，家族系统排列创始人海灵格[③]晚年提出的"与道同行"等，无不透射着中国传统文化的影响。

更值得一提的是，作为心理学第四势力的后现代主义心理学，针对西方现代心理学理论与实践的严重脱节，明确提出后现代主义心理学的发展方向：回到生活，回到实践，回到现实，回到人的真实生存本身——体现在人与自然的关系上，主张重建人与自然的和谐共存；体现在人与人的关系上，反对"自我中心论"，重建人与人的和谐关系——这正是中国传统文化所崇尚的"天人合一""仁者爱人"理念的具体体现。

如果在这里用一句话指出西方心理学和中国心理学最本质的不同在哪里的话，那就是——前者是个人主义的，而后者是系统主义的。毫不避讳地讲，迄今为止的西方主流心理学，基本都是研究和主张个人主义的。被称作心理学第一势力的精神分析学派，实质是把人看作动物，片面强调人所有心理问题和精神疾病的产生，均源于本我欲求无法得到正常满足。被称作心理学第二势力的行为主义学派，则过分强调得与失的意义，以期通过奖与惩实现对人的控制。被称作心理学第三势力的，看起来是尊重了人性，但遗憾的是只看到自我实现、自我满足的重要，所以最终还是无法摆脱狭隘个人主义甚至极端自由主义的窠臼。

心理学的故乡在中国，心理学的未来也必将在中国——以系统主义为导向的中国文化更切中生命的真谛，为心理学的研究应用亮起了一道耀眼的曙光，开启了一条正确的道路。系统主义对人类的最大意义在于，人在本性上

[①]　霍华德·加德纳（Howard Gardner，1943—　），世界著名发展和认知心理学家，"多元智能理论"创始人。

[②]　丹尼尔·戈尔曼（Daniel Goleman，1946—　），哈佛大学心理学博士，有"情商之父"之誉。

[③]　伯特·海灵格（Bert Hellinger，1924—　）：德国心理治疗师，家庭系统排列（Family Constellations）创始人。

不是个人主义的，而是系统主义的；人类不应该只去关注自身利益的得失，更应该关注人类赖以生存和发展的居间系统，从而实现自我和谐（包括主体和谐、时间和谐、空间和谐）。因此，自我和谐应该是比自我实现更加高级的一种终极状态。中国的心理学不仅让人看到一棵棵树木，更看到广袤的森林，看到身处系统的博大。

对系统意识的关注，反映了心理学理论和实践正在实现从个体到系统、从随性到秩序、从深度到高度和宽度的实质性飞跃。

一个人的生命，只有和无数人的生命相交融，才是最具存在感和意义感的、最精彩的人生。

心理学的故乡在中国，绝不仅仅是一句空泛的口号那么简单——无论在心理学的理论还是实践方面，中国传统文化都有着不可小觑、弥足珍贵的重要指导意义。越来越多的研究也已证明，也必将越来越有力地证明，以天人合一、仁者爱人和中和思想等为核心要义的中国传统文化，才更适合"心"的活动规律。

J. P. 查普林和 T. S. 克拉威克在 1960 年出版《心理学的体系和理论》一书时，曾豪迈地宣称：未来心理学家的任务是最终发现一种能整合一切观点于一体的统一的原理；或者，一位具有牛顿或爱因斯坦的高大形象的天才会带给心理学一个全面的理论结构，它具有物理学与化学中原子论那样的整合力。

历史就像黄道婆 ① 的纺车，在时间和空间中不停地转圈——我们的过去，每一刻都会穿越至现在，决定着我们的未来。当今天的心理学开始步入推崇超个人主义、重视系统影响和社会建构、追求人与世界和谐共处的后现代主义历史阶段时，我们惊奇地发现：J. P. 查普林等人所预言的会带给心理学一个全面的理论结构或者整合力的高大天才，早已在不远的前方向我们招手——这位天才不是别人，正是来自数千年丰厚积淀的中国传统文化和智慧，这是来自心理学故乡的天才的召唤，更是未来心理学的精辟宣言——

---

① 黄道婆，又名黄婆或黄母，被尊为布业的始祖。

1. 学习心理学最好的老师是谁

《关尹子[①]·五鉴》："善弓者，师弓不师羿；善舟者，师舟不师奡；善心者，师心不师圣。"

——学习心理学最好的老师，不是某某名家大师，不是某本书籍经典，而是你自己的心！切勿本末倒置、舍近求远。

2. 怎样对待名目繁多、各执一词的心理学理论流派

《中庸》："子曰：舜其大知也与！舜好问而好察迩言，隐恶而扬善，执其两端，用其中于民。其斯以为舜乎！"

——面对当下心理学门派繁杂、莫衷一是的局面，正确的态度应该是，凡事多问为什么，做到知其然、更知其所以然、再知其所以不然。尤其对待那些大家都认为是公理的东西，更要认真分析考察，看清哪些东西对心理咨询是有益的，哪些东西对心理咨询是有害的，做到既不轻易否定、又不唯命是从，用中庸、整合的方法技术来助人。

3. 最好的心理咨询师应该是什么样子的

《道德经·十七章》："太上，不知有之；其次，亲而誉之；其次，畏之；其次，侮之。信不足焉，有不信焉。悠兮，其贵言。功成事遂，百姓皆谓'我自然'。"

——最好的咨询师，求助者并不知道他的存在；其次的咨询师，求助者亲近他并且称赞他；再次的咨询师，求助者畏惧他；更次的咨询师，求助者轻蔑他。咨询师的诚信不足，求助者才不相信他。最好的咨询师是多么悠闲啊，他不随便说话。咨询成功了，求助者都说："原来我本就是这样优秀的。"

4. 一个心理咨询师怎样才能不会犯错

《道德经·八章》："上善若水。水利万物而不争，处众人之所恶，故几近于道。居善地，心善渊，与善仁，言善信，正善治，事善能，动善时。夫唯

---

① 《关尹子》，又名《文始经》《关令子》，全名《文始真经》。"关尹子"是以官职代名。相传老子看透了当时的形势，知道周天王治不久，因此离开周西出函谷关。因为当时负责管理函谷关事务的正职称为关令尹，名喜，所以被叫作关令尹喜，后人尊称关尹子。关尹子久仰老子大名，所以盛情款留，希求指教。老子无奈，遂留《道德经》五千言，骑牛西去。关令尹喜研读老子之学，多有心得体会，发而为文，成《关尹子》一书。

不争，故无尤。"

　　——最优秀的心理咨询师应该像水一样。他做着助人的事情却从不与人相争，甘愿扮演众人不理解甚至厌恶的角色，所以他是最接近助人之道的。他能够待在众人不愿意去的寂寞之地，心怀渊博，对人仁爱，言语诚信，清楚自己能做什么、不能做什么，清楚自己什么时候去做、什么时候不去做。因为他从来不试图和求助者争论对错，总是把选择的权力交给求助者自己，所以他才不会犯错。

5. 一个合格的心理咨询师最应该杜绝的是什么

《论语·子罕第九》："子绝四，毋意，毋必，毋固，毋我。"

　　——一个合格的心理咨询师最应该杜绝四点，那就是不臆测、不武断、不固执、不主观。

6. 怎样发挥心理咨询中语言的建构艺术

《鬼谷子·捭阖》[①]："口者，心之门户也；心者，神之主也。志意、喜欲、思虑、智谋，此皆由门户出入，故关之以捭阖，制之以出入。诸言法阳之类者，皆曰'始'，言善以始其事；诸言法阴之类者，皆曰'终'，言恶以终其谋。"

　　——心理咨询在很大程度上是语言的艺术。而语言也有阴阳之分，语言也是一种力量。口是心灵的门面和窗户，心是精神的主宰。所以要用开放和封闭来把守这个关口，控制其出入。各种遵循阳道的助人方法，都是向人讲清这件事情的好处，以此鼓励人开始行动；各种遵循阴道的助人方法，都是向人讲清这件事情的坏处，以此打消人做这件事情的想法计划。

7. 一个人应该怎样对待自己的情绪

《中庸》："喜怒哀乐之未发，谓之中；发而皆中节，谓之和。中也者，天下之大本也；和也者，天下之达道也。至中和，天地位焉，万物育焉。"

　　——对待喜怒哀乐等各种情绪，正确的方法是全然接纳它。既不排斥抗拒，也不肆意发泄，这就叫"中"；表达和抒发情绪时需要符合礼节和规则，这就叫"和"。人的情绪"中"和"和"是天下万事万物存在和发展的基本原

---

① 《鬼谷子·捭阖》是春秋时期鬼谷子编写的一部兵书。

则和规律。达到中和的境界，天地万物就会各就其位、生生不息（兴趣阅读5-1）。

📖 **兴趣阅读 5-1**

中庸与整合

中国传统文化认为，宇宙万事万物皆遵循阴阳和谐之道。"万物各得其和以生[①]"，心理现象也不例外。所谓"中庸"，即立身中正、心态平和、"不偏不倚、无过无不及之意"（朱熹[②]释）。

见微知著。下面是在北京举办的一场心理咨询实操工作坊上，依据人格系统自和谐规则，整合运用"空椅子技术[③]"进行的一个咨询案例实录。

求助者：我今天要解决的问题就是，我在一些特定的重大场合，比如上台演讲，比如关键的会谈场景，突然中途我身体有反应，就僵在那里了，然后脚也动不了，手也动不了，也写不了字，也说不了话。我想坚持，可是内心一个声音告诉我，接下来的一切都进行不下去了，我要离开这里。如果我要尝试继续留在那里，我会更僵硬的。这个时候，我心里放松下来了，我就离开了，离开的时候我心里挺难受，因为内在是不想离开的。我想突破这个问题。这对我工作社交等各个方面是很有影响的。

咨询师：你内心有两个声音，一个是要坚持留在这里，我们称之为"坚持者"；一个是要逃离，我们称之为"逃离者"。现在你的面前摆着两把椅子，想象上面分别坐着你的"坚持者"和你的"逃离者"。现在由你

[①] 出自《荀子·天论》。

[②] 朱熹（1130—1200），字元晦，又字仲晦，号晦庵，晚称晦翁，谥文，世称朱文公。祖籍徽州府婺源县（今江西省婺源县），出生于南剑州尤溪（今属福建省尤溪县）。宋朝著名的理学家、思想家、哲学家、教育家、诗人，闽学派的代表人物，儒学集大成者，世尊称为朱子。

[③] "空椅子技术"是完形（格式塔）流派常用的一种简便易行的心理咨询技术。

来选择要坐到哪把椅子上去。

求助者选择坐在了"逃离者"椅子上——

"逃离者"：我要突破，我想突破，我想突破那种僵局，我不想一直这样下去（叹气）。我一坐在这里的时候，就感觉已经要进入那个状态了，脖子已经发硬了，想发抖，反正挺难受的！我也不知道这种感觉是从什么时候开始的。我觉得我未来还要做很多事。我身上的责任还很重。可如果我在这个点上卡住的话，我觉得……

咨询师：把你的所有想法和委屈全部说给对面你的"坚持者"，她正在认真听。请继续。

"逃离者"：如果我卡在这里的话，我觉得我很多很多事情都做不了了……

咨询师：对你的"坚持者"说，你迫切需要她的支持。

"逃离者"：我迫切需要你的支持。我知道我曾经放下了我应该承担的责任和义务，但是当时我也是被迫选择，没办法。我觉得那个时候我需要自救啊。但是现在我觉得，我已经突破了那个坎了。我想要重新面对，重新担负起应该担负的责任。我不想依赖任何人了，我也不想再靠任何人了。所以我需要坚持、需要突破。

咨询师：好！现在请坐到对面你的"坚持者"的椅子上。请闭上眼睛，深呼吸。现在想象你的"坚持者"应该是什么样子的，比如，她应该是什么样的姿态？应该是什么样的面容？

求助者：她看上去挺紧张的……我觉得她应该是一个非常自信、非常有魅力、非常有智慧而且非常自如的人，能控制场合。

咨询师：好了，现在你就是那个人，那个"坚持者"。现在你把表述语句中的"她"换成"我"。

"坚持者"：我是一个自信的人……我有点紧张。

咨询师：没关系的，你可以慢慢地说，不要着急。你感觉紧张的时候，你就放慢呼吸。现在所有的时间都是你的，没有人会催促你。

"坚持者"：我现在大脑里有一些另外的想法……

咨询师：现在你是坚持者，你只需要有坚持者的想法。

"坚持者"：我要坚持下去。我就是那个自信坚强、有魅力智慧的人。

咨询师：让她驻守在你的内心。

"坚持者"：我说的这个人和我是一体的。不会逃！

咨询师：嗯，是的，她不会逃。

"坚持者"：我不会害怕。

咨询师：你会害怕，但是你不会逃。请继续关注你的呼吸。当你觉得你做好充分准备的时候，请慢慢睁开眼睛——你的对面就是你的"逃离者"。你看着她，现在你去告诉她应该怎么做。

"坚持者"：我就想对她说，你应该坚持。

咨询师：你看着她，试着感受到她，试着去理解她的紧张。

"坚持者"：我理解你的紧张。

咨询师：你去理解她想要逃离的想法。

"坚持者"：我理解你想逃离的想法。

咨询师：然后你告诉她应该怎么做。

"坚持者"：你应该坚持下来。

咨询师：把你想说的说给她，让她知道，她应该怎么做？她需要你的引导。你觉得她需要你怎么样的引导才不会逃跑？你会有办法去引导她的。

"坚持者"：不会逃跑……没什么可怕的，一切都是你想出来的。我不知道我要说啥了。其实我想说，坚持就是胜利。

咨询师：你觉得对面的"逃离者"听到你的话了吗？

"坚持者"：她听到了！

咨询师：好，那现在请你再坐回"逃离者"椅子上——现在你是"逃离者"，请把你的愿望说给你对面的"坚持者"。

"逃离者"：我还有很多事情要做，好多事没做完呢。我还要活着，我需要活着。希望你给我支持，希望你记起我的责任。我不想让我爸爸失望，我也不想让我的孩子失望，他们都非常需要我。今天上午的时候还有点恨我的父亲，可我听了某某讲到她父亲的时候，我突然觉得我是天底下最幸福的人。我从小到大都被家人宠坏了。我生活在一个非常有爱的大家庭里，我有爱我的爷爷奶奶，我有爱我的爸爸妈妈，我的爸爸和我的五个叔叔姑姑都非常疼爱我。我虽然是老二，但我在当地并不像其他的女孩子那样被嫌弃。我一直是被宠爱着长大的，但是我从来都不懂得感恩。

咨询师：对你的"坚持者"说，"谢谢你……"

"逃离者"（在咨询师引领下）：谢谢你！是你的坚持，才让我感受到自己的幸福。谢谢你一直没有离开我。谢谢你带给我今天的一切……我好像还有很多话没有说。

咨询师：那就继续。

"逃离者"：我想翻一翻我们家的事儿。我从小跟我爷爷奶奶生活在一起，我奶奶特别爱我，可是突然有一天我奶奶得病就走了，我一天都没有孝顺过她，我觉得特别遗憾。

咨询师：现在给你一个建议——尽可能把"我"换成"我们"，因为现在你是在说给对面你的"坚持者"，而她其实也是你的一部分。

"逃离者"：我们没有好好孝顺奶奶，奶奶就走了。可是那个时候我们还没有意识到，我们要感恩家里人。没有多久，我们的妈妈又没了，那个时候我们还是不知道（感恩）！后来我们的弟弟媳妇也没了，她一直都很爱我们，我们之间像亲姐妹一样。可是那个时候我们还没有意识到家里人的重要。又过了几年，我们的叔叔也走了。叔叔有时候比爸爸还要贴心，我们有什么委屈都跟他说。他走之前还抱着我们哭了好长时间，他说他特别心疼我，说我一直都假装坚强——我每次回家都把自己特别坚强的一面呈现给家里人，所以我们的叔叔能理解我的不容易，我们每次回家都能看到他好像特别心疼我的样子——叔叔抱着我哭了好久好久，好像知道自己要离开似的。没有多久，叔叔就真的离开了。我觉得他们走得都很突然。我们家也没做什么伤天害理的事情，不知道为什么会遇到这样的事情，我很难受，我挺想拯救家里的这样一个状况，挺想去感染他们，所以后来我就有了信仰（宗教）。有了信仰之后，我以为就有了力量……我不知道下面该怎么说了，好像有个什么东西把我的感情给锁住了（沉默）。有很长一段时间我都不会哭，哭不出来，包括我们家里人离开的时候我都是眼睁睁看着他们走，我什么也做不了，我连眼泪都掉不下来，我也不知道为什么。有时候我都想，是不是因为我给他们带来了灾难？我特别恨父亲，老是找这个人那个人来看事儿（指巫术之类），从小我就特别反对。可是后来有了信仰之后，我也变得相信这个，还出现了很多幻觉，以为自己是救世主，做了很多特别可笑的事儿，伤害了很多人，伤害的都是我们爱的人。我原来一直认为我特别恨我的公公婆婆，可是我仔细想想，我觉得我也要感恩他们——他们让我特别难受，他们做得很过分，可是他们也教会了我们很多东西。我不知道为什么发现我对他们恨不起来了。我们要融为一体，去做那些没有做完的事情，不能再受外界的干扰了。我觉得我们一直都是有力量的，我们什么都不怕，这些事情难不倒我们。我怕的是什么我也不知道！好像也没什么可怕的。我怕别人说我好，我不想当好人，我感觉我就是不想当好人。我觉得当好人活着太累了。

咨询师：当好人活着太累了？

"逃离者"：嗯，当好人活着太累了。被"好"包围着，然后为了那个"好"给自己搞了很多事情，很累！我不想活成别人想要的样子。我感觉到很不舍，家里人走了让我很不舍，我不舍得他们离开。因为他们的离开，我把这个罪都怪到我父亲头上，觉得我父亲太麻木。其实我父亲挺不容易的。我知道他很不容易，但是我内心对他又有一点不原谅。我父亲从小就溺爱我，让我不知道什么是危险，有事发生的时候都是很突然的，然后留了很多遗憾。我就活在遗憾里出不来，不愿意面对现实。其实想想他比我还苦呢，他更难，他就是不爱表达，从来都不说。我觉得我就有点儿像他，我不想像他，因为我是女孩，我不想活成男人的样子。其实我也想做个温柔的女人，可是我所处的环境，靠温柔的话都解决不了（问题）。但是成为女汉子？我又不想成为女汉子。

咨询师：你说靠什么解决不了？

"逃离者"：温柔。

咨询师：哦？

"逃离者"：用女人的方法解决不了。

咨询师：现在来看着对方，看着你的"坚持者"，对他说，"我不想做女汉子……"

　　"逃离者"：我不想做女汉子……

　　咨询师："其实我很柔弱……"

　　"逃离者"：其实我很柔弱……

　　咨询师：好，现在请重新坐回到对面的椅子上去——现在你是你的"坚持者"，请面对你的"逃离者"说，"没有你就没有我……"

　　"坚持者"：没有你就没有我……

　　咨询师："其实我所有的力量都来自你……"

　　"坚持者"：其实我所有的力量都来自你……我突然有一个想法！嗯！我觉得我不想放弃家里的责任，不代表我就要成为女汉子！我觉得我是一个女人，也照样可以把这些事儿做完，我觉得温柔可以解决很多事情！嗯！嗯！感觉好了很多！也勇敢了。

　　咨询师：那我们可以结束了吗？

　　求助者：可以了。

　　咨询师：好！

　　求助者：我感觉跟之前不太一样了……（对一旁观摩的学员）我觉得看她的脸都不太一样了，好美！

　　咨询师（笑）：那你现在付费之后可以走了。（观众笑声）

　　求助者：是啊，我之前觉得脖子上有一根筋儿，在那儿拧巴着你知道吧，现在感觉真的很自如了……哦，我太喜欢现在这种柔软的感觉了！原来我的脖子一直都是硬的，现在特别软，好奇怪啊！

　　【补记】咨询结束一周后，收到求助者反馈：李老师您好！不知道该如何表达此时的心情，刚才家里的姑姑们联系我说，感觉找我找了好久，一直联系不到我，现在才感受到我，好激动的。可我明明一直在北京，什么都没变呀，只是那个逃避的我不再逃离了，我还是那个家里的好孩子，一直都没变。谢谢李老师，此时已泪流满面，是感恩的泪，好踏实！

（案例记录：刘春梅）

第二节　未来的心理学是什么样子的

现代西方主流心理学势必迎来一场颠覆性的革命。未来心理学的模样正日渐清晰和充满自信地呈现在世人面前。

一、从上帝至上到理性至上、再到心性（人格）至上和系统至上

纵观人类对世界以及自身的认知发展史，可以划分为前现代主义、现代主义和后现代主义三个阶段。

在西方，一般把 17 世纪以前看作是前现代主义时期。这个时期的人们笃信世界是由上帝创造的，上帝是人类和万事万物的主宰——我们将其称之为"上帝至上"阶段。

17—18 世纪的启蒙运动以后，随着科学的发展，理性成为至高无上的权威。人们开始认识到，原来这个世界是由一些独立于人和上帝的法则所主宰，人类可以通过一套客观和严格的科学程序发现这些法则，掌握控制世界的基本规律。随着"上帝已死[①]"的惊呼，人类全面步入了以"理性至上"为基本标志的现代主义时期。

理性至上的观点，对心理学和心理咨询最具实质性的影响和贡献，就是埃利斯理性情绪行为疗法的创立和广泛应用。

但是，心理学的发展绝不能满足和止步于此（兴趣阅读 5-2）。

科学和理性，毋庸置疑能够有效解决物与物之间的关系，抑或人与物之间的关系。从这一点看来，科学确实是无所不能的——围棋人机大战，输的一定是人类；可是，用来解决人与人、心与心之间的关系呢？科学却又显得

---

① "上帝已死"是德国哲学家弗里德里希·威廉·尼采（Friedrich Wilhelm Nietzsche，1844—1900）的名言之一。它在尼采《快乐的科学》一书中出现了 3 次，后来又在其名作《查拉图斯特拉如是说》中出现，成为名句。

一无所能——计算机炒股鼻祖的破产就是最好的例证。

📖 兴趣阅读 5-2

心理学对经济学的贡献：行为经济学

最近二三十年兴起的被称作"心理学的经济学"的行为经济学（Behavioral economics），正日益受到人们的关注和重视。行为经济学是在什么背景下产生的？它与当前主流经济理论又有什么本质上的不同？这一全新理论的提出，对我们经济生活各个领域又将产生怎样深刻而广泛的影响？

一、当前主流经济理论的不足

随着人类经济活动的日益丰富与多样化，以新古典理论为核心的主流经济学不断与现实经济世界产生矛盾与冲突，许多经济现象仅通过对理性人模型（非人格化的"理性自利人"）的量变扩张已无法解释，这在客观上要求经济学家必须对理论实施突破以适应现实。

以新古典理论为核心的西方主流经济学，其逻辑起点是由帕累托正式引入，并由希克斯、艾伦和萨缪尔逊规范定义的理性人假定，即通过一组严格的数学抽象来界定一个非人格化的"理性自利人"。理性人的假设内涵涉及两层含义：第一，每个个体在他所处的环境中都能根据自身的利益理智地行动（期望效用最大化和最优行为模式假设）；第二，每个个体都具有完全自利的偏好。从那时起直至20世纪70年代，西方主流经济学都只沉迷于对理性人模型进行量变扩张，以便尽力拓宽理论的解释范围，而对理性人的局限性却没有做进一步的认识与反思。

而实际上，主流经济理论所基于的理性人假定，只能是现实中极少出现的一种假想状态，即所有个体都以相同的方式对外部经济环境进行反应，因此这只能是对现实个体的极端要求。最近二三十年，经济学家和心理学家开始思索理性人作为研究前提的合理性，其中一个关注焦点就是理性人假定与心理学因素之间的关系，这也为行为经济学的产生提供了契机。

二、行为经济学：心理学对传统经济学的颠覆

20 世纪 60 年代，作为心理学研究新方向的认知心理学得到迅速发展。它把人看作是一个类似于计算机的信息加工系统，并以信息加工的观点，即从信息的输入、编码、转换、储存和提取等加工过程来研究人的认知活动。认知心理学用模拟计算机的程序来建立人的认知模型，并以此作为揭示人的心理活动规律的途径。按照认知理论模型，认知活动的整个流程，是由紧密衔接的若干阶段组成的：首先是刺激物经感觉器官成为感觉材料，再经过以往经验和人格结构的折射，赋予感觉材料具体意义，至此，构成一个知觉过程。通过这一知觉过程，个体可以对过去事件做出评价，对当前事件加以解释，或对未来事件做出预期。这些评价、解释和预期进一步激活了情绪系统和运动系统，产生各种情绪和行为动机。从刺激物的出现到行为反应，在整个"反应链"中，认知活动无处不在。认知的差异性将决定行为的差异性。这样，心理学就为经济学考察人类的经济行为提供了坚实的科学依据。

最初，行为经济学家只希望从心理学中借鉴若干概念和结论来增强经济学的解释力，因而一种流行的观点认为，行为经济学不过是经济学与心理学"甜蜜爱情的结晶"，是介于经济学与心理学之间的边缘学科。然而，随着对经济世界认识的不断深化，逐渐成熟起来的行为经济学家，不再满足止步于"心理学的经济学"这一名号之下，而是趋向于从本质上重构主流经济学赖以生存的理性人假定。行为经济学将行为分析理论与经济运行规律、心理学与经济科学有机结合起来，以发现现今经济学模型中的错误或遗漏，进而修正主流经济学关于人的理性、自利、完全信息、效用最大化及偏好一致基本假设的不足。

行为经济学的研究在国外可以追溯到半个多世纪之前。在我国影响较大的第十届（1978 年）诺贝尔经济学奖获奖者赫伯特·西蒙，提出了"有限理性"和"满意准则"。他认为人并非是全知全能的，人类决策的

特点是有限理性，即不是以追求"最佳"而是以追求"满意"为原则，情境对决策能产生显著影响。西蒙的观点常常被认为是行为经济学的渊源之一。

西蒙认为，长期以来，在关于人类行为的理性方面存在着两个极端。一个极端是由弗洛伊德开始的，就是试图把所有人类的认知活动都归因于情感的支配。对此，西蒙提出了批评。他强调，组织成员的行为如果不是完全理智的，那么至少在很大程度上是符合理性的，情感的作用并不支配人的全部。另一个极端是，经济学家的经济人假设，赋予了人类无所不知的理性。在经济人的观察角度下，似乎人类能够拥有完整、一致的偏好体系，让他始终可以在各种备选方案之中进行选择；他始终十分清楚到底有哪些备选方案；为了确定最优备选方案，他可以进行无限复杂的运算。对此，西蒙也进行了反驳。他指出，单一个体的行为不可能达到完全理性的高度，因为他必须考虑的备选方案的数量太大，评价备选方案所需要的信息太多。事实上，现实中的任何人都不可能掌握全部信息，也不可能先知先觉，决策者只能通过分析研究，预测结果，因此决策者也只能在考虑风险和收益等因素的情况下做出自己较为满意的抉择。所以西蒙认为，人类行为是理性的，但不是完全理性的，一句话：理性是有限的。

行为经济学剥去了假设理性人光鲜的外衣，向我们揭示了许多现象的真实面目。有人甚至预言，心理学将对传统经济学形成颠覆。

2002 年是个标志。心理学家卡尼曼被授予诺贝尔经济学奖。这是该奖第一次颁给心理学家，也是第二次颁给没受过系统经济学培训的学者。瑞典皇家科学院称，卡尼曼"将来自心理研究领域的综合洞察力应用在了经济学当中，尤其是在不确定情况下的人为判断和决策方面做出了突出贡献"。

从卡尼曼得奖那天开始，行为经济学正式走进大众视野。多年来被经济学家们嘲讽挖苦的行为学及相关的心理学研究也结合经济学的内容，摇身一变成为行为经济学，并逐渐在世界上最好的经济系（比如哈佛的经济系）成为博士项目的基础课程之一。目前行为经济学（含相关方法的实验经济学）进一步发展成为经济学的一个重要分支，其研究成果直接辐射到各商业分支功能如金融、营销和会计等方面的研究。

广义而言，行为经济学是心理学与经济分析相结合的新产物。狭义而言，行为经济学把五类要素引入经济分析框架：①认知不协调；②身份－社会地位；③人格－情绪定势；④个性－偏好演化；⑤情境理性与局部知识。与传统经济学有着实质性不同的是，行为经济学的研究对象是人，包括人的认知、情绪、行为以及人格，而不仅仅是物的经济。行为经济学为经济理论的内省与创新提供了更切合实际的逻辑起点。针对主流经济理论所基于的理性人假定的不足，行为经济学强调，对行为的分析应以行为的真实心理形成机制为基础，不能以主观的先验假定为依据，而个体行为的心理形成机制又是一种个体化过程，不能被他人所替代，所以个体化就成为个体行为的基本特征之一。行为经济学主张用过程理性来代替实质理性，并致力于把被价格、收入等经济变量牵动的经济木偶还原成富有人性的人，使经济学成为研究人的行为的科学。

三、行为经济学使经济学更"有用"、使心理学更"值钱"

行为经济学使得经济学越来越实用，越来越贴近人们的日常生活。与行为经济学相比，传统经济学认为人的行为准则是理性的、不动感情的自我利益，是没有道德的经济学。而现在有了行为经济学，我们必须承认，人也是有灵性的、活泼的一面，人性中也有情感的、非理性的、观念导引的成分。行为经济学作为传统经济学的延续和发展，是经济学的一个年轻分支，它所研究的核心领域和经济学是一样的，即生产力、生产关系、资源的有效配置以及利益分配问题。行为经济学突破了主流经济学主张共性的理论"迷魂阵"，回归于个体行为的异质性本质，从而在本质上拓展了主流经济学理论的解释能力，更使人们从中体验到行为经济学家温暖入世的同理心。

最后略举行为经济学的一些理论观点，让我们一起来感受其不可阻挡的独特魅力和在日常生活中的实用价值。

1. "外财不富命穷人"

孔子常在弟子们的面前夸奖颜回的品行。有一天同学们想要考验一下他，便在一锭金子上写上"天赐颜回一锭金"，然后隔着墙扔进了颜回的家里。颜回拾起后毫不犹豫地把金子扔了出去，并说道："外财不富命穷人。"

钱就是钱。同样是 100 元，是自己劳动挣来的，还是买彩票赢来的，对于消费者来说，应该是一样的。可是事实却不然。一般来说，你会把辛辛苦苦挣来的钱存起来舍不得花，而如果是一笔意外之财，可能很快就花掉了。

这从另一个方面证明了人是有限理性的。虽说同样是 100 元，但在消费者的脑袋里，为不同来路的钱建立了两个不同的账户，挣来的钱和意外之财是不一样的。这就是芝加哥大学萨勒教授所提出的"心理账户"的概念。

难怪赌徒的口袋永远是空的。

2. 眼见未必为实

卡尼曼等人认为，直觉判断在知觉的自动操作和推论的深思熟虑之间占据着重要的位置。

来看一个奚恺元教授于 1998 年发表的冰激凌实验。现在有 A 和 B 两杯冰激凌，A 标价 2.26 美元，重 7 盎司，装在 5 盎司的杯子里面，看上去快要溢出来了；B 标价 1.66 美元，重 8 盎司，但是装在了 10 盎司的杯子里，所以看上去还没装满。你愿意为哪一份冰激凌付更多的钱呢？

如果人们喜欢冰激凌，那么 8 盎司的冰激凌比 7 盎司的多，如果人们喜欢杯子，那么 10 盎司的杯子也要比 5 盎司的大。可是实验结果表明，在分别判断的情况下（也就是不能把这两杯冰激凌放在一起比较，人们日常生活中的种种决策所依据的参考信息往往是不充分的），人们反而愿意为分量少的冰激凌付更多的钱。实验表明：平均来讲，人们愿意花 2.26 美元买 7 盎司的冰激凌，却不愿意用 1.66 美元买 8 盎司的冰激凌！

3. 框架效应：你是保守派还是冒险家

框架效应（Framing effects）是指同一问题在不同逻辑意义的"框架"下，会导致不同的决策判断。

想象人类正准备对付一种罕见的疾病，预计该疾病的发作将导致

600 人死亡。现有 A、B 两种与疾病做斗争的方案可供选择。

对第一组被试做如下叙述：如果采用方案 A，200 人将生还；如果采用方案 B，有 1/3 的机会 600 人将生还，而有 2/3 的机会将无人生还。

结果绝大多数的被试者选择了方案 A。

对第二组被试做如下叙述：如果采用方案 A，400 人将死去；如果采用方案 B，有 1/3 的机会无人会死，而有 2/3 的机会 600 人将死去。

结果大多数被试者选择了方案 B。

但实质上给两组被试提供的两套方案都是一样的，只是改变了一下描述方式而已。但也正是由于这小小的语言形式的改变，使得人们的认知参照点发生了改变，由第一种情况的"收益"心态到第二种情况的"损失"心态，即是以死亡还是救活作为参照点。面对不同的参照点人们对待风险的态度是不同的：面临收益时人们会小心翼翼选择规避风险；面临损失时人们甘愿冒风险。因此，在第一种情况下表现为风险规避，第二种情况则倾向于风险寻求。

4."人心不足蛇吞象"：人们对"患失"比"患得"更"走心"

来看下面的例子：在加油站 A，每升汽油卖 5.6 元，但如果以现金的方式付款可以得到每升 0.6 元的折扣；在加油站 B，每升汽油卖 5.00 元，但如果以信用卡的方式付款则每升要多付 0.60 元。显然，从任何一个加油站购买汽油的经济成本是一样的。但大多数人认为：加油站 A 要比加油站 B 更吸引人。因为，从加油站 A 购买汽油相联系的心理上的不舒服比从加油站 B 购买汽油相联系的心理上的不舒服要少一些。

这个原理可以用在人际交往、职场沟通、工作激励、商业营销等方方面面——

（1）如果有几个好消息需要发布，应该把它们分开发布。

（2）如果有几个坏消息需要发布，应该把它们放在一起发布。

（3）如果有一个大的好消息和一个小的坏消息，就应该一起发布，以便好消息带来的快乐超过坏消息带来的痛苦。

（4）如果有一个大的坏消息和一个小的好消息，就应该分别发布，以便好消息带来的快乐不至于被坏消息带来的痛苦所淹没。

5. 我们都是"差不多先生"

胡适写过一篇传记题材寓言《差不多先生传》——"凡事只要差不多，就好了。何必太精明呢？"

遵循"满意标准"而不是"最佳标准"，是绝大多数人做决策的基本原则。第十届诺贝尔经济学奖得主西蒙曾经用两个形象的例子来阐述满意标准的含义和必要性：①一个人肚子饿了，走进大片玉米地里想摘个玉米吃，如果他抱着必须找到最大最可口的玉米才吃的想法，就有可能直到饿死也未能找到；②在散落着许多针的干草垛中寻找一枚缝衣针，假定非要找一枚最尖锐、最适合的缝衣针，那就必须把所有的针都找出来才能进行对比。实际上，只要这根针能用来缝制自己的衣服就可以了，我们无须找到那枚最佳的针。

6. "天上掉馅饼"：迷恋小概率

卡尼曼的前景理论揭示了一个奇特现象，即人类具有强调小概率事件的倾向。何谓小概率事件？就是几乎不可能发生的事件。

很多人都买过彩票，虽然中奖的可能性微乎其微，可还是有人心存侥幸。

同时，很多人都买过保险，虽然"出险"的概率非常小，可人们还是想规避这个风险。

在小概率事件面前人类对风险的态度是矛盾的：一个人可以是风险喜好者，同时又是风险厌恶者。传统经济学无法解释这个现象。

面对小概率的赢利，多数人是风险喜好者；面对小概率的损失，多数人是风险厌恶者。

人类迷恋小概率的特殊心理现象，就连两千多年前的小人和圣人也一概"躺枪"："小人行险以侥幸"——足见孔子对这种小概率的反感；可是庄子借盗跖之口，认为孔子"妄作孝弟，而侥幸于封侯富贵者也"——足见圣人也无法免俗。

7. "不患寡而患不均"：幸福的比较效应

卡尼曼认为，幸福是主观感受，人们的幸福程度与比较的参照物有关。他曾做过调查，今天美国人的收入比战前多了三倍，但今天的美国人并不见得比战前幸福。

用美国作家门肯的话说就是："只要比你小姨子的丈夫（连襟）一年多赚 1000 块，你就算是有钱人了。"

《论语·季氏》中说："丘也闻有国有家者，不患寡而患不均，不患贫而患不安。盖均无贫，和无寡，安无倾。"翻译成白话文就是：不论是治国还是齐家，不是忧虑物质的匮乏而是忧虑物质财富的分配不公，不是忧虑社会的贫穷而应忧虑社会的不安定。分配公正了就不会出现贫穷，和谐了就不存在匮乏，安定了就不会垮台。

自 20 世纪 70 年代以来，后现代主义心理学对现代主义心理学进行了全面批判。后现代主义心理学认为，人的心理不是理性的，至少不是完全理性的。

本书认为，主体间性说可以视为后现代主义心理学向现代心理学发起挑战的"第一枪"。通俗地讲，主体间性其实就是一个人的心性，而心性又主要体现为一个人的人格。人格是人在社会化过程中，由遗传特性与环境交互作用而形成的稳定的、带有个人倾向性的身心组织系统。人格是一个人各种心理特性（兴趣、爱好、能力、气质、性格等）的总和，也是各种心理特性的一个相对稳定的组织结构。在不同的时间和地点，它都影响着一个人的思想、情感和行为，使他具有区别于他人、独特的心理品质（兴趣阅读 5-3）。

人类的心理和思想特质，正在从神性化、理性化全面转向心性（人格）化。未来真正主宰这个世界的力量，不是虚无的上帝，不是冰冷的理性，而是温润的心性（人格）。

📖 兴趣阅读 5-3

论主体间性和心灵自由

春天到了，小蝌蚪孵化出来了，它们在水里快乐地游呀游，然后看到岸边的小鸡跟着它们的妈妈很亲热，小蝌蚪们十分羡慕，于是决定去寻找自己的妈妈。

它们先遇到了虾公公，忙向虾公公打听妈妈的长相，虾公公告诉它们，它们的妈妈长有两只大眼睛。小蝌蚪们看到金鱼有两只大眼睛，便高兴地喊金鱼"妈妈"，但金鱼说小蝌蚪的妈妈有个白肚皮。

小蝌蚪们继续寻找，见到有白肚皮的螃蟹，又对螃蟹齐喊"妈妈"，但螃蟹说它们的妈妈只有四条腿。

小蝌蚪们见乌龟正好是四条腿，又以为乌龟是自己的妈妈，但小乌龟却说这是它的妈妈，因为它与乌龟妈妈长得一样。

后来，小蝌蚪们遇见鲇鱼，觉得它与自己长得很相像，应该就是妈妈，结果差一点被鲇鱼吃掉。

这时，青蛙妈妈赶来相救，小蝌蚪们终于找到了自己的妈妈。过了不久，它们也终于长成了妈妈的样子……

——出自方慧珍、盛璐德创作童话《小蝌蚪找妈妈》

主体间性，也可称作相互主体性、交互主体性或交互主观，其主要内容是研究或规范一个主体怎样与完整的作为主体运作的另一个主体互相作用的。通俗地说，如果用"我"来表示主体性，那么主体间性就是"我们"。有了主体性，就会有主体间性，意思就是主体和主体之间的同一性。

主体间性也可以简单理解成是人对他人意图的推测与判定。主体间性有不同的级别，一级主体间性即人对另一个人意图的判断与推测。二级主体间性即人对另一个人关于其他人意图的判断与推测的认知的认识。例如，A 知道 B 知道 C 想要在中午与 A 一起去吃饭，那么 A 便是进行了二级主体间性的判断。通常人们最多能进行五级主体间性的判断，五次以上就容易做出错误的判断。

一、主体间性含义的发展

主体间性说因时代需要而产生。随着时代的发展，建立在主客二分基础上的主体性心理学，其历史局限性日益凸现出来：第一，主体性理论不能解决人的生存本质问题。主体性理论将人的生存活动界定为主体对客体的征服和构造，导致了唯我论和人类中心主义。第二，主体性理论仅仅关注主客体关系，忽视本体论，忽视存在的更本质方面——主体与主体之间的关系。正是由于当代社会生活中出现的各种新问题令单一的主体和客体心理学尴尬，所以主体间性的提出是心理学对现实挑战的回应，它反映了后现代主义心理学的一般倾向，即回到生活，回到实践，回到现实，回到人的真实生存本身。

主体间性是20世纪西方哲学中凸现出来的一个新的哲学范畴。哲学界对主体的关注从未停止过，相对于客观事物来说，人具有不容置疑的主体地位。在工具理性的支配和统治下，人总会不自觉地拘泥于自己狭小的空间，只认识到"自我"主体，而忽视"他人"主体。而事实却是，这种对"他人"主体地位的否定，就是对"自己"主体地位的否定。哲学家逐渐认识到研究主体间性的重要性。从近代末期开始，主体间性逐渐成为研究重点。主体间性是由胡塞尔、拉康、海德格尔、阿佩尔、哈贝马斯等近现代哲学家和心理学家建构起来的研究人与人之间关系的重要哲学概念。马克思主义经典作家虽然没有明确提出主体间性的概念，但在其世界历史的理论、社会交往的理论中暗含着丰富的主体间性思想。

主体间性概念最初的含义是主体与主体之间的统一性，但在不同的领域中，主体间性的意义是有差异的。在主体间性概念的形成历史过程中，事实上涉及了三个领域，从而也形成了三种含义不同的主体间性概念，这就是：社会学的主体间性、认识论的主体间性和本体论（存在论、解释学）的主体间性。社会学的主体间性是指作为社会主体的人与人之间的关系，关涉到人际关系以及价值观念的统一性问题。认识论领域的主体间性意指认识主体之间的关系，它关涉到知识的客观普遍性问题。本体论的主体间性意指存在或解释活动中的人与世界的同一性，它不是主客对立的关系，而是主体与主体之间的交往、理解关系。本体论的主体间性关涉到自由何以可能、认识何以可能的问题。

主体间性概念的提出，使得社会科学在认识论方面出现了重大的转向，即从关注主体性和认知上的"主－客体"关系转向关注主体与主体之间的关系，进而把人类认知的对象世界，特别是精神现象不再看作客体，而是看作主体，并确认自我主体与对象主体间的共生性、平等性和交流关系。另一方面，主体间性的认识论哲学也改变了"存在"这一哲学范畴的基本内涵。它认为"存在"不是主体性的，也不是客体性的，而是主体间的共在。传统哲学的"存在"范畴或是客体性的或是主体性的，都不能摆脱主客对立的二元论。主体间性作为本体论的规定是对主客对立的现实的超越。

二、主体间性说在心理学理论研究和实践指导中的重要意义

首先，主体间性说更触及人类心理的本质。

最早提出主体间性概念的是胡塞尔。他认为，人们是首先知道自己有内心活动，然后发现别人在外表上跟自己相似，于是推测别人也有同样的心理活动。那么人又是怎么知道自己的外表是什么样子的？拉康[①] 提出了"镜像"理论，认为人通过照镜子而看到了自己的外表。在镜像阶段（6~18 个月）婴儿会在镜子中看见自己，他会注视他的镜像，然后回头看看和镜像有些相似的母亲，母亲说："是的，他就是你！"逐渐地，儿童在镜子中看见的这一实体存在，就成了"自我"，用单词"我"来指称。

这里就有一个疑问：假设人类没有学会使用镜子，或者对根本就不知道镜子是何物的动物来说，难道就没有主体间性吗？非也！根据动物行为学家罗伦兹的观察，人工饲养的家禽经常把饲养员当成母亲或配偶，尾随饲养员或向饲养员发出交配的信号。这说明，家禽根本不知道自己的外表是什么样子，它们把自己跟人等同起来了，与人形成了"主体间性"。这就是说，主体间性的形成过程并非像胡塞尔和拉康所说以外表为中介，而是直接从主体性投射出去的。人们在发现了主体性的同时立即推断一切事物都有主体性，主体性和主体间性几乎是同时诞生的。以原始人为例，他们认为大自然的一切事物，如天地日月、花鸟鱼虫等，都跟自己一样会走路、能说话、有思想、有感情，这种现象叫作"物活论"或"泛灵论"，

---

① 雅克·拉康（Jacques Lacan，1901—1983），法国心理学家，第二次世界大战后最具独立见解而又最有争议的欧洲精神分析学家，被称为"法国的弗洛伊德"。

是物我不分的原始思维的产物。在物活论的推动下，产生了自然崇拜，这就是"图腾"的由来。所以说，主体间性不是在主体性产生之后通过外表的类比而形成的，而是与主体性几乎同时诞生的，甚至可能是先于主体性而存在的。《小蝌蚪找妈妈》的童话足以说明主体性和主体间性的关系。

在现实存在中，主体与客体间的关系不是直接的，而是间接的，它要以主体间的关系为中介，包括文化、语言、社会关系的中介，因此主体间性比主体性更根本。心理从本质上来讲，不是主体对客体的反射活动，而是主体间的投射。我们眼前的世界，就是我们内心的样子；我们和世界的互动，就是和另一个自我的互动——一切的喜怒哀惧、爱恨情仇，都要由我们的内心来创造和完成。据此，心理学应该把人类认知的对象世界，特别是心理现象不再看作客体，而是看作主体，着力研究确立自我主体与对象主体间的同一性、共生性、平等性和和谐交流关系。

正因如此，人们在现代条件下扬弃了主体性理论而建立了主体间性说。按照主体间性说，存在被认为是主体间的存在，孤立的个体性主体变为交互主体。心理学的研究领域，应该从关注主体性和主客体关系，转向对主体间性的关注，尤其转向对语言、对话、交流、理解以及人类活动的关注。

时间和空间是主体不二的存在方式。因此，主体与时间和空间的和谐，也是主体间性的和谐与共在。

其次，主体间性说回答了人类生存的本质问题。

拉康对主体间性的阐述给现代性的主体性以致命的打击。他认为，主体是由其自身存在结构中的"他性"界定的，这种主体中的他性就是主体间性。他认为，当看守为了囚犯而固定在监狱的位置上的时候，那他就成了囚犯的"奴隶"，而囚犯就成了主人。根据这种主体间性，针对笛卡尔[①]的"我思故我在"，拉康提出了相反的思想：我于我不在之处思，因

---

① 勒内·笛卡尔（Rene Descartes，1596—1650），法国哲学家、数学家、物理学家。他为现代数学的发展做出了重要的贡献，因将几何坐标体系公式化而被认为是解析几何之父。他还是西方现代哲学思想的奠基人之一，是近代唯物论的开拓者，提出了"普遍怀疑"的主张。他的哲学思想深深影响了之后的几代欧洲人，并为欧洲的"理性主义"哲学奠定了基础。

此，我在我不思之处。这应该说是对笛卡尔的"我思"主体的最大摧毁，也是对现代性思想根基的摧毁。胡塞尔晚年也曾提出自我和他人的"立场之可相互交换性"观点，但遗憾的是这一问题在先验现象学的框架内很难解决，只能在主体间的历史框架中得到解释。

传统思维的存在范畴，或者是客体性的或者是主体性的，都不能摆脱主客对立的二元论。而主体间性不是反主体性的，更不是对主体性的彻底否定，而是对主体性的扬弃。所谓的存在，不是主体性的，也不是客体性的，而是主体间的和谐共在。生存不是建立在主客二分基础上主体构造、征服客体，而是自我主体与对象主体间的交互共存。

主体间性既包含着社会性，也包含着个体性。主体间性既否定原子式的孤立个体观念，也反对社会性对个体性的吞没。主体既是以主体间的方式存在，其本质又是个体性的，主体间性就是个性间的共在。可是人们在现实中，主体间性并没有充分实现，因此共在往往是对个性的限制。海德格尔①就认为有两种共在，一种是处于沉沦状态的异化的共在，这种存在状态是个体被群体吞没；另一种是超越性的本真的共在，个体与其他个体间存在着自由的关系。后一种共在既是个体性的存在，又是本真的共在。由此可以看出，主体间性并不是反主体性、反个性的，而是对主体性的重新确认和超越，是个性的普遍化和应然的存在方式。

再次，没有主体间性就没有系统的规则意识。

尤尔根·哈贝马斯②的规则观涉及三个理论问题：遵守规则的条件、规则意识的产生和规则正当性的辩护。他把主体间性看作是解决这三个问题的关键：离开了主体间性就无法知道某人是不是在遵守一条规则；离开了主体间性就既不能形成"规则意识"，也不能从"规则意识"中发展出"原则意识"、分化出"价值意识"；离开了主体间性更无法为规则的正当性提供辩护。

---

① 马丁·海德格尔（Martin Heidegger，1889—1976），德国哲学家，20世纪存在主义哲学的创始人和主要代表之一。

② 尤尔根·哈贝马斯（Jürgen Habermas，1929—   ），德国当代最重要的哲学家、社会理论家之一，在西方学术界占有举足轻重的地位。

最后，主体间性说为通往心灵的"自由王国"找到了路子。

在马克思主义哲学基本原理中，有"必然王国"和"自由王国"这样两个基本概念。必然王国和自由王国是指人类在客观世界面前所处的两种不同的社会活动状态。必然王国是指人们在认识和实践活动中，对客观事物及其规律还没有形成真正的认识而不能自觉地支配自己和外部世界的一种社会状态，人受盲目必然性的支配，特别是受自己所创造的社会关系的奴役和支配；自由王国则指人们在认识和实践活动中，认识了客观事物及其规律并自觉依照这一认识来支配自己和外部世界的一种社会状态，人自己成为自然界和社会的主人，摆脱了盲目性，能够主动地、自觉地、"从心所欲不逾矩[①]"地创造自己的历史。人类的历史就是一个不断从必然王国向自由王国发展的历史。必然王国向自由王国的发展是一个无限的过程。

马克思[②]曾经指出，人在本质上是一种类的存在物。此种类本质意味着，主体间的统一是人类本质的自我确证，即意味着历史的价值向度将是个体与类的矛盾的真正解决，主体之间达到真正的和谐。马克思主义主体间性理论强调了主体与主体之间的平行关系，这种关系本质上是互动的，而非一方主动另一方被动。他指出主客对立的观点造成人类异化。马克思哲学主体间性理论强调"主体—客体—主体"的辩证逻辑，是"主体—客体"和"主体—主体"思维模式的综合统一，经历了"人的依赖关系"形态、"物的依赖关系"形态、人的自由而全面的发展形态三个形态，具有现实性、异质性和平等性等基本特征。与其他西方哲学家建构的主体间性思想相比，在马克思主义哲学视域下建构的主体间性具有特殊的内涵。马克思主义哲学视域下的主体间性研究，是始终作为主体的人在实践活动的基础上，通过交往、分工等形式形成的一种社会关系。马克思主义哲学视

---

① 出自《论语·为政》。

② 卡尔·马克思（德语：Karl Marx，1818—1883），德国思想家、政治学家、哲学家、经济学家、革命理论家、历史学家和社会学家，马克思主义的创始人之一。主要著作有《资本论》《共产党宣言》等。马克思创立的广为人知的哲学思想为历史唯物主义，其最大的愿望是对于个人的全面而自由的发展。

域下的主体间性思想既肯定"他者"作为共同主体相对于共同客体的主体地位，又指出主体间性会随社会历史的发展而不断丰富和发展。马克思主义哲学视域下的主体间性理论是对以往主体间性思想的丰富和完善。主体间性理论的发展是化解当代社会诸多弊端、处理各种复杂社会关系的需要，这种理论所倡导的待人平等、相处和谐的思想，对塑造和谐美好的人类社会生活起到至关重要的指导作用。

主体间性完成了对主客对立关系的实质性超越。主体征服客体不是自由，所以人在主客对立关系中绝不可能达到从必然王国到自由王国的过渡。世界只有不再作为客体而是作为主体，才有可能通过交往、对话消除外在性，被主体把握，与主体和谐相处，从而成为本真的生存即共在。在本真的共在中，世界不是外在的客体（实体），而是另一个自我。自我与世界的关系不是主客关系而是自我与另一个我的关系，是"我－我"而不是"我－他"的关系，在"我－我"的交往、对话中和谐共在；"我－他"之间是有限的经验和利用满足的关系，只有转化为"我－我"的关系，才是纯净的、万有一体的情怀。"人通过'你'而成为'我'"（马丁·布伯①）。我好－他好－世界好。只有主体间的共在、和谐才有可能成为自由的存在，因为只有把世界当作另一个我，平等相处，和谐共存，心灵才有可能进入真正的自由境界。

回到小蝌蚪找妈妈的童话。小蝌蚪通过虾公公、金鱼它们的口，认定大眼睛、白肚皮之类就一定是自己的妈妈，这就是主体间性的不和谐；而在屡遭磨难之后，终于找到了自己真正的妈妈，最终也长成了自己应该长成的样子，实现了主体间性从身到心的完美和谐。

与心性（人格）至上同样逐渐引起心理学重视的，就是系统至上。而人格恰恰是宇宙间最深奥、最博大的系统。

---

① 马丁·布伯（Martin Buber，1878—1965），是德国存在主义哲学的大师之一。他以关系为世界的本质。在心理咨询和心理疗法领域，受到他思想影响的大师很多，包括心理剧创始人莫雷诺、以人为中心疗法创始人罗杰斯、完形疗法创始人皮尔斯等等，他们的疗法本质上都是在实践马丁·布伯的哲学。

　　心理学现象的系统思维，最早出现在 1921 年建立的格式塔心理学。1984 年苏联心理学家 Ф. 由洛莫夫在《心理学的方法论和理论问题》一书中，从心理学的方法论方面也提出了系统观点问题，认为用系统的观点研究心理现象的条件已经成熟。

　　人类组成一个命运共同体，每一个生命都不是一座孤岛。无论我们是否愿意承认，一个人不可能脱离自己所在的系统，就像一个人不可能提着自己的头发把自己提起来。

　　家庭、组织、人格这三大系统囊括了个体出生和繁衍、生存、发展和成长的全部系统。三大系统既互相制约，又互相促成。万法唯心造——人格系统无疑是对其他系统起着决定性、主导性和统领性作用的"指挥系统"。

　　鉴于假设法在心理学理论和实践体系建构中所具有的普遍性意义，为了对系统的特性及规律进行更加深入的研究，以便更有效地指导心理咨询实践，本书特用拟人化的假设，提出系统意识的概念。

　　系统意识也可以称作超意识[①]、超个人意识、丛林意识、"大我"意识等，是由系统的客观存在方式所决定的、超越个体意识层面一种更高意识形态，主要由维系该系统生存和发展的一系列规则组成，影响并决定着一个系统的存在状态和效能，对系统及其组成要素起着制约、规范和统领的作用。

　　拿一棵树来打个比方：树冠上密密麻麻的枝枝杈杈，像极了我们的神经系统，本书把它比作人的意识层面；树干部分主要由那些在生命成长过程中曾亲身经历但又因遗忘或压抑而从意识中消失的内容所构成，比作是人的个体潜意识；树干以下深深根植于大地的庞大根系，正是我们的集体潜意识；而整个树身之外的高处和远处，是丛林，是阳光，是雨露，它们无时不在影响和滋养着我们的生命之树——这就是我们的系统意识（超意识）。

　　以人的意识为分界线，向下方的纵向探索，当属个体潜意识、集体潜意识的研究领域；而向上方或者横向的探索，则属系统意识（超意识）的研究领域（图 5-1）。

[①]　这里的"超意识"是指"超出""超越""超脱"了个人主义、个体意识层面上的一种更高意识形态。

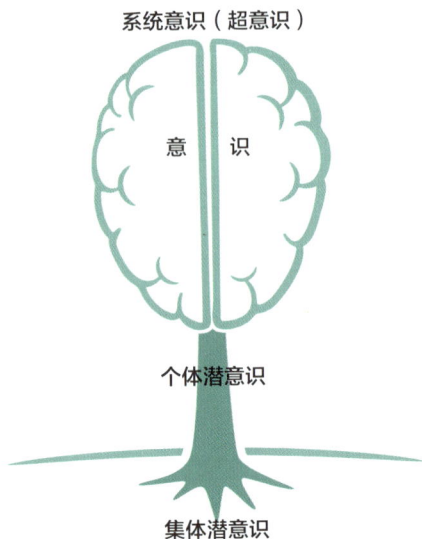

▲ 图 5-1   生命之树示意图：意识、个体潜意识、
集体潜意识和系统意识

系统意识（超意识）和意识、潜意识三者，共同构成了我们博大的人格系统，是我们生命旅途中缺一不可的三个"得力爱徒"——潜意识如猪八戒，代表了我们身上世代延续的生命原始动力；意识如沙和尚，是我们在现实世界需要秉持的一份理性、一份自律；而系统意识（超意识）正是我们每个人都有的大徒弟孙悟空，可以上天入地，跳出三界五行，给我们一双透过现象看本质的"火眼金睛"（兴趣阅读 5-4）。

📖 兴趣阅读 5-4

人人都有仨徒弟

——西游记中的心理学

试着把《西游记》①当作一本心理学启蒙读物来读，会蛮有意思的。

---

① 《西游记》作者吴承恩（约 1500—约 1582），我国古代四大名著之一，曾被西方人称作信息世界的圣经。

现乱弹一二。

1. 唐僧

唐僧代表了什么？代表了一个人的主体（身体）。

他是"肉身凡胎"，上不了天，入不了地，降不了妖，伏不了魔。肉体的能力多有限啊，仅拿视觉来说吧，肉眼所能见的光波仅在波长380~780纳米，只占整个电磁波谱中极为狭窄的一段（图5-2）。他没有"火眼金睛"，所以只见阳面不见阴面，只见现象不见本质，妖魔鬼怪摇身一变，就把他骗得一愣一愣。

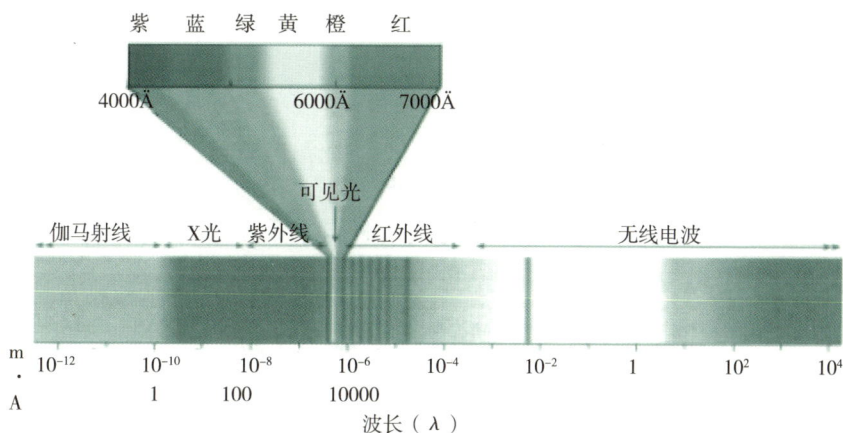

▲ 图5-2 电磁波谱与可见光

这就足以解释，人类为什么总是会经常犯这样那样的错误。爱因斯坦认为：可观察的世界并不"存在"。我们所感觉到的，并非都是可靠的；我们所感觉不到的，也并非不正在对我们施以侵害——慢慢上升的水温，可以让金鱼在毫无觉察中死去。

心理咨询的任务，就是及时、准确地找出危害人心理和生理健康的各种错误认知并加以矫正。

可世上最宝贵的就是人的肉体呀，他是"金蝉子转世、十世修行的罗汉"。各路妖魔鬼怪（一是有形的，比喻侵害人体的各种病菌；二是无形的，比喻迷惑人的各种不健康心理），都绞尽脑汁想吃到唐僧肉，吃一块就能长生不老。

唐僧到西天极乐世界取经的过程，就是一个人不断成长，实现自我和谐的过程。

可人的肉身如此脆弱，怎么抵御这诸多的磨难和诱惑，最终修成正果？

于是他的几个徒弟现身了。

2. 孙悟空

随着身体的发育，心灵和思维开始活动——于是唐僧有了他的大徒弟孙悟空，还得到了白龙马——所谓"心猿意马"是也①。

这大徒弟着实厉害，天不怕地不怕，腾云驾雾，变化多端，无所不能——这不正是我们一颗穿越时空、自由自在的心灵吗？

而白龙马呢，则代表着一个人的意志——意志是有意识地确立目的，调节支配行动，克服困难挫折，实现预定目标的心理过程。不管山高路险，始终"马蹄朝西"。

在花果山水帘洞的"游戏"中，人的心灵逐渐成熟。"大闹天宫"是幼年"第一逆反期"的必然结果。在痛快淋漓地反抗了权威的同时，这泼猴也实实在在领教了这个世界"规则"的强大，然后才不得不经历"五行山下定心猿②"的五百年漫长煎熬，方得以"心猿归正，六贼无踪③"。

发展心理学研究发现，游戏是幼儿期儿童的主导活动。游戏对儿童心理发展的重要意义主要是：第一，幼儿的游戏主导着他们认知和社会性发展；第二，幼儿的各种学习多是通过游戏活动进行的；第三，游戏是幼儿教育的最佳途径。

第一逆反期是指幼儿在成长到3~4岁时所表现出来的要求行为活动自主和实现自我意志，对原有的父母控制进行反抗和挑战的现象。逆反期

---

① 见《西游记》第七回："猿猴道体配人心，心即猿猴意思深。大圣齐天非假论，官封弼马岂知音。马猿合作心和意，紧缚牢拴莫外寻。万相归真从一理，如来同契住双林。"
② 见《西游记》第七回："八卦炉中逃大圣，五行山下定心猿"。
③ "六贼"代表了人的六种感官享受：眼看喜，耳听怒，鼻嗅爱，舌尝思，意见欲，身本忧。见《西游记》第十四回："心猿归正，六贼无踪"。

幼儿希望父母和周围人接纳自己"长大了、很能干"的现实，积极要求参与成人的生活，实现自我价值感，"皇帝轮流做，明年到我家①"。对父母的要求和指令，常常说"不！"，喜欢说"我自己做！"，喜欢听"你真棒！"。如何适应儿童的发展需要是众多家长面临的重要问题。父母要明确，逆反期是人的成长中的正常现象。

按常理来说，唐僧有了悟空的鼎力相助，应算是身心合一、如虎添翼，取经路上大可所向披靡、无往不胜。可这只能是心理学所追求的理想境界。唐僧天生的局限性决定了，他对悟空的所作所为要不断怀疑和限制，关键时候甚至使用撒手锏——念紧箍咒，让可怜的悟空头痛欲裂、无计可施。

而一旦师徒不和（即身心不和谐），妖魔鬼怪便乘机作祟、制造事端，"心乱神昏诸病作②"。

经历的波折多了，孙悟空也总结出了对付师父的办法，那就是去找如来、求观音——如来者，如其本来也，观音者，观世上之音也，总之就是让客观事实说话！

在客观事实面前，唐僧总是无条件接受，服帖得很，足见孺子可教也。

人本主义心理学认为，人拥有有机体的评价过程，即"机体智慧"。在有机体的评价过程中，经验③总是被准确地接受，较少被歪曲；只要具备了一定的环境条件，能够让我们认真关注、倾听来自内心深处的声音，从而重建个体在自我概念与经验之间的协调，生命就能迈向自我成长、自我实现。

---

① 见《西游记》第七回：大圣道："常言道：皇帝轮流做，明年到我家。只教他搬出去，将天宫让与我便罢了；若还不让，定要搅攘，永不清平！"

② 见《西游记》第五十七回"真行者落伽山诉苦，假猴王水帘洞誊文"：保神养气谓之精，情性原来一裹形。心乱神昏诸病作，形衰精败道元倾。三花不就空劳碌，四大萧条枉费争。土木无功金水绝，法身疏懒几时成！

③ "经验"是人本主义心理学代表人物罗杰斯自我理论中一个很重要的概念。和人们通常使用的经验概念不同，它强调一个人的主观内部世界是如何观察、如何感受外部世界的。经验被个体体验、知觉的状况，对一个人自我的形成发展和心理适应具有重要的影响。

耐人寻味的是，西行路上曾出现过真假两个悟空，以至"二心搅乱大乾坤[①]"，这在心理学上又做何解释？

来看出现两个孙悟空的背景：取经路上师徒发生较大分歧，好心不仅没有得到好报，反而受到师父二次驱逐。身心出现冲突、排斥，是导致出现心理问题的根本原因。

人的心理活动具有明显的两极性：高级神经活动有兴奋和抑制两个基本的过程，有喜悦就有悲伤，有爱就有恨，有紧张就有轻松，有激动就有平静，它们都构成了对立的情绪情感的两极。在人的高级情感中，有真、善、美，也有假、恶、丑。

所以说，真假本是心猿的两面。正像在我们身上，随时存在着正义与邪恶的两面一样。真的、善的、美的东西一旦受到怀疑、排斥，假的、恶的、丑的东西便立刻乘虚而入、鸠占鹊巢。

请时刻爱护和善待我们一颗至纯至善的心灵吧，它娇贵无比，经不起太多的曲解和践踏。

3. 猪八戒

除了孙悟空，西行路上另一个必不可少的助手，就是猪八戒（猪悟能）。

从猪悟能身上，我们看到了维持一个人生存和发展所必须具备的一切本能。

你说他憨呆也好，说他缺乏修养也罢，总之他从来不会委屈自己的感觉，不知文饰自己的情绪，不懂压抑自己的需要和动机，饿了张嘴就吃，困了倒头便睡，见了貌美异性就顿生怜惜之心。

你是不用担心他会得抑郁症、焦虑症之类病症的，小病小灾他完全有能力免疫。想当年尸魔三戏唐三藏，圣僧恨逐美猴王，三藏逢灾，意马败战，还不是靠了老猪不远万里横渡东洋，花果山义激猴王[②]，师徒方转危为安、重归正途？

---

① 见《西游记》第五十八回："二心搅乱大乾坤，一体难修真寂灭"。
② 见《西游记》第三十一回："猪八戒义激猴王，孙行者智降妖怪"。

马斯洛把人的需要分为生理需要、安全的需要、爱和归属的需要、尊重的需要和自我实现的需要五个层次。层次越低的需要力量越强，如饮食、休息、求偶等生理或生物的需要，它们能否得到满足直接关系到个体的生存和种族的延续，因此又叫缺失性需要。也只有当所有较低层次的需要都持续不断地得到满足时，人才受到自我实现需要的支配。

正是由于人们在现实生活中见惯了太多的繁文缛节、虚浮做作，所以猪八戒开始受到越来越多人的喜爱——有媒体调查，不少女性甚至把猪八戒当成理想中的老公形象。人们越来越渴望看到性情之清醇、生命之璞真、生活之简约。这是人性的回归，是人本主义对抗"神本主义"的胜利。

4. 沙悟净

悟净——不但要讲究身体的洁净，更要讲究心灵的洁净。只有注意生理卫生和心理卫生，才能确保身心健康成长。

沙僧的这一角色职能，决定了他的苦行僧形象。他讲究的是涤垢洗心惟扫塔，缚魔归正乃修身①；心地频频扫，尘情细细除；本体常清净，方可论元初；沙门修炼纷纷士，断欲忘情即是禅；须着意，要心坚，一尘不染月当天②。他没有孙悟空的神通广大，也没有猪八戒的坦诚率直。这个人显得枯燥单调有余，生机趣味不足，很难给人留下什么印象，属于那种一不在跟前就被遗忘的主儿。

但取经路上是断然少不了他的。你看，他心态平和，无欲无求，少言寡语，执着冷静，勤恳厚道，忠于职守。有了他的存在，唐僧师徒方能"打开欲网，跳出情牢，放马西行③"。

庄子说：淡然无极而众美从之。什么叫淡然？淡然首先是心灵的洁净，是许由在颍水边洗掉升官发财之语的漠然；是范仲淹"不以物喜，不以己悲"的超然；是陶渊明"采菊东篱下"的悠然；是苏东坡告别浮名浮

---

① 见《西游记》第六十二回："涤垢洗心惟扫塔，缚魔归正乃修身"。
② 见《西游记》第七十四回："长庚传报魔头狠，行者施为变化能"。
③ 见《西游记》第七十四回："长庚传报魔头狠，行者施为变化能"。

利、虚苦劳神后面对"一张琴，一壶酒，一溪云"的释然；是洪应明"宠辱不惊，闲看庭前花开花落，去留无意，漫随天外云卷云舒"的豁然；是赵朴初"生亦欣然，死亦无憾，花落还开，水流不断"的坦然。

唐僧正是靠了仨徒弟，方抵御住了各种妖魔鬼怪的侵袭和形形色色的诱惑，最终抵达西天极乐世界，"功成行满见真如[①]"。

人人都有仨徒弟，心理和谐靠自己。只要我们正确驾驭和运用这"三个徒弟"，就必定能够克服人世间的一切纷扰困惑，峰回路转，苦尽甘来，一步步迈向自我成长、自我完善、自我和谐的人生佳境。

从最初弗洛伊德对意识、前意识和个体潜意识的关注，到后来他的学生荣格对集体潜意识的关注，再到本书对系统意识（超意识）的关注，反映了心理学研究应用领域正在实现从个体到系统、从随性到秩序、从深度到高度和宽度的实质性飞跃（表5-1）。

表5-1 意识、潜意识和系统意识的比较

比较类别	意识	潜意识		系统意识（超意识）
		个体潜意识	集体潜意识	
理论类比	冰山理论	岛理论	岛理论	丛林理论
研究方向	纵向	纵向	深纵向	横向
存在范围	个体	个体	有血缘关系的集体	家庭、组织、人格系统
存在方式	神经系统	神经系统	遗传	随系统形成而形成，随系统终结而终结
组成内容	对客观现实的反映	潜抑的个体经验	原型	规则
应用领域	个体咨询	个体咨询	个体及群体咨询	系统自和谐咨询

① 见《西游记》第九十八回："猿熟马驯方脱壳，功成行满见真如"。

　　系统意识（超意识）的研究，为理解人类的心理和行为，进而领悟生命的最终意义，提供了一个令人鼓舞的、全新的视角。我们知道，潜意识是人类所无法自我觉察到的（所谓觉察到的"潜意识"，就不能称其为潜意识，而只能是意识），而系统意识（超意识）则不同——系统意识（超意识）是完全可以被觉察并可以用来造福整个人类的。

　　人对系统意识的觉察，称作觉悟。觉悟亦作"觉寤"，既领悟、觉醒之义，就是对自身生命存在的意义以及存在方式——空间和时间及其内在规则等的认识、理解和觉察程度。一个人的觉悟程度决定了他的心理行为机制和能动地参与社会活动的方式和方法，从而最终决定其心理和行为的效率和成果。

　　如果说，开始于公元前5世纪左右的希腊智者运动[①]，把人置于社会和世界的中心，代表着人类意识的第一次觉醒，而人本主义心理学追崇的"自我实现"，把自我意识的觉醒发挥到了极致；那么，现在对系统意识（超意识）的关注和研究，引导人类跳出自身看自身，从关注个体到关注集体（系统），从关注小我到关注大我，从信崇"自我中心论"的主体说到信崇"人类非中心论"的主体间性说，则代表着人类意识的第二次觉醒。

　　系统意识对人类的最大意义还在于，人的本性不是个人主义的，而是集体（系统）主义的；人类不应该只去关注自身，更应该关注人类赖以生存和发展的时间和空间，从而实现自我和谐（包括主体和谐、时间和谐、空间和谐）。因此，自我和谐应该是比自我实现更加高级的一种终极状态。所谓人的"觉悟"，代表着一种最高层次的、纯粹的利他行为，可以不惜牺牲个人利益来保全、增进系统及其成员利益，具有先人后己、舍己为人、公而忘私、大公无私的崇高精神境界。

　　吉尔特·霍夫斯泰德[②]在跨文化研究领域中发现：个人主义是一种松散的

---

① 希腊智者运动的代表人物是普罗泰戈拉（Protagoras，约公元前490或480—前420或410），公元前5世纪希腊哲学家，其著名的命题是："人是万物的尺度，是存在者存在的尺度，也是不存在者不存在的尺度。"

② 吉尔特·霍夫斯泰德（Geert Hofstede，1928—　），生于荷兰，是当代著名的心理学家和管理学家。

社会结构，倾向于强调个人权利与自由，非常松散地结成社会关系网，对本人的职业和个人酬劳尤为重视，并极大关注自尊。系统主义则是一种紧密的社会结构，人们一出生就结合在强大而紧密的集团之中，这种集团为他们提供终生的保护，而他们反过来也毫无疑问地忠诚于自己的集团。霍夫斯泰德在调查中发现，中国地区表现出较强的系统主义倾向。

其实，在人类历史上，达到这种"觉悟"状态的人自古有之、不计其数。由于他们对人类的生存和进步所做出的杰出贡献，因此当之无愧地受到全人类世世代代的敬仰，其独具高度的意识和行为，成为人类思想宝库中不可或缺、大放异彩的宝贵精神财富。

四海之内，皆兄弟也①。（孔子）

人法地，地法天，天法道，道法自然②。（老子）

爱人者，人恒爱之；敬人者，人恒敬之③。（孟子）

生，亦我所欲也；义，亦我所欲也。二者不可得兼，舍生而取义者也④。（孟子）

独乐乐不如众乐乐……今王与百姓同乐，则王矣⑤。（孟子）

君子贵人贱己，先人而后己⑥。（戴圣）

大道之行也，天下为公，选贤与能，讲信修睦。故人不独亲其亲，不独子其子，使老有所终，壮有所用，幼有所长，矜、寡、孤、独、废疾者皆有所养，男有分，女有归。货恶其弃于地也，不必藏于己；力恶其不出于身也，不必为己。是故谋闭而不兴，盗窃乱贼而不作，故外户而不闭，是谓大同⑦。（戴圣）

为天地立心，为生民立命，为往圣继绝学，为万世开太平⑧。（张继）

---

① 出自《论语·颜渊》。
② 出自《道德经·道经第二十五章》。
③ 出自《孟子·离娄章句下》。
④ 出自《孟子·告子上》。
⑤ 出自《孟子·梁惠王下》。
⑥ 出自西汉戴圣编著《礼记·访记》。
⑦ 出自戴圣《礼记·礼运篇》。
⑧ 出自《张子语录》。

人为了自己的利益，应当爱别人。（霍尔巴赫[①]）

只有人类的幸福是绝对的、无条件的。只有整个人类的幸福才是你的幸福。（狄慈根[②]）

建筑在别人痛苦上的幸福不是真正的幸福。（巴巴耶娃[③]）

如果有一天，我能够对我们的公共利益有所贡献，我就会认为自己是世界上最幸福的人了。（果戈理[④]）

每一个人可能的最大幸福是在全体人所实现的最大幸福之中。（左拉[⑤]）

一个人的价值，应该看他贡献什么，而不应当看他取得什么。（爱因斯坦[⑥]）

二、从人格的物化到人格的回归：天下归心，情感无敌

在玛雅人预言的五个文明中，最后一个文明时期叫作情感文明，也就是我们正在使用的文明——人类会使用情感。

以追求食欲和性欲满足为本质的兽性人，和以追逐物质利益最大化为本质的理性人，都是被物化的人。一个无法忽视的事实是，一个仅是依靠生理和物质满足来获取幸福的时代正在结束。人类的心灵正在逐渐挣脱物化的奴役，实现人格的全面回归。

随着物质需要的全面满足以及个体自由支配时间的越来越多，人们不仅无须再为了占有更多的物质财富而扭曲自己、压制同类，同时，人们更乐意创造多种条件使每个人的自由全面发展成为可能。在一个万物俱备、什么都不缺的年代，占有物质很难再刺激我们的感官，让我们获得长久的满足。在新的时代，比起金钱和物质，更重要的是心理和精神层面的感受和充实。从

① 保尔·昂利·霍尔巴赫（1723—1789），原名亨利希·梯特里希（Heinrich Diefrich），18世纪法国启蒙思想家、哲学家。
② 约瑟夫·狄慈根（Joseph Dietzgen，1828—1888），德国工人哲学家。
③ 阿·巴巴耶娃，苏联作家。
④ 果戈理（俄文：Гоголь，英译：Gogol，1809—1852），俄国批判主义作家、讽刺文学大师，俄国现实主义文学的奠基人。
⑤ 爱弥尔·左拉（法语：Émile Zola，1840—1902），法国自然主义小说家和理论家。
⑥ 阿尔伯特·爱因斯坦（Albert Einstein，1879—1955），犹太裔物理学家。被公认为是继伽利略、牛顿以来最伟大的物理学家。

实物中获得的满足感只能持续很短的时间，但是我们宝贵的经历以及从中获得的知识和体验，将永久地入驻我们的生命。

体验经济（The Experience Economy）是 1970 年由美国未来学家阿尔文·托夫勒（Alvin Toffler）在其书中首次提出的概念。1998 年美国的约瑟夫·派恩（B.Joseph Pine Ⅱ）和詹姆斯·吉尔摩（James H.Gilmore）正式提出体验经济理论。体验经济是一种以商品为道具，以服务为舞台，通过满足人们的情感体验而产生的经济形态，是一种最新的经济发展浪潮。体验经济是服务经济的延伸，是农业经济、工业经济和服务经济之后的第四类经济形态，强调顾客的感受性满足，重视消费行为发生时顾客的心理体验。

体验经济的基本特征包括：一是非生产性。体验是一个人在意识中产生的一种美好感觉，它本身不是一种经济产出，不能量化，也不能像其他工作那样创造出可以触摸的物品。二是短周期性。体验经济的生产周期不像农业经济、工业经济和服务经济那样是以年、月、日等为单位，它是以小时为单位，有的甚至以分钟为单位。心理咨询就是一种体验经济，一个标准的心理咨询时长设置通常是 50~60 分钟。三是互动性。体验经济是某个人身心体智状态与那些筹划事件之间的互动作用的结果，顾客全程参与其中。四是不可替代性。体验的需求要素是感受。没有哪两个人能够得到完全相同的体验经历。五是映像性。任何一次体验都会给体验者打上深刻的烙印，让体验者对体验的回忆超越体验本身。六是高增进性。在自己家里和在优雅的咖啡屋里饮用一杯咖啡，价格会相差几十倍以上。

我们可喜地看到，国民快乐程度正在影响各国政府决策。从 2012 年开始，联合国每年都会公布年度《世界快乐报告》，希望将各国快乐程度量化，借此影响政府决策。

"物化人"正淡出历史舞台，天下归心，情感无敌。

三、一因多果，一果多因，无因无果，互为因果：世界的不确定性、非定域性和时空不可分隔性将成为未来心理学的共识

牛顿世界观带给我们树状思维，事物的发展就像根茎叶般因果脉络有序。量子理论带给我们块状的块茎思维，这里没有因果、中心、层级、确

定，只有相关、链接、流动，任何点都可以也应该建立链接，相关就应该链接。

以往我们的数据分析更喜欢依据图表上面连续的线条做出分析和预测，这种线性的分析是小数据时代的一个惯性思维。这个惯性思维，就是牛顿世界观里物体运动惯性的反应和运用。而大数据技术的世界观是基于量子理论的，所以事物的发展具有不确定性，数据之间的关系是非线性、非因果的，毫无联系的事物之间也可能是有关联和影响的，就像超距现象一样。

大数据技术正在深刻地改变人类探索世界的方法。大数据技术中相关性代替因果性，混杂性代替精确性。舍恩伯格 ① 在《大数据时代》一书中写道："我们没有必要非得知道现象背后的原因，而是要让数据自己发声""相关关系能够帮助我们更好地了解这个世界"。他认为：建立在相关关系分析法上面的预测是大数据的核心。通过找到关联物并监控它，我们就能够预测未来。

世界的不确定性、非定域性和时空不可分隔性将成为未来心理学的共识。

——世界是确定性与随机性的统一。决定论 ②（又称拉普拉斯 ③ 信条）在18、19 世纪基本上统治了科学界和心理界。心理学中的决定论认为，人的一切活动，都是先前某种原因和几种原因导致的结果，人的行为是可以根据先前的条件、经历来预测的。

---

① 维克托·迈尔 – 舍恩伯格（Viktor Mayer-Schönberger，1966—　　），奥地利数据科学家，代表作品《大数据时代》《删除》。

② 决定论是一种认为自然界和人类社会普遍存在客观规律和因果联系的理论和学说，其与非决定论相对。非决定论主张"意志自由"，否认客观世界存在任何规律、必然性和因果性的一种唯心主义的理论。非决定论的主要代表人物有休谟、康德和马赫。休谟认为自然界没有因果性，所谓因果联系是由于印象出现前后所形成的习惯性的联想和推论。康德把因果性、必然性、规律性看成是悟性的先验的思维形式。马赫则断言，自然界既没有原因也没有结果。需要注意的是，量子力学并没有支持自由意志，只是于微观世界物质具有概率波等存在不确定性，不过其依然具有稳定的客观规律，不以人的意志为转移。

③ 皮埃尔 – 西蒙拉普拉斯（Pierre-Simon Laplace，1749—1827），法国分析学家、概率论学家和物理学家。

我儿子快要被退学了，我该怎么办——

儿子快被退学→儿子各科成绩不好→儿子不喜欢学习→妈妈要求太苛刻→妈妈事事不甘落后→妈妈打小就希望获得父母的喜爱→妈妈和自己的妹妹存在竞争→在妈妈三岁时妹妹出生了……

量子力学质疑微观世界的物理因果律，而混沌理论则紧接着否定了包括宏观世界拉普拉斯（Laplace）式的决定型因果律。现代混沌理论研究表明，世界是确定性与随机性的统一。一个确定性非线性系统在没有外部随机作用下，系统自身竟然内在地产生出随机性（内在随机性），体现了随机性存在于确定性之中，确定性自己规定自己为不确定性，确定性系统自己产出了随机运动。在混沌系统中，初始条件十分微小的变化，经过不断放大，对未来状态会造成极其巨大的差别。混沌现象最先用于解释自然界，比如"蝴蝶效应"对天气的影响，继而用于人文及社会领域，如股票市场、教育等。混沌学揭示了我们传统因果关系的错误认识。复杂系统中干扰是不可预测的，任何微小的扰动都会带来难以预料的影响。

丢失一个钉子，坏了一只蹄铁；

坏了一只蹄铁，折了一匹战马；

折了一匹战马，伤了一位骑士；

伤了一位骑士，输了一场战斗；

输了一场战斗，亡了一个帝国。

——世界的非定域性。包括爱因斯坦都认为，在一个地域的事件，不能影响遥远地域的另一个事件，叫定域性。但是，量子纠缠 [①] 等许多实验发

---

① 1982 年，法国著名实验物理学家艾伦·阿斯派克特（Alain Aspect）和他的小组成功地完成了一项著名的实验（史称阿斯派克特实验），证实了微观粒子之间存在着一种叫作"量子纠缠"（quantum entanglement）的关系。在量子力学中，有共同来源的两个微观粒子之间存在着某种纠缠关系——不管它们被分开多远，对一个粒子扰动，它的孪生兄弟——另一个粒子就会有相应的反应。这种反应是瞬时的，超越了我们的四维时空，即一个地方发生的事情立即影响到很远的地方。阿斯派克特实验清楚地表明客观世界的定域实在性存在严重的问题。量子纠缠已经被世界上许多试验所证实，科学家认为量子纠缠的实验证实是近几十年来科学最重要的发现之一，对科学界、哲学界、心理界等各个领域已经产生了重大的冲击和深远的影响。量子纠缠已经被运用到高科技领域。2017 年 6 月，我国科学家利用"墨子号"量子科学实验卫星在国际上率先成功实现了千公里级的星地双向量子纠缠分发。

现，一个地方发生的事情可以瞬间影响到另一个地方，也就是事物的非定域性——这种"幽灵般的超距作用"在牛顿世界观看来是匪夷所思的，因为牛顿世界观认为，事物之间的相互作用是机械性的、定域的，是需要直接关联的。

系统自和谐心理咨询所呈现出来的成员关系及这些关系的处理过程，是超越了现实生活里的时空限制的——相隔数代几十年、身处不同地域的人能够在同一时空出现。

——时空的不可分割性。牛顿力学认为，水温的升高和物体的运动是平滑和连续的。但是量子力学发现，能量的传递是不连续的，有一个最小的分量。历史上有个著名的芝诺悖论[①]，一个人从 A 点走到 B 点，要先走完总路程的 1/2，再走完剩下路程的 1/2，再走完剩下的 1/2……如此循环下去，永远不可能到达终点。按照这个逻辑，神话中最善跑的阿喀琉斯[②]永远也不可能追上乌龟。这个悖论的假设是，时空是连续的，在数学上是可以无限分割的。但依照我们的经验，这个悖论显然是不成立的，时空不可能像数学计量一样无限地被分割，所以世界具有一体性，人类是一个命运共同体。

一个人的过去、现在和未来同样是无法分割的——一个没有过去的人，就没有现在，更没有未来。现在只是过去时态的延续，是过去时态的未来，也是未来时态的过去。而未来只是现在时态的延续，今天的未来终会成为明天的现实。

你的未来穿越过去，决定着你的现在，影响着你的未来……

公元 2029 年，经过核毁灭的地球已由电脑"天网"统治，人类几乎被消灭殆尽。剩下的人类在领袖约翰康纳的领导下与天网英勇作战，并扭转了局面。"天网"为了改变这一切，制造了时光逆转装置，派遣终结者人型机械人 T-800 回到 1984 年，去杀死约翰的母亲莎拉·康纳，以阻止约翰的诞生。约翰发现了一这阴谋，攻占了实验室，战士凯尔里斯自愿通过时间通道回到

[①] 芝诺悖论（Zeno's paradox）是古希腊数学家芝诺（Zeno of Elea）提出的一系列关于运动的不可分性的哲学悖论。

[②] 阿喀琉斯（希腊语：Ἀχιλλεύς，英语：Achilles），是荷马史诗《伊利亚特》中描绘特洛伊战争第十年参战的半神英雄。

1984 年保护莎拉……

　　　　　　——美国著名科幻电影《终结者》（又名《未来战士》）情节

四、人格的"宇宙化"和宇宙的"人格化"

　　青年时期的毛泽东曾写过一篇震动全校、被他的老师杨昌济判了 100 分（后来又给加了 5 分）的作文《心之力》，开篇写道："宇宙即我心，我心即宇宙。细微至发梢，宏大至天地。"

　　梁启超也说："我的人格和宇宙无二无别"（梁启超，1922）。

　　天人合一、万物一体是中国古典哲学的根本观念之一，与"天人之分"说相对立。所谓"天"就是自然和宇宙的代表。天地大宇宙，人则是一个小宇宙。人和宇宙在本质上是一体的、相通的，作为宇宙中的一分子，人类一切的心理和行为活动均应顺乎自然规律，达到人与宇宙的和谐共生。

　　宇宙不是一个死寂的机械系统，而是一个自组织、自和谐的复合生态系统。宇宙全息论①认为，宇宙是一个各部分之间全息关联的统一整体。在宇宙整体中，各子系与系统、系统与宇宙之间全息对应。凡相互对应的部位较之非相互对应的部位，在物质、结构、能量、信息、精神与功能等宇宙要素上相似程度较大。在潜态信息上，子系包含着系统的全部信息，系统包含着宇宙的全部信息。在显态信息上，子系是系统的缩影，系统是宇宙的缩影。

　　无独有偶的是，在脑神经研究领域，史坦福大学的脑神经学家卡尔·普里布拉姆（Karl Pribram）也经由独立研究相信，头脑本身就是一个全像摄影相片。美国加州理工学院认知和行为生物学教授克里斯托弗·科赫（Christof Koch）对大脑的称呼是"已知宇宙中最复杂的结构"。英国《自然》杂志也曾刊登过一篇研究论文，证明宇宙的成长过程和结构与大脑细胞的生成过程和结构一模一样。研究报告显示，某些未知的基本规律可能支配

---

① 宇宙全息论由当代著名量子物理学家戴维·玻姆在《整体性与隐缠序：卷展中的宇宙与意识》一书中提及，后来由诺贝尔奖得主、荷兰乌得勒支大学的 G. 霍夫特于 1993 年正式提出，并得到了雷纳德·萨斯金的进一步阐述。

着多种或大或小的系统，从脑细胞之间的电信号传递，到社交网络的扩充，乃至宇宙的膨胀。

如其在内，如其在外；

如其在上，如其在下。（图 5-3）

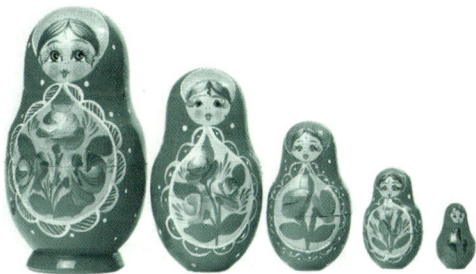

▲ 图 5-3　俄罗斯套娃：如其在内，如其在外

爱因斯坦曾说，哲学可以被认为是全部科学研究之母。随着人类认知疆界的实质性拓展，我们完全可以相信，心理学将会成为各类学问研究之母，成为人类认识自然、实现人与自然和谐共生的根本出发点、落脚点和基本准则。

第三节　学、做、悟：拜自己的心为师

现代心理学在清末随着汹涌的西潮传到中国，成为一种舶来学问。当时我国有一位见识高远的历史学家，看准这门学问的重要性，于是通过翻译将之引进并广为传播——他就是被研究中国心理学史的外国学者尊称为"中国现代心理学之父"的王国维。王国维在《人间词话》中所说的"古今之成大事业、大学问者必经过三种之境界"，对心理助人者的成长尤其有启发意义。

第一境界：昨夜西风凋碧树，独上高楼，望尽天涯路。拿到职业证书，却感到前路迷茫，"老虎吃天无从下口"。唯一的办法就是登上巨人的肩膀，"独上高楼"，认清前人所走的路，学好前人的经验，这是做好心理咨询的起点。

第二境界：衣带渐宽终不悔，为伊消得人憔悴。"到水里学游泳"，全身心投身于心理咨询的实践，耐住寂寞，循序渐进，逐步探索和稳步确立起与自身价值观、兴趣和人格高度一致的咨询风格。

第三境界：众里寻他千百度，蓦然回首，那人却在灯火阑珊处。只有经过千百度的咨询实践历练，才能够功到自然成，一朝顿悟，发前人所未发之秘，辟前人所未辟之境，达到法无定法、至法无法的巅峰境界。

一、心理学"三无论"——我们该怎样学习心理学

1. 无理可讲的心理学

德国心理学家艾宾浩斯[1]说过："心理学有一个很长的过去，却只有一个短的历史"。自1879年冯特在莱比锡大学建立了世界上第一个心理学实验室，从而标志着科学心理学的诞生，迄今还不到140年。短短百余年间，心理学的发展如白驹过隙，经历了"把人看作动物"的精神分析学派、"把人看作机器"的行为主义心理学派、"把人看作人"的人本主义心理学派等阶段，正在步入"把人看作世界"的后现代主义心理学派阶段。

《左传》云：人心不同，各如其面。正是由于心理问题本身的复杂性，才导致了众多心理学流派的百家争鸣乃至硝烟四起，而每个学派均宣称自己找到了真理——同一个求助者的问题，精神分析学派会认为是幼年心理创伤和本我欲求得不到满足所致，行为主义学派却认为是奖惩不当或学习训练不够造成的，认知学派则强调是认知功能失调引起的，而人本主义学派则认为是自我实现之潜能受阻使然……

具体到心理咨询的方法论上，就更是让人感到无所适从——被精神分析流派视为"制胜宝典"的深挖创伤、情绪宣泄，不仅被认知行为学派所禁用，更是被后现代主义心理学视为心理咨询之"大忌"……

在自然科学领域屡试不爽地从个性入手找出共性、再用于指导个性的研究方法，用在心理学研究上，却显得不再灵验。通常我们所追崇的理性和逻辑性，在活生生的人面前则经常束手无策。心理现象的非理智、非逻辑和不

---

① 赫尔曼·艾宾浩斯（德语：Hermann Ebbinghaus，1850—1909），德国心理学家。

可复制的特性，注定了我们不能像学习自然科学那样去学习和运用心理学，更注定了心理咨询工作没有现成的公式可以套用，因为我们不可能像修理一部机器那样去修理一个人——自然科学总结出的公式、定理，用于解决物质世界的问题，可谓放之四海而皆准；可用于解决人的问题，就经常陷入"公说公有理，婆说婆有理"的尴尬和茫然。

这也正是很多求助者面对心理咨询师经常发出的无奈感慨：

"你说的这些我都明白，可我就是做不到……"

"道理我都懂，但我就是无法摆脱烦恼……"

"我也知道丈夫辛苦了一天，我应该对他多些疼爱和包容，可每次见他一进门就窝进沙发，还把脚翘在茶几上，我就气不打一处来……"

"善心者师心不师圣。"学习心理学最好的老师不是别人，而是你自己的心。"千江有水千江月。"卡尔·罗杰斯说："最个人的其实也是最普遍的。"马斯洛也说："我们要记住，关于个人自己深刻天性的知识，其实同时也是关于普遍人类天性的知识。"科里（Corey）说："咨询师最重要的工具就是作为一个人的你自己。"阿佩尔（appell）说："在咨询过程中，咨询师能带进咨询关系中最有意义的资源，就是他自己。"帕特森（Patterson）说："治疗的关键不是治疗师做些什么，而是他是谁。"（兴趣阅读 5-5）

📖 兴趣阅读 5-5

罗杰斯博士的心理课

——我们该怎样学习心理学？

美国现代著名心理学博士罗杰斯于 1958 年在布兰代斯大学讲授一个心理学专题：《个性转化过程》。学生都是慕名而来的研究生、律师、牧师、医生、学者等。

当大家到齐了，围坐在一张大桌旁边的时候，罗杰斯博士似乎并不想讲课，只是让大家随便谈，大家谈谈自己，接着就是沉默。

后来，一个人羞怯地举手发了言，接着就是令人尴尬的沉默。

博士也沉默，始终不催促任何人开口。就这样半沉默、半发言地结束了一天的课程。

临散课时，博士告诉大家，他带来了大量的有关材料：单行本、小册子、文章、专著、录音带、影片等。哪位同学高兴可以帮忙搬到同学们自学的房间去。

接下来的四次课进行得相当艰难而令人失望。博士不讲课，学生们东拉西扯，想到什么就说什么，一切显得杂乱无章、漫无目标，简直就是浪费时间。然而博士倒聚精会神地倾听每一个人的发言，而且不在乎学生的发言是否切题。

在茫然与失望中，学生们一致要求博士讲课，以便让他用权威性语言告诉大家孰是孰非，孰优孰劣——他们远道而来不就是为了向这位神明当面求教吗？他们都准备好了笔记本，只等这位权威张开金口；可是几天下来，笔记本空无一字。

随着时间的推移，学生们的讨论日渐热烈起来，大家似乎都找到自己对该专题独特的体验或感受。博士则深入其中，和蔼可亲，认真倾听，但从不评价是非，只是以"我看你对此感受很深，是吗？"表示肯定。

后来，有一位同学旧话重提，还是请老师上一课，只一个小时，然后大家讨论。被逼无奈，博士读了一篇尚未发表的论文。大家听了觉得极端乏味，催人入睡，令人大失所望。博士勉强读完了，看看大家如释重负的样子，说："我说不要讲课么，你看……唉！"

于是，大家再也不提让博士上课的事，甚至不理会他了；都沉浸在面对自己、研究自我、抓住感受、引经据典、参与讨论、探索研究等一系列科研活动中，最后竟出乎意料地写出完全属于自己的水平极高的学术论文，成功地完成了学业。

当然，他们也终于明白了博士的良苦用心，抱着真挚的敬意和不舍的情谊离开了学校……

2. 无处不在的心理学

心理学不是心理学家"拍脑袋"的主观臆测，而是广泛吸收和整合了哲学、社会学、文化学、物理学、生物学等各种学科研究成果，甚至包括三教九流、下里巴人等各种观点而得以发展和成型的。如：经典物理学 + 心理学 = 心理动力学，计算机科学 + 心理学 = 认知心理学，存在人本主义哲学 + 心理学 = 人本主义心理学，后现代主义哲学 + 心理学 = 后现代主义心理学，心理学 + 社会学 = 社会心理学，经济学 + 心理学 = 行为经济学，管理学 + 心理学 =EAP[①]，系统观 + 心理学 = 系统主义心理学等。

一个心理学工作者应该是一个"杂家"——哲学的、文化的、社会的、人类学的、自然科学的等等，都应该有所涉猎、有所了解。一个很有意思的事实是，对心理学发展做出实质性贡献的人，往往反而不是心理学的"科班出身"。精神分析学派创始人西格蒙德·弗洛伊德，毕业于维也纳大学医学院，曾在维也纳综合医院担任医师，从事脑解剖和病理学研究。被心理学史学家誉为"人本主义心理学之父"的卡尔·罗杰斯，刚上大学学的却不是心理学，而是农学。并未受过心理学专业训练的阿尔伯特·埃利斯，创立并坚定捍卫了起初几乎遭到所有心理治疗家激烈反对的合理情绪行为疗法（情绪 ABC 理论），以至于生前被美国心理界誉为"活着的最伟大的心理学家"，去世后被美国媒体尊称为"心理学巨匠"，曾被列为最具影响力的应用心理学家第二名（罗杰斯第一，弗洛伊德第三）。沙盘游戏疗法的创始人多拉·卡尔夫，在 45 岁才开始正式学习心理学，62 岁时完成了她关于沙盘游戏治疗的唯一专著《沙盘游戏》，奠定了她在心理咨询和心理治疗史上不可取代的地位。所以，每每有人问我："我都已经超过 40 岁了，

---

① EAP（Employee Assistance Program）即员工心理援助计划、员工心理管理技术等，是由组织为员工设置的一套专业、系统的心理服务项目。这套项目通过专业人员对组织进行精准全面的评估和建议，并对全体员工及其直系亲属提供专业的心理测评、心理咨询服务和针对性辅导培训等，旨在改善提升组织的人文环境和团队凝聚力，解决管理者和员工工作生活中出现的各种心理及行为问题，有效提高组织管理效能和工作绩效，实现组织和人的健康、和谐、全面发展。近年来亚洲组织与员工促进协会（Asian EAP Association）将 EAP 的定义拓展为"全员心理关爱计划"和"组织与员工促进项目"。

学习心理学是不是有些晚了？"我都会回答："比起卡尔夫，你说你是早还是晚？"

3. 无所不包的心理学

毛主席曾说："细微至发梢，宏大至天地。世界、宇宙乃至万物皆为思维心力所驱使。"爱因斯坦也曾说，哲学可以被认为是全部科学研究之母。随着人类认知疆界的实质性拓展，我们完全可以相信，心理学将会成为各类学问研究之母，成为人类认识自然、实现人与自然和谐共生的根本出发点、落脚点和基本准则。

二、心理助人"三最论"——我们该怎样助人

1. 最实用的助人理念：求助者才是解决自己心理问题的大师

有一个令权威大跌眼镜的调查结果。有人对新手咨询师和资深咨询师的心理咨询效果——包括咨询满意度、咨询成功率等，进行了专门的调查统计，结果出人意料：这两者的差别其实并不是很大。这足以说明，心理咨询的效果如何，求助者自身因素起着至关重要的作用，这些因素主要包括求助者的求助意愿以及自身的悟性，自我觉察、自我探索、自我改变的动力和能力等。

听是助人，说是自助。上海一名资深心理医生如是说："当自己没有了任何'办法'时，就会使用最后的法宝——听。并且，随着咨询经验的积累，我越来越懂得，听，比什么都重要。"

2. 最基本的咨询目标：自我接纳（图 5-4）

所有心理问题的产生，均源于个体对自我的不接纳。

只有接纳自己，才能改变自己；只有接纳自己，才能融入世界。

心理助人的首要任务就是引导和协助求助者完成自我接纳。自我接纳是自我改变、自我和谐的出发点和归宿。

自我接纳的要义是接纳完整的自己——接纳自己的过去和现在，接纳自己所拥有的一切优点及缺点，接纳自己所遇到的一切……

对他人的接纳度

Ⅱ. 神经症性反应 | Ⅰ. 健康心理

对自我的接纳度

Ⅲ. 抑郁性反应 | Ⅳ. 躁狂性反应

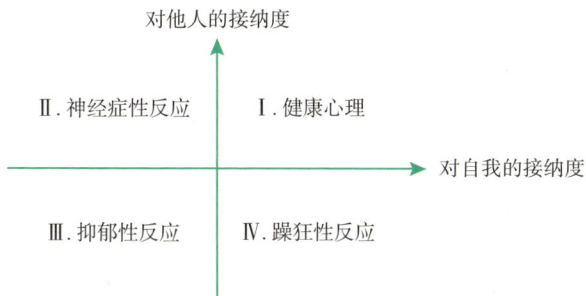

▲ 图 5-4　自我接纳是人格健康的重要标准

自我接纳的前提是接纳自己所有的情绪。情绪是人最根本的动力和能力，是我们和现实关系的"晴雨表"，是我们最忠实的朋友而不是敌人——快乐是在提示我们珍惜，恐惧是在提示我们保护，焦虑是在提示我们重视，愧疚是在提示我们行动，悲伤是在提示我们怀念，压力是在提示我们反弹，痛苦是在提示我们改变……

有一些表现貌似自我接纳，实则和自我接纳截然相反，应该注意避免和克服——自我接纳不等于自我满足，自我接纳不等于自我放任，自我接纳不等于自我放弃，自我接纳不等于自我欺骗，自我接纳不等于自我怜悯，自我接纳不等于自我陶醉，自我接纳不等于自我隔离……

3. 最有效的助人方法：法无定法，至法无法

对心理学来讲，没有一个办法可以包打天下。心理咨询师是用整个人而不是用所谓技术来完成助人工作。

所以，有一千个咨询师，就有一千种咨询方法；有一千个求助者，也就有一千种咨询方法。

问题是能量，助人是艺术。心理咨询是接纳、发现而不是治疗。

寡人悟到了！残剑的这幅字根本就不含剑法招式，写的是剑法的最高境界：其第一层境界，讲求的是人剑合一，剑就是人，人就是剑，手中寸草，也是利器；其第二层境界，讲求手中无剑，剑在心中，虽赤手空拳，却能以剑气杀敌于百步之外；而剑法的最高境界，则是手中无剑，心中也无剑，是以大胸怀包容一切，那便是不杀，便是和平。

——出自电影《英雄》

在心理助人实操中，最多用到的将会是各种心理咨询方法技术的整合

（表5-2、图5-5）。比如认知疗法的"转念一想"，人本主义心理学的接纳与共情技术，精神分析的解释和转移技术，绘画（沙盘）疗法的"无为而无不为"，催眠疗法的暗示诱导技术，后现代主义心理学的目标导向、问题外化、正向建构、系统思维及规则意识等。

表5-2　心理咨询/治疗的三个操作层面

操作层面	常用疗法/技术	所属心理学流派
潜意识	精神/心理分析技术 沙盘游戏疗法 绘画疗法 催眠技术 家庭系统排列	精神分析学派 分析心理学 现象学
意识	行为疗法 认知行为疗法	认知行为主义
	完形疗法	存在人本主义心理学
系统意识 （超意识）	以人为中心疗法	存在人本主义心理学
	系统自和谐心理咨询	系统主义心理学

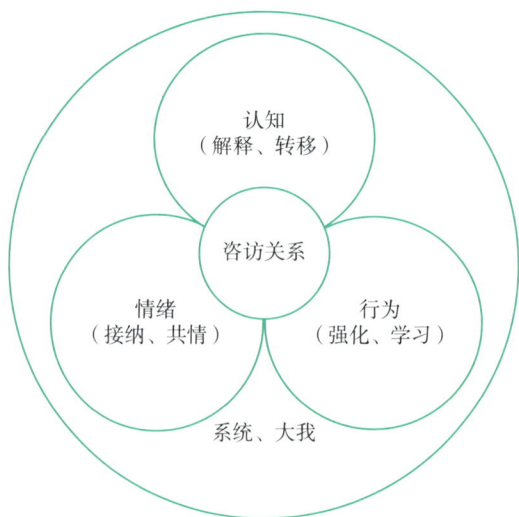

▲ 图5-5　各种心理咨询技术的整合

三、给心理助人者的一些建议

1. 心理助人的常见误区

误区之一：救世主型

表现为指导多，倾听少，把自认为正确的看法和生活方式等强加给求助者。

误区之二：免费型

在专业的心理咨询工作中不收费（公益活动除外），或者收一小时的钱咨询两小时。国内外临床心理学研究已经证实，不付费不仅难以产生疗效，同时也是对求助者不负责任的行为——从咨询师角度看，是缺乏职业自信的表现；从求助者角度看，不能使其全身心投入对自我的探索；从职业行为角度看，破坏了职业的严肃性和专业性。

误区之三：热心肠型

表现为与来访者存在双重关系，上门为来访者提供服务，将私人联系方式留给来访者，非咨询时间接受来访者倾诉等。

误区之四：泛爱型

很多人把自己当作是爱的化身，用一双犀利的眼睛不断寻找被他们认定为"病态""弱者""缺陷"之类的猎物，然后很过瘾、很酣畅地施展着他们自认为的"爱"，并被自己的崇高行为感动得泪流满面，而全然不顾别人的感受和需要——这不仅是助人的大忌，更是做人的大忌。

2. 对心理咨询界危害至深的三句话

第一句话：心理咨询师能走多远，才能带领你的来访者走多远。

这句话流传有多广，危害就有多深。因为这句貌似真理的话，使无数的心理咨询师面对自己的来访者，要么茫然无措、畏首畏尾，要么故作高深、好为人师。

而真实的情况是，一个心理咨询师对来访者的了解程度，永远不可能比来访者对自己的了解更深，所以，心理咨询师永远不会比他的来访者走得更远。作为一个心理咨询师，一定要欣然接受这个事实：在来访者的成长之路上，你的来访者一定能够比你走得更远！否则，心理咨询就成了"武大郎开店"——一个更比一个"矬"。

心理咨询师一定要坚信这样一个理念：求助者才是解决自身问题的"大师"。心理咨询是陪伴而不是指导，是"松土"而不是"拔苗"。求助者该走向哪条路、该走出多远，永远都是对方自己的选择，心理咨询师没有越俎代庖的权力。

一个令人欣慰的心理咨询场景应该是这样的——

心理咨询师忠实地陪伴着他的求助者，共同在漫漫黑夜探索一条适合求助者自己的成长之路——有时，心理咨询师会走到求助者前面点起火把照明；有时，心理咨询师会走在求助者后面助其一臂之力；有时，心理咨询师会和求助者并肩前行并真诚地给予鼓励和喝彩……而当求助者找到了适合自己的道路时，心理咨询师也会及时撤出，默默站在求助者身后目送他远行，并为其送上真诚的祝福……

第二句话：只有挖出心理创伤，人才会成长。

这更是一句会导致心理咨询出现方向性错误的一句话。

其实，早在 20 世纪 60 年代，马斯洛就尖锐地指出，心理学一直朝着错误的方向发展！几乎从一开始，大多数心理学研究都集中于探索人类情绪、行为和心理层面的病理，马斯洛认为，正确的方向刚好相反，我们应该去了解人类当中最好、最健康的样本，来增进对人的了解。

人生而为人，该是一件多么幸运的事情。所有的经历，都是人生的宝贵体验和财富。所谓的"创伤"，无非是"认知标签"而已。就连创伤心理学也公认，创伤同时也提供了成长和发展的机会。

心理学的一个有趣规律是，你越想排斥什么，什么就越会放大给你看。所以，所有的心理创伤都是"挖"出来的，所有的问题也都是关注出来的。深挖创伤，只会挖出越来越多的"病秧子"，而难以挖出解决之道。

第三句话：心理咨询师都是垃圾桶，积攒的垃圾多了，自己也会变得不正常了。

这句话只是引诱心理咨询师变得"神神道道"的借口而已，所以心理咨询师大可不必在意。

一个人，把自己的内心全部敞开给自己所信任的心理咨询师，把自己所有的人生故事和秘密，毫无保留地展示给自己的心理咨询师，请问，这该是一份多么厚重、多么珍贵的大礼啊！这对每一个心理咨询师来讲，又该是一份多大的能量滋养？

3. 心理助人者的智慧

心理助人者其心若水，平、静、纳、随当是其最高境界。

——水是平的，平到可以做一面镜子，让这个世界的纷纷扰扰一览无余。心不平，则万物不平。

——水有自静的功能，静者净也，足以净化一切的污泥浊水。"夫人神好清，而心扰之；人心好静，而欲牵之。常能遣其欲，而心自静，澄其心，而神自清。[①]"

——觉悟者方寸之心，如海之纳百川[②]。海以其纳百川才成其大，山以其历沧桑方筑其高。那么，怎样才能做到"纳"？孔子的感悟是："众人处上，水独处下；众人处易，水独处险；众人处洁，水独处秽。所处尽人之所恶，夫谁与之争乎？此所以为上善也。[③]"

——水无定性，随物赋形，遇圆随圆，遇方随方。水从无意去操控和改变什么，但是，却总能以柔弱之形，洗涤群秽，滴水穿石，坚强莫敌。"圜必旋，方必折，塞必止，决必流……故圣者随时而行，贤者应事而变；智者无为而治，达者顺天而生。[④]"

4. 心理助人者应秉持的"五不一唯"原则

五不：不主观、不妄断、不操控、不探秘、不神道。

一唯：唯物主义。

---

① 出自《清静经》。

② 出自东晋袁宏《三国名臣序赞》。

③ 出自《庄子·天道》。

④ 出自《庄子·天道》。

附　录

不言而喻——李不言精彩语句摘录

★心理学认为，谁也无法改变一个不想改变的人；同时心理学也发现，改变其实是瞬间发生的事情！你的身体仅仅是你心的道具而已，是"心"这个司机所驾驶的一辆车——车怎么走、往哪里走、走快走慢、撞墙或者翻沟，应该是取决于司机而不是车辆。所以，你的成功抑或失败、幸福抑或不幸，眉飞色舞抑或以泪洗面，责任绝对在你自己。你想成为一个什么样的人，你的身体就一定会配合你成为一个什么样的人。

★每个人都是改变世界之神——改变了我们的认知图示，改变了我们的情绪机制，改变了我们的行为模式，改变了我们在系统中的位次……世界随之而变。

★快乐的秘诀就是：像一个快乐的人那样去生活。

★成功的锦囊就是：经常想着你曾经成功时的感觉。

★焦虑、恐惧、抑郁、强迫等，都是人用来适应环境变化的正常情绪反应。所谓的焦虑症、恐怖症、抑郁症、强迫症等心理病症，都是人为构建的结果。所以，情绪本身不是问题，把情绪当成问题才是问题。

★消除焦虑、抑郁、恐惧的三步锦囊：第一步，落地——事情最坏能怎么样？第二步，接纳——如果事情必然发生，接纳它！第三步，反弹——做些什么可以让事情变得好一些？

★对他人、对环境的完美主义要求，其实是源于对自己的不信任。

★最重要的一点就是：接纳自己！只有接纳自己，才能接纳别人；只有接纳自己，才能改变自己。

★为什么抑郁？因为你走入了问题之中而无力自拔。

★强迫症患者困扰于一种"想"与"不想"、"做"与"不做"的心理冲突状态，这就像物理学上的"作用力（F）"与"反作用力（－F）"——强制自己用 F 去压倒 －F，只会徒增痛苦和在手腕上多几道橡皮弹痕。最简单的解决办法，就是减小直至撤去 F，那么 －F 自然就会消失。

★拖延症实质是一种自虐行为，其实质是不允许自己享受清闲。当"忙"成为一种时尚的时候，其孪生兄弟"拖延症"也随之开始流行。为了让自己远离"无所事事"的自我谴责，我们就像"神经性贪食"患者一样，把需要马上做的事情、马上可以做完的事情，一件件珍藏起来，让其在内心充分"发酵"，并不时像欣赏古董那样去历数、去细品——哪怕随之而来的是由于一拖再拖而把事情弄糟，从而带来极度的自责、焦虑、痛苦，但是，为了能够在内心深处时时享受"我不是一个闲人"的满足感（充实感、价值感），我们以顽强的毅力，决不放弃"拖延"的习惯……

★建议情绪困扰者首先弄清楚一个问题：是因为在现实中屡屡受挫，才导致你陷入了情绪困扰；还是因为你陷入了情绪困扰，才导致你在现实中屡屡受挫？

★"成功学"和心理学最本质的区别在于：成功学放大人性中的欲望，使人陷入一种躁狂的状态；心理学发现人性中的善，让人回归内心的平和。成功学使人不知道自己是谁、自己要什么；心理学让人明白自己是谁、自己要什么。成功学轻易使人得病之后，心理学努力让人恢复正常。

★一个人的行为是由外部环境决定，还是由内在性格决定？在一种场合我们显得自信、善谈、开朗、外向，而在另外一种场合我们却显得自卑、腼腆、木讷、内向。所以，社会建构论否认存在一个稳定的"内在的人格"，一个健康的生命，应该是多元的、流动的、包容的，上善若水，水无定势。

★问题是能量，咨询是艺术。心理咨询是接纳、发现而不是治疗。

★心理咨询师是一个累死程序员的职业——再高端的软件，也绝不可能使心理咨询师失业。

★对求助者无效的理论，再权威也不是好理论。如果把理论比作鞋子，那求助者就是脚，削足适履是愚蠢的。

★不要总想着把自己当成拯救者——其实，有时你什么也不需要说，什么也不需要做，只需要静静地坐在他（她）身边，静静地听他（她）说，静静地做一个"心灵陪伴"者，就能实现一种奇妙的助人效果。

★心理咨询应考虑不同年龄阶段心理问题的特点。大多数青少年心理问题的主要特征是逆反——如因父母过度说教而产生的超限逆反；因威胁其自我价值和尊严时所产生的价值保护逆反；因不明缘由的禁止而激起的禁果逆反等。成年人心理问题多是由于在长期社会化过程中所形成的未完成心结和非理性思维方式作祟。而对于中老年人来说，只有懂得舍弃与"倒空"（老子谓"道"、佛家谓"空"），方可尽享生命的和谐之美。

★要防止使心理咨询走入"对"与"错"的怪圈。许多问题儿童的家长会很委屈地问：我限制孩子上网、要求孩子读书难道错了吗？可是现实往往是捉弄人的——在对的行为和对的结果之间，并不存在一个对等的公式。

★新手心理咨询师四忌：一忌不接地气，纸上谈兵；二忌标新立异，哗众取宠；三忌装神弄鬼，不说人话；四忌邯郸学步，连滚带爬。

★你能做到把简单的问题复杂化，那么你就成"专家"了；而你如果能做到把复杂的问题简单化，那才是"大师"所为。

★网络时代，为人们获取各种知识带来了从未有过的便利，但是也极易带来人心的浮躁——百度到心理学的几个名词，然后就宣称自己弄懂了这门理论，不求甚解，自欺欺人，最终必然害人害己。

★注意到现实中有那么一类人，他们在和别人交流时，动不动就"你知道吗？最近（国外、网上、某网红说等等）有个××很火（潮）哎！"然后从对方的一脸茫然中收获满满的存在感。其实说到底这还是自身价值感严重不足的表现——一个人的存在感和价值感，应该是由内而外的自然流露，而不是由外而内的涂涂抹抹。

★苦难不是自我放弃的借口，但苦难更不是自我炫耀的资本，这两者都不是对待苦难的正确态度。对待苦难的正确态度是：苦难只是苦难，像刮风下雨一样平平常常。

★一个人最好的朋友，就是你自己——这个朋友从来不会嫌弃你，从来都是在你最痛苦无助的时候，不离不弃地陪伴、鼓励着你前行；而一个人最大的敌人，还是你自己——你的不切实际的欲望、"全世界都为你所用"的贪婪，会把你送上万劫不复的绝境！

★这个世界其实是一个平衡体。当人生遭遇到瓶颈，说明你的体积已经长大到超过瓶口；当钟摆摆到最低点，同时也聚积了向上飞跃的最大动能；当有人占了你的便宜，其实他也把自己最宝贵的东西留给了你。

★离婚规则："离"开的是夫妻关系，"离"不开的是父（母）子（女）关系——对孩子说：我们的分手与你无关，我们永远是你最亲爱的父母，你也永远是我们最亲爱的孩子。

★系统规则：人在困境中会增加对系统的忠诚，而在幸福来临时却会产生愧疚和逃离的感觉——所以，享受幸福是需要勇气的。

★引导个体看到并承担起在系统中的责任，才是化解焦虑、抑郁、恐惧等一切不良情绪的根本良方。

★一个人的生命，只有和无数人的生命相交融，才是最具存在感和意义感、最精彩的人生。

★一个人不是万能的，但一个团队真的可以是万能的。

★第一，一滴水只有在大海里才不会干涸；第二，没了这一滴滴水，大海也会干涸。

★接纳你自己美丽的女儿之身吧！请放下你的怨恨、你的不服、你的僵硬，你只是你父母的女儿、你丈夫的爱人、你弟弟的姐姐，只要你愿意，将来你还会是你孩子的母亲。天地不仁，能解除你痛苦魔咒的力量，除了你自己，只剩你自己。

★好命运＝感恩＋舍得。懂感恩，会吸引所有的好人来助你；会舍得，会吸引所有的好事来找你。

★当你紧握双手想抓住一切的时候，其实手里面空空如也；当你打开双手时却惊喜地发现，整个世界都在你的手中！

★人生四大感恩：感恩生而为人，感恩一切遇见，感恩一切幸福，感恩一切苦难。

★其实什么是成长呢？这里面并没有教科书式的模板——让一个只看到自己的人，开始看到别人，是成长；同理，让一个只看到别人的人，开始看到自己，也是成长。学会相信自己，是成长；学会别太相信自己，也是成长。让惯于"躺平"的人站起来、走出去，是成长；让疲于追名逐利的人停下来，等等自己的灵魂，也是成长……

★大量的案例证明，在中国做心理咨询，如果只强调和引导求助者"做自己（do myself）"，不仅无法实现真正的助人，反而会害人。很多时候，让求助者学会眼里看见别人、心中装下他人，恰恰是解决抑郁、焦虑情绪的良药。这里面的原因是：中国的文化是倡导集体主义的，而借鉴西方理论体系兴起的现代心理咨询模式却是倡导自我主义的。抛开特定的生存土壤照搬某种技术，是可悲又可恨的。

（记录：邵玉鹏、李慧芳）

各地心理学工作者评说李不言

★对于刚刚迈入心理咨询行业的人，能有机会听到李老师系统提升课程，是少走很多弯路的捷径。或许，成员中和我一样历经多年学习和实践，全是靠自己看书、外出零散学习、自我摸索等途径，系统虽然有了定型，而还有待更加牢固扎实，通过这近4个月时间学习，我又提升了，让我把各种心理学知识整合成自己的核心系统，这样从业路上走得更稳。（内蒙古：兰春燕）

★从小到大，我经历过很多老师，也见过许多自称老师的人。我一直知道一句话叫"言传身教"。但总觉得能做到这一点的"师者"少之又少。我还知道韩愈曾说"师者，所以传道授业解惑也"，同样，也觉得现今能做到这一点也实属难得。

　　我不知道该把李老师归在哪一类。我只知道，他说咨询师要"谦卑"，我就能在系统咨询场感受到他的"谦卑"。他说咨询师要讲"人话"，讲大众可以听得懂的话，我就从没有在他的课上听过那些玄之又玄或自我吹嘘的话。他说一个心理咨询师不要神神道道，要唯物，所以听他的课会发现他始终坚守"五不一唯"原则。我暗自庆幸，自己可以跟随这样的老师学习。除了可以深刻体会到这些正念，还能在技术上有所提升。感谢我自己选择了这样的老师。感谢李老师能被我们选择。（河北：杨敏）

★每次听李老师讲学，都会有新的收获。昨天听完课后，在心里有了一份对老师更深的感恩之心——咱们老师和在心理学这条路上追名逐利的"咖"们不一样，给人的感觉永远是稳稳地、扎扎实实做自己该做的事，而且我感觉这种理念，通过自己的言传身教已经很深地影响到了自己的学生。我觉得，能遇到这样一位老师，自己很幸运！

　　昨天晚上的网络授课，让我感触最深的还是成为一个咨询师要具备的理念方面的内容。这也是从自己走上心理学学习道路后，印象中老师总在反复强调的："道永远大于术""五不一唯——不主观、不妄断、不操控、不探秘、不神道，唯物主义"。在每一次与来访者交流中，我会提醒自己记住这份叮嘱。因为我相信如此我将会以加倍的专业状态更好地陪伴我的来访者。（山东：孙英帅）

★落地课归来，一直在回味总结课程的体会、收获，尤其是深深感悟到系统咨询技术的博大深邃。昨天现场为辅导的一家企业做的组织系统咨询，今天堪称神奇的状况发生了：一直很抗拒、很自我的老板忽然发来信息："当我愿意改变时，一切都会发生好的改变！"我简直惊呆了！那么抗拒改变的一个老板，会在我们做完系统咨询后，出现戏剧性的转变！感谢李不言老师！（河北：由雅娟）

★首先，是李不言老师这个人的影响力，不多言语，在那里，就是一种感化，就像传说中描写最高境界的咨询师："他已没了角色的概念，整个人都和谐统一了，因而他并不会特意地装扮自己。当他出现在你面前时，你也许会觉得这是个特别朴实平凡的人。这时候的他，经过修炼和顿悟，已无所谓自信不自信，自卑不自卑，当你靠近他时，不能感觉到任何外显之气，只能感觉他的内心，就像大海般的深邃和平静……到了这样的高度，他的存在就是一种治疗！一切的流派一切的技术都隐退了，只有这化育万物的精神存在。"这简直就是对李不言老师生动的写照。（北京：花娟）

★ 李不言老师本身就是和谐的化身，亲切、和善、平静而淡定，也是一位智者和导师，是我真正走上心理学实践之路的引领者，我很庆幸在探索心理学之初，就跟随了李不言老师，少走了很多弯路，这几天的讲授、引领和陪伴，更深刻感受到他的睿智，有时候不言胜千言万语，有时一语道破天机，真诚地将他的所学、所知毫无保留地传授给学生们，几天中每一个环节都让人感动着，让我们不断地反思、觉察、品味……（深圳：闫玉芬）

★ 系统咨询不是心理剧、不是情景剧、不是潜意识、不是探秘、不是控制，系统咨询师却能从代表的感受中去找解决问题的线索，系统咨询的最后画面就是解决的画面。两天的系统咨询让我震撼于李不言老师功力之深厚，对不同个案中不同阻塞点、不同冲突的灵活多变，每一个案例都能在最美画面定格，让我及所有学习老师不得不叹服。（贵阳：江激）

★ "不要默默承受，要改变与社会的互动方式，要让人学心理学越学越有力量。"正是李不言老师这句话深深打动我。李老师真是名副其实的大师，他的一个眼神让我学会坚定，一个点头给我很大勇气，他总是充满无限力量，跟他在一起，我会获得很多正能量。（浙江：吴春英）

★ 所有这一切的转变，都得益于李老师科学的课程设计；也深深地体会到了李老师是在用他走过来的经验，真心的、一点一滴地在滋养我们每一位求知的心灵；更发自内心的感叹，李老师的智慧，拯救了多少迷茫的心灵……所有这一切，真的也需要每一位学员，静心地体会，慢慢地回味，才能有所觉察和发现的。（滨州：李怀霞）

★ 跟随李不言老师学习心理学多年了，他正直、豁达、睿智的人格品质影响着我，尤其是对跟随学习的所有学生，他毫无保留的倾囊而授，且时刻检视学生的方向，唯恐在成长道路上走弯路。一路走来，对李不言老师充满感恩和深深地敬意。（滨州：李玉秀）

★在李不言老师那双极具智慧的眸子里，我看到更多的是一份正直，一份从容，一份淡定，一份爱护，一份对初学者的关注关怀。他身上具备诸多宝贵特质，我更欣赏李不言老师的人格魅力，这都是我要学习的，都是我的资源财富。（滨州：吴玲）

★从课程的第三天开始，我惊讶地发现，自己的呼吸越来越平稳，心境也越来越平和，这是我一直求而不得的一种状态，而且我也看到了同伴们脸上的笑容也越来越多。在这几天中，李不言老师用一种最温和的方式，让我们逐渐打开心门，让我们诚实地面对自己、面对他人，在这个过程中去探索自己、发现自己、看见自己。李老师的课程如同春雨一般，润物细无声，滋润着我们的心灵，感谢老师，感谢伙伴们，感谢成长路上你们的相伴相随！（深圳：王春霞）

★李不言老师以他独特的魅力引领我重新体验已走过的生命旅程，觉察自己的心路历程，激励我最大限度地开发自己的潜能，打通自己的发散性思维渠道；激发我重新对自己的人生做更客观、更全面的思考；促使我对自己的职业前景展开更广泛的探索……（浙江：林崇良）

★最近一段时间，我一直被浓烈的幸福包围着，而我内心深处的感动也一直水涨船高，快要溢出来了。我感到，我必须要做些什么，让更多的人知道我的感受，也让更多的人能够认识到我所感受的一切。这所有的幸福都来自一个人——李不言。这个名字，说起来大概有太多的人知道了；我更不知道，如我这般感恩于他的，又有多少。但是，我写这篇文章的初衷，就是想让更多的人知道——李不言，这个心理学的巨人，这个拥有众多粉丝的学者，这个如灯塔般引领人生航线的导师，带给我多么巨大的幸福和快乐。从第一次参加系统咨询时的好奇，到第一次当代表时的困惑，再到多次当代表后的感悟，都没有我亲身经历过系统咨询后的震撼。在跟着李老师前进的旅程中，我渐渐地学会了随时随地觉察自己的情绪状态和身体感受，做到了及时地自我调

节。李老师温暖的笑脸和清澈如水的声音，都会在我每每心情不好的时候浮现出来，成为定格。（滨州：李燕）

★李不言老师被很多人称为"业内良心"，我觉得这绝对是当之无愧的。和李老师在一起，听他说的最多的一些话就是：要像爱护眼睛一样爱护这个职业，这个职业助人不易、害人容易，所以心理咨询师最要紧的是走正路，社会责任大于天——一个心理咨询师的职业理念端正与否，直接决定他能在这条助人之路上走多远！正是有了众多像李不言老师这样的"业内良心"，心理咨询这个行业才得以行稳致远。（北京：李学茹）

主要参考文献

［1］郭念锋. 国家职业资格培训教程·心理咨询师［M］. 北京：民族出版社，2015.

［2］拉科尔. 孤独的性：手淫文化史［M］. 杨俊峰，黄洁芳，王丹，等译. 上海：上海人民出版社，2007.

［3］荣格. 荣格文集（全九册）［M］. 王永生，译. 北京：国际文化出版公司，2011.

［4］李武石. 寻找弗洛伊德：精神分析理论与经典案例［M］. 李光哲，李东根，杨华渝，译. 北京：科学出版社，2009.

［5］伯格. 人格心理学［M］. 7版. 陈会昌，译. 北京：中国轻工业出版社，2010.

［6］车文博. 人本主义心理学评价新探［J］. 心理学探新，1999，19（1）.

［7］梁宝勇，王栋. 医学心理学［M］. 吉林：吉林科学技术出版社，1998.

［8］Kenneth Baynes，等. 后哲学：终结或变形（英文版）［M］. 伦敦，1987.

［9］金泰昌. 世纪大转换时期与政治哲学有关联的科学、哲学体系的转变［J］. 国外社会科学，1996.

［10］T.Flax. multiples.on the contemporary polities of subjectivity［J］. Human studies，1993.

［11］格里芬. 后现代精神［M］. 王成兵，译. 北京：中央编译出版社，1998.

［12］郭爱妹. 女性主义心理学［M］. 上海：上海教育出版社，2006.

［13］戴艳，高翔，郑日昌. 焦点解决短期治疗（SFBT）的理论述评［J］. 心理科学，2004（6）.

［14］伯恩海姆. 暗示治疗学：催眠术的实质及其应用［M］. 邱宏，译. 天津：天津人民出版社，2012.

［15］罗森，艾瑞克森. 催眠之声伴随你［M］. 萧德兰，译. 山西：希望出版社，2008.

［16］马一波，钟华. 叙事心理学［M］. 上海：上海教育出版社，2006.

［17］马斯洛. 动机与人格［M］. 许金声，等译. 3版. 北京：中国人民大学出版社，2013.

［18］佐斌. 西方心理思潮的当代特征——后现代主义心理学述评［J］. 华中师范大学学报（哲学社会科学版），1994（5）.

［19］蒲创国. 天人合一说［M］. 北京：国家图书馆出版社，2013.

［20］李不言. 西游记中的心理学［N］. 北京晨报，2007-07-15.

［21］王晓东. 西方哲学主体间性理论批判［M］. 北京：中国社会科学出版社，2004.

［22］童世骏. 没有"主体间性"就没有"规则"——论哈贝马斯的规则观［J］. 复旦学报（社会科学版），2002（5）：23-32.

［23］金炳华. 哲学大辞典［M］. 上海：上海辞书出版社，2001.

［24］宋雅萍. 论主体间性［J］. 马克思主义哲学研究，2008（00）.

［25］肖前. 辩证唯物主义原理（修订本）［M］. 北京：人民出版社，1991.

［26］冯希哲. 中国传统文化概要［M］. 3版. 北京：中国人民大学出版社，2016.

［27］周丽娜，李理. 孔子与柏拉图理想秩序观差异性比较［J］. 法制与社会，2013（14）：1-2.

［28］伯特·海灵格. 谁在我家［M］. 张虹桥，译. 北京：世界图书出版公司，2013.

［29］张嘉. 92岁的海灵格：我的灵魂跟随《道德经》［N］. 北京青年报，2016-06-29.

［30］伍君仪. 邪门的"过家家"：家庭系统排列［N］. 广州日报，2012-04-08（B13）.

［31］波图·乌沙漠. 家庭系统排列入门［M］. 郑立峰，译. 北京：化学工业出版社，2009.

［32］霍恩，布克. 隐形的权利线：企业与组织的系统排列［M］. 周鼎文，林群华，译. 北京：世界图书出版公司，2013.

［33］张小乔. 心理咨询的理论与操作［M］. 北京：中国人民大学出版社，1998.

［34］斯密. 道德情操论［M］. 韩巍，译. 北京：中国城市出版社，2008.

［35］张庆熊. 现象学与马克思主义：历史回顾与现实探讨［J］. 社会科学，2014（1）.

［36］趾祥. "情绪病"也会传染［J］. 医药与保健，2000（6）.

［37］董志勇. 行为经济学［M］. 北京：北京大学出版社，2005.

［38］泰勒. "错误"的行为［M］. 王晋，译. 北京：中信出版社，2016.

［39］霍夫斯坦德. 跨越合作的障碍：多元文化与管理［M］. 尹毅夫，译. 北京：科学出版社，1996.

［40］本田直之. 少即是多：北欧自由生活意见［M］. 李雨潭，译. 重庆：重庆出

版社，2015.

　　［41］派恩，吉尔摩 H．体验经济［M］．夏业良，鲁炜，译．北京：机械工业出版社，2002.

　　［42］迈尔 – 舍恩伯格．大数据时代［M］．周涛，译．浙江：浙江人民出版社，2012.

　　［43］戴念祖．中国大百科全书 74 卷［M］．2 版．北京：中国大百科全书出版社，2009：45–46.

　　［44］邝柏林．毛泽东与中国思维方式的变革——马克思主义唯物辩证思维方式的中国化［J］．哲学研究，1993（12）：11–19.

　　［45］夏晓虹．梁启超文选（下）［M］．北京：中国广播电视出版社，1992：481.

　　［46］玻姆．整体性与隐缠序：卷展中的宇宙与意识［M］．洪定国，张桂权，查有梁，译．上海：上海科技教育出版社，2004.

　　［47］科赫．意识与脑：一个还原论者的浪漫自白［M］．李恒威，安晖，译．北京：机械工业出版社，2015.

　　［48］王冠杰，薛可凡．浦江创新论坛复旦未来（科学）论坛：纵论大宇宙 – 大脑 – 大数据［J］．上海经济，2014（11）.

　　［49］马家辉．心理学小品：真相不止一个［M］．北京：世界图书出版公司，2006.